今注本二十四史

晋書

唐 房玄齡等 撰
梁滿倉 主持校注

二六

載記〔四〕

中国社会科学出版社

晋書　卷一二三

載記第二十三

慕容垂

慕容垂

慕容垂，字道明，[1]皝之第五子也。少岐嶷有器度，[2]身長七尺七寸，[3]手垂過膝。皝甚寵之，常目而謂諸弟曰："此兒闊達好奇，終能破人家，或能成人家。"故名霸，字道業，恩遇逾於世子儁，[4]故儁不能平之。以滅宇文之功，封都鄉侯。石季龍來伐，[5]既還，猶有兼并之志，遣將鄧恒率衆數萬屯於樂安，[6]營攻取之備。垂戍徒河，[7]與恒相持，[8]恒憚而不敢侵。垂少好畋游，因獵墜馬折齒。慕容儁僭即王位，改名䢵，外以慕郤䢵爲名，内實惡而改之。尋以讖記之文，乃去夬，以"垂"爲名焉。

[1]字道明：中華本校勘記："《慕容德載記》稱慕容鍾亦字道明，垂、鍾兄弟，不應同字。屠喬孫本《十六國春秋·垂傳》作

'字叔仁'，屠書雖僞，或别有所據。"

[2]岐嶷：聰慧。《詩·大雅·生民》："誕實匍匐，克岐克嶷。"

[3]七寸：七，殿本作"四"。

[4]儁：慕容儁，字宣英，本書卷一一〇有載記。

[5]石季龍：即石虎，字季龍，本書卷一〇六有載記。

[6]樂安：樂安城，位於今河北省昌黎縣西南。

[7]徒河：縣名，治所在今遼寧省錦州市。

[8]相持：持，殿本作"特"。

石季龍之死也，趙魏亂，[1]垂謂儁曰："時來易失，赴機在速，兼弱攻昧，今其時矣。"儁以新遭大喪，不許。慕輿根言於儁曰："王子之言，千載一時，不可失也。"儁乃從之，以垂爲前鋒都督。[2]儁既克幽州，[3]將坑降卒，垂諫曰："吊伐之義，[4]先代常典。今方平中原，宜綏懷以德，坑戮之刑不可爲王師之先聲。"儁從之。及儁僭稱尊號，封垂吴王，徙鎮信都，[5]以侍中、右禁將軍録留臺事，[6]大收東北之利。[7]又爲征南將軍、荆兖二州牧，[8]有聲於梁楚之南。[9]再爲司隸，[10]僞王公已下莫不累迹。時慕容暐嗣僞位，[11]慕容恪爲太宰。[12]恪甚重垂，常謂暐曰："吴王將相之才十倍於臣，先帝以長幼之次，以臣先之，臣死之後，願陛下委政吴王，可謂親賢兼舉。"及敗桓温於枋頭，[13]威名大振。慕容評深忌惡之，乃謀誅垂。垂懼禍及己，與世子全奔於苻堅。[14]

[1]趙魏：指戰國時趙國和魏國故地。今山西省及河北省南部。

[2]前鋒都督：前鋒部隊的統帥。

［3］幽州：治所在薊縣（今北京市西南）。

［4］吊伐：吊民伐罪。慰問百姓，討伐罪人。

［5］信都：縣名，治所在今河北省衡水市冀州區。

［6］侍中：官名，東漢建安中與給事黄門侍郎出入禁中，省尚書事。曹魏時爲門下之侍中省長官，常侍衛皇帝左右，掌顧問應對、諫諍糾察、平議奏事、駁奏異議等，權力甚重。晋三品。　右禁將軍：官名，十六國前秦置，四禁將軍之一。統兵駐於京師，亦經常率軍出征。　録留臺事：即録留臺尚書事，在帝王出征或離京時，主持後方留守事務。

［7］大收東北之利：利，原本、宋本作“和”，殿本作“利”，據殿本改。

［8］征南將軍：官名，與征東將軍、征西將軍、征北將軍合稱四征將軍。三國魏蜀吴、兩晋皆置，出鎮方面，地位顯要。晋三品，加持節都督者二品。　荆：州名，前燕治所在魯陽（今河南省魯山縣）。　兖：州名，前燕治所在東郡（今山東省鄄城縣）。

［9］梁楚：古地區名。梁在春秋時爲周邑，在今河南省臨汝縣境，後入楚國。梁楚泛指河南省南部及湖北省北部地區。

［10］司隸：官名，即司隸校尉，三國魏時先治弘農，後治河南，轄司州所屬河南、河東、河内、弘農、平陽五郡。掌監察京師、糾察京都百官。西晋沿置。晋三品。

［11］慕容暐：字景茂，本書卷一一一有載記。

［12］慕容恪：字玄恭，本書卷一一一有載記。

［13］桓温：字元子，本書卷九八有傳。　枋頭：地名，在今河南省浚縣西南淇門渡。

［14］世子全：中華本校勘記：“《通鑑》一〇二‘全’作‘令’。同書一〇〇已云垂妻段氏生子令、寶。下文及《慕容寶載記》叙‘全’事，《通鑑》並作‘令’。”　苻堅：字永固，本書卷一一三有載記。苻，宋本作“符”。

自恪卒後，堅密有圖暐之謀，憚垂威名而未發。及聞其至，堅大悦，郊迎執手，禮之甚重。堅相王猛惡垂雄略，[1]勸堅殺之。堅不從，以爲冠軍將軍，[2]封賓都侯，[3]食華陰之五百户。[4]王猛伐洛，引全爲參軍。[5]猛乃令人詭傳垂語於全曰："吾已東還，汝可爲計也。"全信之，乃奔暐。猛表全叛狀，垂懼而東奔，及藍田，[6]爲追騎所獲。堅引見東堂，[7]慰勉之曰："卿家國失和，委身投朕。賢子志不忘本，猶懷首丘。[8]《書》不云乎：'父父子子，無相及也。'[9]卿何爲過懼而狼狽若斯也！"於是復垂爵位，恩待如初。

[1]王猛：字景略，本書卷一一四有載記。

[2]冠軍將軍：官名，曹魏、孫吴、西晋皆置。西晋時領營兵。晋三品。

[3]封賓都侯：中華本校勘記："《通鑑》一〇二'賓都'作'賓徒'。胡注：'賓徒，漢縣名，屬遼西郡。'本書《地理志》上賓徒屬平州昌黎縣。'都''徒'音近，當時人地名多通用同音及音近字。但本名自當作'徒'。"

[4]華陰：縣名，治所在今陝西省華陰市東南。

[5]參軍：官名，亦作參軍事，謂參謀軍事。兩晋公府、軍府皆置。

[6]藍田：縣名，治所在今陝西省藍田縣西灞河西岸。

[7]東堂：太極殿東堂。

[8]猶懷首丘：懷思故鄉之情。《禮記·檀弓上》："古之人有言曰：'狐死正丘首'，仁也。"鄭玄注："正丘首，正首丘也。"孔穎達疏："所以正首而向丘者，丘是狐窟穴根本之處，雖狼狽而死，意猶向此丘。"

[9]父父子子，無相及也：此語今本《尚書》無，《左傳·昭公二十年》，衛國的苑何忌引用《康誥》曰："父子兄弟，罪不相及。"

及堅擒暐，垂隨堅入鄴，[1]收集諸子，對之悲慟，見其故吏，有不悦之色。前郎中令高弼私於垂曰：[2]"大王以命世之姿，遭無妄之運，[3]迍邅栖伏，[4]艱亦至矣。天啓嘉會，靈命暫還，此乃鴻漸之始，[5]龍變之初，深願仁慈有以慰之。且夫高世之略必懷遺俗之規，方當網漏吞舟，以弘苞養之義；收納舊臣之胄，以成爲山之功。奈何以一怒捐之？竊爲大王不取。"垂深納之。垂在堅朝，歷位京兆尹，[6]進封泉州侯，所在征伐，皆有大功。

[1]鄴：縣名，曹魏五都之一，治所在今河北省臨漳縣西南。

[2]郎中令：官名，王國公侯屬官，魏晋爲王國中的三卿之一。晋六品。

[3]無妄之運：指遭灾禍變亂的時運。《文選·袁宏〈三國名臣序贊〉》："綢繆哲后，無妄惟時。"劉良注："無妄惟時，謂當窮灾之時也。"

[4]迍邅栖伏：身處逆境伏身棲息。

[5]鴻漸之始：開始逐漸向上。

[6]京兆尹：官名，京畿地方行政長官，職掌如郡守，但地位高於郡守。晋三品。

堅之敗於淮南也，垂軍獨全，堅以千餘騎奔垂。垂世子寶言於垂曰：[1]"家國傾喪，皇綱廢弛，至尊明命著之圖籙，當隆中興之業，建少康之功。[2]但時來之運未至，故韜光俟奮耳。今天厭亂德，凶衆土崩，可謂乾啓神機，授之於我。千載一時，今其會也，宜恭承皇天之意，因而取之。且夫立大功者不顧小節，行大仁者不念小惠。秦既蕩覆三京，[3]竊辱神器，仇耻之深，莫甚於此，願不以意氣微恩而忘社稷之重。五木之祥，[4]今其至矣。”垂曰：“汝言是也。然彼以赤心投命，若何害之！苟天所棄，圖之多便。且縱令北還，更待其釁，既不負宿心，可以義取天下。”垂弟德進曰：[5]“夫鄰國相吞，有自來矣。秦强而并燕，秦弱而圖之，此爲報仇雪辱，豈所謂負宿心也！[6]昔鄧祁侯不納三甥之言，[7]終爲楚所滅；吴王夫差違子胥之諫，[8]取禍句踐。[9]前事之不忘，後事之師表也。願不棄湯武之成踪，[10]追韓信之敗迹，[11]乘彼土崩，恭行天罰，斬逆氐，復宗祀，建中興，繼洪烈，天下大機，弗宜失也。若釋數萬之衆，授干將之柄，[12]是却天時而待後害，非至計也。語曰：‘當斷不斷，反受其亂。’願兄無疑。”垂曰：“吾昔爲太傅所不容，[13]投身於秦主，又爲王猛所譖，復見昭亮，國士之禮每深，報德之分未一。如使秦運必窮，曆數歸我者，授首之便，何慮無之。關西之地，[14]會非吾有，自當有擾之者，吾可端拱而定關東。[15]君子不怙亂，不爲禍先，且可觀之。”乃以兵屬堅。初，寶在長安，與韓黄、李根等因讌樗蒱，[16]寶危坐整容，誓之曰：“世云樗蒱有神，豈虚也哉！若富貴可期，頻得三盧。”於是三擲盡盧，寶拜而受賜，故云五木之祥。

[1]世子寶：慕容寶，字道祐，本書卷一二四有載記。

[2]少康：夏王，相之子。夏太康失位，后羿取代夏政，寒浞又殺后羿。夏相之后緡逃回母家，生少康。後夏臣伯靡聚衆殺寒浞，迎少康復位。史稱少康中興。

[3]秦既蕩覆三京：三，原本、宋本作“三”，殿本作“二”。中華本校勘記：“各本‘三’作‘二’，獨宋本作‘三’。《通志》一九一作‘三’，《慕容德載記》亦有‘三京社稷，鞠爲丘墟’語。三京指慕容廆都大棘城，與龍城及鄴。後人不數大棘，遂改作‘二京’。今從宋本。”

[4]五木之祥：樗蒲之戲，用木制骰子五枚，每枚兩面，一面涂黑，一面涂白，黑者刻二爲犢，白者刻二爲雉。擲之五子皆黑者爲卢，胜采；二雉三黑爲雉，次胜采；二犢三白爲犢。五木之祥即樗蒲游戲所兆示的祥瑞。

[5]德：慕容德，字玄明，又名備德，十六國南燕創建者，本書卷一二七有載記。

[6]負宿心也：宋本“負”下有“之”字。

[7]鄧祁侯不納三甥之言：事見《左傳・莊公六年》：“楚文王伐申，過鄧。鄧祁侯曰：‘吾甥也。’止而享之。騅甥、聃甥、養甥請殺楚子，鄧侯弗許。三甥曰：‘亡鄧國者，必此人也。若不早圖，後君噬齊，其及圖之乎？圖之，此爲時矣。’鄧侯曰：‘人將不食吾餘。’對曰：‘若不從三臣，抑社稷實不血食，而君焉取餘？’弗從。還年，楚子伐鄧。十六年，楚復伐鄧，滅之。”

[8]吴王夫差：春秋末吴國國君，闔閭之子。公元前 495 至前 473 年在位。在位期間與越國争霸，曾打敗越國，使越王勾踐稱臣。後又率軍北上攻齊，在黄池會盟諸侯，從晋國處争得霸主。然後方被越王占領，終自殺。　子胥：伍員，春秋時人，字子胥。楚國大夫伍奢之次子，伍尚之弟。楚平王七年（前 522）費無忌誣蔑伍奢與太子建叛亂，結果伍尚和伍奢被殺，伍子胥逃入吴國。助公子闔閭刺殺吴王僚，奪取王位。後被闔閭任爲行人，率兵攻楚，大敗越

國。後因多次勸諫闔閭子夫差而被疏遠，最終自殺。

［9］句踐：即勾踐。春秋末越國國君，越王允常之子。勾踐三年（前494）與吴軍戰於夫椒，敗後求和，入吴國爲人質三年。回國後與文種、范蠡等大臣共謀强國，卧薪嘗膽，奮發圖强，十年生聚，十年教訓，終於轉弱爲强。十五年，乘吴王夫差北上黄池與晋魯兩國相會，率軍攻入吴國國都，逼迫吴國與之媾和。以後又多次攻吴，滅掉吴國。

［10］湯武：商湯王和周武王。

［11］韓信：秦末淮陰（今江蘇省淮安市淮陰區南）人，早年家貧，常從人寄食。後隨項羽起兵，因不受重用，轉投劉邦。受蕭何舉薦，拜大將軍。功勛卓著，爲漢初三傑之一。漢立封楚王，後貶爲淮陰侯。終爲吕后設計所殺。

［12］干將：古劍名。《吴越春秋·闔閭内傳》載：春秋時吴國有干將、莫邪夫婦善鑄劍，干將鑄劍，五山之鐵精，六合之金英。候天伺地，陰陽同光，百神臨觀，天氣下降，而金鐵之精不化。干將妻莫邪乃斷發剪爪，投於爐中，使童女童男三百人鼓橐裝炭，金鐵乃濡。遂以成劍，陽曰干將，陰曰莫耶。

［13］太傅：官名，晋爲八公之一。位上公，太宰之下、太保之上。晋一品。

［14］關西：地區名，指潼關以西地區。

［15］關東：地區名，指函谷關或潼關以東地區。

［16］樗蒱：宋本作“摴蒱”，殿本作“樗蒲”。“摴蒱”，宋本作“樗蒱”，殿本作“樗蒲”。

堅至澠池，[1]垂請至鄴展拜陵墓，因張國威刑，以安戎狄。堅許之。權翼諫曰：“垂爪牙名將，所謂今之韓白，[2]世豪東夏，志不爲人用。頃以避禍歸誠，非慕德而至，列土千城未可以滿其志，[3]冠軍之號豈足以稱其心！且垂猶鷹也，飢則附人，飽便高颺，遇風塵之會，必有陵霄之志。[4]惟宜急其羈靽，不可任其所欲。”堅不從，遣其將李蠻、閔亮、尹國率衆三千送垂，又遣石越戍鄴，張蚝戍并州。[5]

[1]澠池：縣名，治所在今河南省澠池縣西。

[2]韓：韓信。　白：白起，戰國郿（今陝西省眉縣東渭河北岸）人，一稱公孫起。戰國名將，歷任秦國左庶長、左更、國尉、大良造。先後攻韓國新城，破韓魏聯軍於伊闕，攻破楚都郢城，大破趙軍於長平，坑殺降卒四十餘萬。後因與范雎有隙，被免爲士伍，自殺。

[3]列土千城未可以滿其志：中華本校勘記：“宋本、元二十二字本、南北監本、殿本‘千’作‘干’，毛本、局本作‘千’。《御覽》一二五引《後燕録》‘列土千城’作‘列地百里’，指封縣侯。《載記》改‘百里’爲‘千城’，已不合原意，又字訛作‘干城’。”

[4]陵宵：陵，宋本、殿本作“凌”。

[5]并州：治所在晉陽縣（今山西省太原市西南）。

時堅子丕先在鄴，及垂至，丕館之于鄴西，垂具説淮南敗狀。會堅將苻暉告丁零翟斌聚衆謀逼洛陽，[1]丕謂垂曰：“翟斌兄弟因王師小失，敢肆凶勃，子母之軍，殆難爲敵，非冠軍英略，莫可以滅也。欲相煩一行可乎？”垂曰：“下官，殿下之鷹犬，敢不惟命是聽。”於是大賜金帛，一無所受，惟請舊田園。丕許之，配垂兵二千，遣其將苻飛龍率氐騎一千爲垂之副。丕戒飛龍曰：“卿王室肺腑，年秩雖卑，其實帥也。垂爲三軍之統，卿爲謀垂之主，用兵制勝之權，防微杜貳之略，委之於卿，卿其勉之。”垂請入鄴城拜廟，丕不許。乃潛服而入，亭吏禁之，垂怒，斬吏燒亭而去。石越言於丕曰：“垂之在燕，破國亂家，及投命聖朝，蒙超常之遇，忽敢輕侮方鎮，殺吏焚亭，反形已露，終爲亂階。將老兵疲，可襲而取之矣。”丕曰：“淮南之敗，衆散親離，而垂侍衛聖躬，誠不可忘。”越曰：“垂既不忠於燕，其肯盡忠於我乎！且其亡虜也，主上寵同功舊，不能銘澤誓忠，而首謀爲亂，今不擊之，必爲後害。”丕不從。越退而告人曰：“公父子好存小仁，[2]不顧天下大計，吾屬終當爲鮮卑虜矣。”

[1]丁零：古民族名。又稱“丁令”“丁靈”。漢時爲匈奴屬國，游牧於中國北部和西北部廣大地區。魏晋南北朝時有部分進入中原。　洛陽：古都名，位於今河南省洛陽市東北。

[2]好存小仁：仁，原本、宋本作“人”，殿本作“仁”，據殿本、中華本校勘記改。

垂至河内，[1]殺飛龍，悉誅氐兵，召募遠近，衆至三萬，濟河焚橋，令曰：“吾本外假秦聲，内規興復。亂法者軍有常刑，奉命者賞不逾日。天下既定，封爵有差，不相負也。”

[1]河内：郡名，治所在野王縣（今河南省沁陽市）。

翟斌聞垂之將濟河也，遣使推垂爲盟主。垂距之曰："吾父子寄命秦朝，危而獲濟，荷主上不世之恩，蒙更生之惠，雖曰君臣，義深父子，豈可因其小隙，便懷二三。吾本救豫州，不赴君等，[1]何爲斯議而及於我！"垂進欲襲據洛陽，故見苻暉以臣節，退又未審斌之誠款，故以此言距之。垂至洛陽，暉閉門距守，不與垂通。斌又遣長史河南郭通説垂，[2]乃許之。斌率衆會垂，勸稱尊號，垂曰："新興侯，[3]國之正統，孤之君也。若以諸君之力，得平關東，當以大義喻秦，奉迎返正。[4]無上自尊，非孤心也。"謀於衆曰："洛陽四面受敵，北阻大河，至於控馭燕趙，非形勝之便，不如北取鄴都，據之而制天下。"衆咸以爲然。乃引師而東，遣建威將軍王騰起浮橋于石門。[5]

[1]不赴君等：赴，原本作"越"，宋本、殿本作"赴"，據宋本、殿本改。

[2]長史：官名，掌顧問參謀，爲所在官署掾屬之長。魏晋南北朝時王府、公府、軍府、邊郡均置。晋八至六品。　河南：郡名，治所在洛陽縣（今河南省洛陽市東北）。

[3]新興侯：即前燕主慕容暐。苻堅曾封其爲新興侯。

[4]奉迎返正：返，殿本作"反"。

[5]建威將軍：官名，領兵征戰，曹魏、孫吴、西晋皆置。晋四品。　石門：地名，在今河南省滎陽市東北。

初，垂之發鄴中，子農及兄子楷、紹，弟子宙，爲苻丕所留。及誅飛龍，遣田生密告農等，使起兵趙魏以相應。於是農、宙奔列人，[1]楷、紹奔辟陽，[2]衆咸應之。農西招庫辱官偉於上黨，[3]東引乞特歸於東阿，[4]各率衆數萬赴之，衆至十餘萬。丕遣石越討農，爲農所敗，斬越於陣。[5]

[1]列人：縣名，治所在今河北省邯鄲市肥鄉區東北。

[2]辟陽：辟陽城，位於今河北省衡水市冀州區東南。

[3]上黨：郡名，治所在潞縣（今山西省黎城縣南）。

[4]東阿：縣名，治所在今山東省陽穀縣阿城鎮。

[5]斬越於陣：陣，原本、中華本作“陳”，宋本、殿本作“陣”，據宋本、殿本改。按，陳，縣名，治所在今河南省周口市淮陽區，與慕容農起兵之列人相距甚遠，此處應以“陣”爲是。

垂引兵至滎陽，[1]以太元八年自稱大將軍、大都督、燕王，[2]承制行事，[3]建元曰燕元。令稱統府，府置四佐，王公已下稱臣，凡所封拜，一如王者。以翟斌爲建義大將軍，[4]封河南王；翟檀爲柱國大將軍、弘農王；[5]弟德爲車騎大將軍、范陽王；[6]兄子楷征西大將軍、太原王。[7]衆至二十餘萬，濟自石門，長驅攻鄴。農、楷、紹、宙等率衆會垂。立子寶爲燕王太子，封功臣爲公侯伯子男者百餘人。

[1]滎陽：縣名，治所在今河南省滎陽市東北。

[2]以太元八年自稱大將軍、大都督、燕王：中華本校勘記：“《通鑑》一〇五此事繫於太元九年正月。《御覽》一二五引《後燕録》稱元年正月改秦建元爲燕元元年。按：苻堅淝水之敗在太元九年十月，則此‘正月’必是九年，與《通鑑》合。此‘八’字當爲‘九’之訛。”大將軍，高級軍事統帥。曹魏時多以之屯駐長

安，對付蜀漢，蜀漢以其爲最高軍事長官，孫吴則别置上大將軍居其上。西晋時爲八公之一，位居上公、大司馬下，三公之上。東晋時常專擅軍政事務。晋一品。大都督，官名，高級軍事長官。三國初作爲加官於戰時臨時設置，後逐漸成爲常設加官官職，地位極高。

[3]承制行事：秉承皇帝旨意便宜行事。

[4]建義大將軍：官名，東漢屬將軍名號，十六國後燕亦置。

[5]柱國大將軍：官名，屬將軍名號，十六國後燕置。

[6]車騎大將軍：官名，西晋置，位在車騎將軍之上，多授予元老重臣，以示尊崇。開府置僚屬，一般不領兵。晋二品，開府位從公者一品。

[7]征西大將軍：官名，屬將軍名號，多授予統兵出鎮在外，都督數州諸軍事者。位在征西將軍之上。晋二品，開府位從公者一品。

苻丕乃遣侍郎姜讓謂垂曰：[1]“往歲大駕失據，君保衛鑾輿，勤王誠義，邁蹤前烈。宜述修前規，[2]終忠貞之節，奈何棄崇山之功，爲此過舉！過貴能改，先賢之嘉事也。深宜詳思，悟猶未晚。”垂謂讓曰：“孤受主上不世之恩，故欲安全長樂公，使盡衆赴京師，然後修復家國之業，[3]與秦永爲鄰好。何故暗於機運，不以鄴見歸也？大義滅親，况於意氣之顧！公若迷而不返者，孤亦欲窮兵勢耳。今事已然，恐單馬乞命不可得也。”讓厲色責垂曰：“將軍不容於家國，投命於聖朝，燕之尺土，將軍豈有分乎！主上與將軍風殊類别，臭味不同，奇將軍於一見，託將軍以斷金，[4]寵逾宗舊，任齊懿藩，[5]自古君臣冥契之重，豈甚此邪！方付將軍以六尺之孤，萬里之命，奈何王師小敗，便有二圖！夫師起無名，終則弗成，天之所廢，人不能支。將軍起無名之師，而欲興天所廢，竊未見其可。長樂公主上之元子，聲德邁於唐衛，[6]居陝東之任，[7]爲朝廷維城，其可束手輸將軍以百城之地！大夫死王事，國君死社稷，將軍欲裂冠毀冕，拔本塞源者，自可任將軍兵勢，何復多云。但念將軍以七十之年，懸首白旗，[8]高世之忠，忽爲逆鬼，竊爲將軍痛之。”垂默然。左右勸垂殺之，垂曰：“古者兵交，使在其間，犬各吠非其主，何所問也！”乃遣讓歸。

[1]侍郎：官名，諸侯王國屬官，掌贊相威儀、通傳教令。曹魏、西晋王公諸侯國皆置。位在典書令下，屬郎中令。東晋改屬常侍。晋八品。

[2]述修前規：述，宋本作“遂”。

[3]家國：殿本乙作“國家”。

[4]託將軍以斷金：以爲同心同德者相托。

[5]任齊懿藩：任用與大藩齊等。懿藩，大藩，指王侯。

[6]唐：西周諸侯國名。周成王封弟叔虞于唐。　衛：西周諸侯國名。西周分封，封周武王弟康叔於衛。先後建都於朝歌、楚丘、帝丘和野王等地。

[7]陝東之任：委以重任。西周初周公旦、召公奭分陝而治，周公治陝以東，召公治陝以西。

[8]懸首白旗：《史記》卷三《殷本紀》載，殷紂王兵敗，登鹿臺，衣其寶玉衣，赴火而死。周武王遂斬紂頭，縣之大白旗。

垂上表於苻堅曰：“臣才非古人，致禍起蕭墻，身嬰時難，歸命聖朝。陛下恩深周漢，猥叨微顧之遇，位爲列將，爵忝通侯，誓在戮力輸誠，常懼不及。去夏桓冲送死，[1]一擬雲消，回討鄖城，[2]俘馘萬計，斯誠陛下神算之奇，頗亦愚臣忘死之效。方將飲馬桂州，[3]懸旌閩會，[4]不圖天助亂德，大駕班師。陛下單馬奔臣，臣奉衛匪貳，豈陛下聖明鑒臣單心，皇天后土實亦知之。臣奉詔北巡，[5]受制長樂。然丕外失衆心，内多猜忌，令臣野次外庭，不聽謁廟。丁零逆豎寇逼豫州，[6]丕迫臣單赴，限以師程，惟給弊卒二千，盡無兵杖，復令飛龍潛爲刺客。及至洛陽，平原公暉復不信納。臣竊惟進無淮陰功高之慮，[7]退無李廣失利之愆，[8]懼有青蠅，[9]交亂白黑。丁零夷夏以臣忠而見疑，乃推臣爲盟主。臣受託善始，不遂令終，泣望西京，揮涕即邁。軍次石門，所在雲赴，雖復周武之會於孟津，[10]漢祖之集於垓下，[11]不期之衆，實有甚焉。欲令長樂公盡衆赴難，以禮發遣，而丕固守匹夫之志，不達變通之理。臣息農收集故營，以備不虞，而石越傾鄴城之衆，輕相掩襲，兵陣未交，越已隕首。臣既單車懸軫，歸者如雲，斯實天符，非臣之力。且鄴者臣國舊都，應即惠及，然後西面受制，永守東藩，上成陛下遇臣之意，下全愚臣感報之誠。今進師圍鄴，并喻丕以天時人事。而丕不察機運，杜門自守，時出挑戰，鋒戈屢交，恒恐飛矢誤中，以傷陛下天性之念。臣之此誠，未簡神聽，輒遏兵止鋭，不敢窮攻。夫運有推移，去來常事，惟陛下察之。”

[1]桓冲：字幼子，本書卷七四有傳。

[2]郧城：即今湖北省安陸市。

[3]桂州：指今廣西壯族自治區。州，原本、殿本作“洲”，宋本作“州”，據宋本改。

[4]閩會：地區名，指今浙江、福建二省部分地區。

[5]奉詔：奉，殿本作“舉”。

[6]豫州：治所在河南郡（今河南省洛陽市東北）。

[7]淮陰：即漢初名將韓信，因封淮陰侯，故稱。

[8]李廣：西漢隴西成紀（今甘肅省秦安縣北）人。文帝時以良家子從軍擊匈奴。善射，常從文帝射獵。景帝時任騎郎將，平定七國之亂有功。歷任上谷、上郡、隴西、北地、雁門、雲中等邊郡太守。武帝時任未央衛尉。畢生與匈奴大小七十餘戰，聲名遠在諸將之上，然終未能封侯。

[9]青蠅：指讒佞之人。《楚辭·劉向〈九嘆·怨思〉》：“若青蠅之僞質兮，晋驪姬之反情。”王逸注：“青蠅變白使黑，變黑使白，以喻讒佞。”

[10]孟津：一作盟津，又名富平津。位於今河南省孟州市西南黄河上。

[11]垓下：地名，在今安徽省靈璧縣南沱河北岸。

堅報曰：“朕以不德，忝承靈命，君臨萬邦，三十年矣。遐方幽裔，莫不來庭，惟東南一隅，敢違王命。朕爰奮六師，恭行天罰，而玄機不吊，王師敗績。賴卿忠誠之至，輔翼朕躬，社稷之不隕，卿之力也。《詩》云：‘中心藏之，何日忘之’。[1]方任卿以元相，爵卿以郡侯，庶弘濟艱難，敬酬勛烈，何圖伯夷忽毁冰操，[2]柳惠倏爲淫夫！[3]覽表惋然，有慚朝士。卿既不容於本朝，匹馬而投命，朕則寵卿以將位，禮卿以上賓，任同舊臣，爵齊勛輔，歃血斷金，披心相付。謂卿食椹懷音，[4]保之偕老。豈意畜水覆舟，養獸返害，[5]悔之噬臍，將何所及！誕言駭衆，誇擬非常，周武之事，豈卿庸人所可論哉！失籠之鳥，非羅所羈；脱網之鯨，豈罟所制！翹陸任懷，[6]何須聞也。[7]念卿垂老，老而爲賊，生爲叛臣，死爲逆鬼，侏張幽顯，[8]布毒存亡，中原士女，何痛如之！朕之曆運興喪，豈復由卿！但長樂、平原以未立之年，遇卿於兩都，慮其經略未稱朕心，所恨者此焉而已。”

[1]中心藏之，何日忘之：語出《詩·小雅·隰桑》。

[2]伯夷：商末時孤竹國君之子，與其兄互相謙讓繼承君位的權力，結果一起跑到周國。後因反對武王伐商，隱居首陽山，不食周粟，餓死。

[3]柳惠：柳下惠，春秋魯大夫展獲，字季，又字禽，曾爲士師官，食邑柳下，謚惠，故稱其爲展禽、柳下季、柳士師、柳下惠等。

[4]食椹懷音：比喻受人恩惠。語本《詩·魯頌·泮水》：“翩彼飛鴞，集于泮林，食我桑黮，懷我好音。”毛傳：“黮，桑實也。”鄭玄箋：“言鴞恒惡鳴，今來止於泮水之木上，食其桑黮，爲此之故，故改其鳴，歸就我以善音。喻人感於恩則化也。”宋本“懷”下有“好”字。

[5]返害：返，殿本作“反”。

[6]翹陸任懷：舉足跳躍任意而爲。翹陸，語本《莊子·馬蹄》：“齕草飲水，翹足而陸，此馬之真性也。”

[7]何須聞也：須，殿本作“煩”。

[8]侏張：强横跋扈。

垂攻拔鄴郛，丕固守中城，垂塹而圍之，分遣老弱於魏郡、肥鄉，[1]築新興城以置輜重，擁漳水以灌之。[2]

[1]魏郡：治所在鄴縣（今河北省臨漳縣西南）。　肥鄉：縣名，治所在今河北省邯鄲市肥鄉區西南。

[2]漳水：源出今山西省長子縣西，東流穿過太行山至河北省臨漳縣北。下游歷代屢有變遷，今已非故道。

翟斌潛諷丁零及西人，請斌爲尚書令。[1]垂訪之群僚，其安東將軍封衡厲色曰：[2]"馬能千里，不免羈靽，明畜生不可以人御也。斌戎狄小人，遭時際會，兄弟封王，自驩兜已來，[3]未有此福。忽履盈忘止，復有斯求，魂爽錯亂，必死不出年也。"垂猶隱忍容之，令曰："翟王之功宜居上輔，但臺既未建，此官不可便置。待六合廓清，更當議之。"斌怒，密應苻丕，潛使丁零決防潰水。事洩，垂誅之。斌兄子真率其部衆北走邯鄲，[4]引兵向鄴，欲與丕爲内外之勢，垂令其太子寶、冠軍慕容隆擊破之。真自邯鄲北走，又使慕容楷率騎追之，戰於下邑，爲真所敗，真遂屯於承營。[5]垂謂諸將曰："苻丕窮寇，必守死不降。丁零叛擾，乃我腹心之患。吾欲遷師新城，開其逸路，進以謝秦主疇昔之恩，[6]退以嚴擊真之備。"於是引師去鄴，北屯新城。慕容農進攻翟嵩於黄泥，破之。垂謂其范陽王德曰："苻丕吾縱之不能去，方引晉師規固鄴都，不可置也。"進師又攻鄴，開其西奔之路。

[1]尚書令：官名，秦漢時爲尚書署長官。秩位雖低，權力甚重。魏晋時沿置，爲尚書省長官，綜理全國政務，參議大政，爲高級政務長官。晋三品。

[2]安東將軍：官名，東漢建安年間置，與安西、安南、安北將軍合稱四安將軍，爲出鎮某一地區的軍事長官，或作爲刺史等兼理軍務的加官，權任頗重。晋三品，加持節都督者二品。

[3]驩兜：或作讙頭、讙朱。相傳爲堯之臣，有罪，自投南海而死。或説即四凶之一的渾敦。

[4]邯鄲：縣名，治所在今河北省邯鄲市西南。

[5]承營：地名，在今河北省定州市東南。

[6]秦主：主，殿本作“王”。

垂將有北都中山之意，[1]農率衆數萬迎之。群僚聞慕容暐爲苻堅所殺，勸垂僭位。垂以慕容冲稱號關中，[2]不許。

[1]中山：郡名，治所在盧奴縣（今河北省定州市）。

[2]慕容冲：小字鳳凰，昌黎棘城（今遼寧省義縣西）人，慕容儁之子。西燕國主。　關中：地區名，函谷關以西秦國故地，包括今河南省靈寶市以西及陜西省、甘肅省東部和四川省部分地區。

晋龍驤將軍劉牢之率衆救苻丕，[1]至鄴，垂逆戰，敗績，遂徹鄴圍，退屯新城。垂自新城北走，牢之追垂，連戰皆敗。又戰於五橋澤，[2]王師敗績，德及隆引兵要之於五丈橋，牢之馳馬跳五丈澗，[3]會苻丕救至而免。

[1]龍驤將軍：官名，高級軍事將領。晋三品。　劉牢之：字道堅，本書卷八四有傳。

[2]五橋澤：位於今河北省臨漳縣北。

[3]五丈澗：確址不詳，當離五橋澤不遠。

翟真去承營，徙屯行唐，[1]真司馬鮮于乞殺真，盡誅翟氏，自立爲趙王。營人攻殺乞，迎立真從弟成爲主，真子遼奔黎陽。[2]

[1]行唐：縣名，治所在今河北省行唐縣東北。

[2]黎陽：縣名，治所在今河南省浚縣東北。

高句驪寇遼東，[1]垂平北慕容佐遣司馬郝景率衆救之，[2]爲高句驪所敗，遼東、玄菟遂没。[3]

[1]高句驪：古國名，亦作句麗、高麗。都城丸都（今吉林省集安市），後遷都今朝鮮民主主義共和國平壤市。　遼東：郡名，治所在襄平縣（今遼寧省遼陽市）。

[2]平北：官名，即平北將軍。與平東、平西、平南將軍合稱四平將軍。多持節都督或監某一地區的軍事，有時作爲刺史等地方官員監理軍務的加官。晋三品，加持節都督者二品。

[3]玄菟：郡名，西漢武帝置，治所在沃沮縣（今朝鮮民主主義人民共和國咸鏡南道咸興市），昭帝時移治高句麗縣（今遼寧省新賓滿族自治縣），東漢治所在高句麗縣（今遼寧省沈陽市東）。

建節將軍徐巖叛於武邑，[1]驅掠四千餘人，北走幽州。垂馳敕其將平規曰："但固守勿戰，比破丁零，吾當自討之。”規違命距戰，爲巖所敗。巖乘勝入薊，掠千餘户而去，所過寇暴，遂據令支。[2]

[1]建節將軍徐巖叛于武邑：中華本校勘記：“《通鑑》一〇六‘徐’作‘餘’。按：燕有餘姓，爲扶餘人。《慕容暐載記》有‘徐蔚’，《通鑑》作‘餘蔚’。參卷一一一校記。”

[2]令支：縣名，治所在今河北省遷安市西南。

翟成長史鮮于得斬成而降，垂入行唐，悉坑其衆。

苻丕棄鄴城，奔于并州。

慕容農攻克令支，斬徐巖兄弟。進伐高句驪，復遼東、玄菟二郡，還屯龍城。[1]

[1]龍城：又稱和龍城、黄龍城、龍都，位於今遼寧省朝陽市十二臺營子。

垂定都中山，群僚勸即尊號，具典儀，修郊燎之禮。垂從之，以太元十一年僭即位，赦其境内，改元曰建興，置百官，繕宗廟社稷，立寶爲太子。以其左長史庫辱官偉、右長史段崇、龍驤張崇，中山尹封衡爲吏部尚書，[1]慕容德爲侍中、都督中外諸軍事、領司隸校尉，[2]撫軍慕容麟爲衛大將軍，[3]其餘拜授有差。追尊母蘭氏爲文昭皇后，遷觥后段氏，以蘭氏配饗。博士劉詳、董謐議以堯母妃位第三，[4]不以貴陵姜嫄，明聖王之道以至公爲先。垂不從。

［1］“以其左長史庫辱官偉”至“封衡爲吏部尚書”：中華本校勘記：“李校：此處庫辱官偉、段崇、張崇三人姓名下皆有脱文。據下卷稱庫辱官偉爲太尉、段崇爲光禄大夫，則此處當作‘庫辱官偉爲太尉，段崇爲左光禄大夫。’按：偉加太尉，據《通鑑》一〇八在太元十八年，李説未盡是，但三人下必有脱文，今於‘張崇’下爲句。”左長史，即大將軍左長史，將軍府掾屬之長，佐將軍總管府内諸曹。分左右，左高於右。均爲六品。右長史，見左長史注。中山尹，即京兆尹。因後燕定都中山，故稱。吏部尚書，官名，三國魏時爲尚書省吏部曹長官，位居列曹尚書之上。晋三品。

［2］都督中外諸軍事：官名，亦稱都督中外諸軍。全國最高軍事統帥，總統中央地方的内外諸軍，權力極大。　領：以地位較高的官員兼理較低的職務。

［3］撫軍：官名，即撫軍將軍。三國蜀漢、孫吴皆置，爲加官，以示權重。晋三品。　衛大將軍：官名，高級統帥，地位在衛將軍上。十六國北朝一些政權均置。

［4］博士：學官，國子博士、太學博士或太常博士泛稱，教授儒學。晋六品。

遣其征西慕容楷、衛軍慕容麟、鎮南慕容紹、征虜慕容宙等攻苻堅冀州牧苻定、鎮東苻紹、幽州牧苻謨、鎮北苻亮。[1]楷與定等書，喻以禍福，定等悉降。

［1］征西：官名，即征西將軍。東漢永元年間置，地位與雜號將軍、偏將軍、裨將軍等同。建安年間與征東、征南、征北將軍合稱四征將軍，地位提高。晋三品，加持節都督者二品。　衛軍：官名，衛大將軍省稱。　鎮南：官名，即鎮南將軍。與鎮東、鎮西、鎮北將軍合稱四鎮將軍。多爲持節都督，出鎮方面。曹魏二品。晋改三品，加持節都督者二品。　征虜：即征虜將軍，既是武官名，

也作爲高級文職官員的加官。晋三品。　冀州：治所在信都縣（今河北省衡水市冀州區）。　苻定：苻，宋本作“符”。　鎮東：官名，即鎮東將軍。東漢建安年間置，與鎮西、鎮南、鎮北將軍合稱四鎮將軍，多爲持節都督，出鎮方面。晋三品。　鎮北：官名，即鎮北將軍。東漢建安年間置，與鎮西、鎮南、鎮東將軍合稱四鎮將軍，多爲持節都督，出鎮方面。曹魏二品。晋三品，加持節都督者二品。

垂留其太子寶守中山，率諸將南攻翟遼，以楷爲前鋒都督。遼之部衆皆燕趙人也，咸曰：“太原王之子，吾之父母。”相率歸附。遼懼，遣使請降。垂至黎陽，遼肉袒謝罪，垂厚撫之。

爲其太子寶起承華觀，以寶録尚書政事，巨細皆委之，垂總大綱而已。立其夫人段氏爲皇后。又以寶領侍中、大單于、驃騎大將軍、幽州牧。[1]建留臺於龍城，[2]以高陽王慕容隆録留臺尚書事。時慕容暐及諸宗室爲苻堅所害者，並招魂葬之。

[1]大單于：本匈奴最高首領名，十六國時期一些少數民族政權亦置。　驃騎大將軍：官名，魏晋制度，驃騎將軍爲重號將軍，僅次於大將軍，高於諸名號將軍，本不需加“大”字。然兩晋時將軍名號越授越濫，遂又增置此號，居諸名號將軍之首。多加於權臣元老，以示尊崇。開府置僚屬，不領兵。晋二品，開府位從公者一品。

[2]留臺：指古代帝王因故离京，奉命留守京師之官及其機構。

清河太守賀耕聚衆定陵以叛，[1]南應翟遼，[2]慕容農討斬之，毁定陵城。進師入鄴，以鄴城廣難固，築鳳陽門大道之東爲隔城。

［1］清河：即清河郡，治所在清河縣（今山東省臨清市東北）。定陵：即定陵壁，位於今河北省威縣西北。

［2］“清河太守賀耕”至“南應翟遼”：中華本校勘記：“前數行云‘遼肉袒謝罪’，忽云賀耕‘南應翟遼’，令人不解。檢《通鑑》一〇七，遼降在太元十二年四月，十月稱‘翟遼又叛燕’，《載記》失載。”

其尚書郎婁會上疏曰：[1]“三年之喪，天下之達制，兵荒殺禮，遂以一切取士。人心奔競，苟求榮進，至乃身冒縗絰，以赴時役，豈必殉忠於國家，亦昧利于其間也。聖王設教，不以顛沛而虧其道，不以喪亂而變其化，故能杜豪競之門，塞奔波之路。陛下鍾百王之季，廓中興之業，天下漸平，兵革方偃，誠宜蠲蕩瑕穢，率由舊章。吏遭大喪，聽終三年之禮，則四方知化，人斯服禮。”垂不從。

［1］尚書郎：官名。東漢之制，取孝廉中之有才能者入尚書臺，在皇帝左右處理政務，初入臺稱守尚書郎中，滿一年稱尚書郎，滿三年稱侍郎。魏晋以後尚書各曹有侍郎、郎中等官，綜理職務，通稱爲尚書郎。晋六品。

翟遼死，子釗代立，攻逼鄴城，慕容農擊走之。[1]垂引師伐釗於滑臺，[2]次于黎陽津，[3]釗於南岸距守，諸將惡其兵精，咸諫不宜濟河。垂笑曰：“豎子何能爲，吾今爲卿等殺之。”遂徙營就西津，爲牛皮船百餘艘，載疑兵列杖，溯流而上。釗先以大衆備黎陽，見垂向西津，乃棄營西距。垂潛遣其桂林王慕容鎮、驃騎慕容國於黎陽津夜濟，[4]壁於河南。釗聞而奔還，士衆疲渴，走歸滑臺，釗攜妻子率數百騎北趣白鹿山。[5]農追擊，盡擒其衆，釗單騎奔長子。[6]釗所統七郡户二萬八千皆安堵如故。[7]徙徐州流人七千餘户於黎陽。

[1]走之：走，殿本作“定”。

[2]滑臺：滑臺城，即今河南省滑縣東舊滑縣，北臨古黄河。

[3]黎陽津：位於今河南省浚縣東南古黄河上。

[4]桂林王：原本闕“林”字，宋本、殿本有，據宋本、殿本補。　驃騎：官名，即驃騎將軍。西漢時爲重號將軍，東漢以後居諸名號將軍之首，僅作爲軍府名號加授大臣或重要州郡長官。晋二品，開府位從公者一品。

[5]白鹿山：位於今河南省獲嘉縣北。

[6]長子：縣名，治所在今山西省長子縣西南。

[7]二萬：二，宋本、殿本作“三”。

於是議征長子。諸將咸諫，以慕容永未有釁，[1]連歲征役，士卒疲怠，請俟他年。垂將從之，及聞慕容德之策，笑曰：“吾計決矣。且吾投老，扣囊底智，足以克之，不復留逆賊以累子孫也。”乃發步騎七萬，遣其丹楊王慕容瓚、龍驤張崇攻永弟支于晋陽。[2]永遣其將刁雲、慕容鍾率衆五萬屯潞川。[3]垂遣慕容楷出自滏口，[4]慕容農入自壺關，[5]垂頓于鄴之西南，月餘不進。永謂垂詭道伐之，乃攝諸軍還杜太行軹關。[6]垂進師入自天井關，[7]至於壺壁。[8]永率精卒五萬來距，[9]阻河曲以自固，[10]馳使請戰。垂列陣于壺壁之南，農、楷分爲二翼，慕容國伏千兵於深澗。[11]與永大戰，垂引軍僞退，永追奔數里，國發伏兵馳斷其後，楷、農夾擊之，永師大敗，斬首八千餘級，永奔還長子。慕容瓚攻克晋陽。垂進圍長子，永將賈韜等潜爲内應。垂進軍入城，永奔北門，爲前驅所獲，於是數而戮之，并其所署公卿刁雲等三十餘人。永所統新舊八郡户七萬六千八百及乘輿、服御、伎樂、珍寶悉獲之，於是品物具矣。

[1]慕容永：字叔明，十六國時西燕國主，被後燕慕容垂攻殺。

[2]永弟支：中華本校勘記："《魏書·慕容廆傳》、《通鑑》一〇八'支'並作'友'。"　晋陽：縣名，治所在今山西省太原市西南。

[3]潞川：即潞水，即今山西省境内濁漳河。

[4]滏口：位於今河北省磁縣西北。

[5]壺關：縣名，治所在今山西省長治市北。

[6]軹關：位於今河南省濟源市西北，當豫、晋交通要衝，爲太行八陘中第一陘，爲歷代兵家必争之地。

[7]天井關：位於今河北省武安市西。天，原本作"大"，宋本、殿本作"天"，據宋本、殿本改。

[8]壺壁：中華本校勘記："《斠注》：當從《魏書·慕容廆傳》《地形志》及《水經·濁漳水注》作'臺壁'。按：《通鑑》一〇八亦作'臺壁'，《斠注》説是。下同。"

[9]精卒：卒，殿本作"兵"。

[10]河曲：指今山西省芮城縣西風陵渡一帶黄河曲流處。

[11]伏千兵於深澗：中華本"深澗"後爲逗號。汪維輝先生

認爲，“與永大戰”的並非慕容國，而是慕容垂。“垂列陣於壺壁之南，農、楷分爲二翼，慕容國伏千兵於深澗”是慕容垂與慕容永決戰前的戰略部署，部署完畢後他才“與永大戰”，然後打了一個漂亮的伏擊戰。因此“深澗”後當用句號，“與永大戰”後用逗號。（參見汪維輝《〈晉書〉點校商兑》，《古籍整理研究學刊》1997 年第 1 期）

使慕容農略地河南，[1]攻廩丘、陽城，[2]皆克之，太山、琅邪諸郡皆委城奔潰，[3]農進師臨海，置守宰而還。垂告捷于龍城之廟。

[1]河南：南，殿本作“内”。

[2]廩丘：縣名，治所在今山東省鄆城縣西北。　陽城：縣名，治所在今山東省青州市。

[3]太山：郡名，治所在奉高縣（今山東省泰安市東）。　琅邪：封國名，治所在今山東省臨沂市。

遣其太子寶及農與慕容麟等率衆八萬伐魏，慕容德、慕容紹以步騎一萬八千爲寶後繼。魏聞寶將至，徙往河西。寶進師臨河，懼不敢濟。還次參合，[1]忽有大風黑氣，狀若隄防，或高或下，臨覆軍上。沙門支曇猛言於寶曰：[2]“風氣暴迅，魏軍將至之候，宜遣兵禦之。”寶笑而不納。曇猛固以爲言，乃遣麟率騎三萬爲後殿，以禦非常。麟以曇猛言爲虚，縱騎游獵。俄而黄霧四塞，日月晦冥，是夜魏師大至，三軍奔潰，寶與德等數千騎奔免，士衆還者十一二，紹死之。初，寶至幽州，所乘車軸無故自折。術士靳安以爲大凶，固勸寶還，寶怒不從，故及於敗。

［1］參合：今内蒙古自治區凉城縣東北岱海。
［2］沙門：僧人。

寶恨參合之敗，屢言魏有可乘之機。慕容德亦曰："魏人狃於參合之役，[1]有陵太子之心，宜及聖略，摧其鋭志。"垂從之，留德守中山，自率大衆出參合，鑿山開道，次于獵嶺。遣寶與農出天門，[2]征北慕容隆、征西慕容盛逾青山，[3]襲魏陳留公泥于平城，[4]陷之，收其衆三萬餘人而還。

［1］狃：驕傲。
［2］天門：地名，在今河北省淶源縣南。
［3］征北：官名，即征北將軍。與征東、征西、征南將軍合稱四征將軍。三國魏蜀吴、兩晋皆置，出鎮方面，地位顯要。晋三品，加持節都督者二品。　青山：位於今河北省邢臺市西北。
［4］魏陳留公泥：中華本校勘記："《北史·魏宗室傳》有'陳留王虔'，死於此役。'泥''虔'當是鮮卑名之省譯。"　平城：縣名，治所在今山西省大同市東北古城。

垂至參合，見往年戰處積骸如山，設吊祭之禮，死者父兄一時號哭，軍中皆慟。垂慚憤歐血，因而寢疾，乘馬輿而進，過平城北三十里疾篤，築燕昌城而還。寶等至雲中，[1]聞垂疾，皆引歸。及垂至于平城，或有叛者奔告魏曰："垂病已亡，輿尸在軍。"魏又聞參合大哭，以爲信然，乃進兵追之，知平城已陷而退，還館陰山。[2]垂至上谷之沮陽，[3]以太元二十一年死，時年七十一，凡在位十三年。遺令曰："方今禍難尚殷，喪禮一從簡易，朝終夕殯，事訖成服，三日之後，釋服從政。强寇伺隙，秘勿發喪，至京然後舉哀行服。"寶等遵行之。僞謚成武皇帝，[4]廟號世祖，墓曰宣平陵。

[1]雲中：縣名，治所在今内蒙古托克托縣東北。

[2]陰山：即内蒙古境内的陰山山脉。

[3]沮陽：沮，原本、宋本、殿本作"俎"，據中華本校勘記改。

[4]僞謚成武皇帝：中華本校勘記："《册府》二二四'成武'作'武成'。《御覽》一二五引《後燕録》亦作'武成'，疑此誤倒。"

晋書　卷一二四

載記第二十四

慕容寶　慕容盛　慕容熙　慕容雲

慕容寶

慕容寶，字道祐，垂之第四子也。少輕果無志操，好人佞己。苻堅時爲太子洗馬、萬年令。[1]堅淮肥之役，以寶爲陵江將軍。[2]及爲太子，砥礪自修，敦崇儒學，工談論，善屬文，曲事垂左右小臣，以求美譽。垂之朝士翕然稱之，垂亦以爲克保家業，甚賢之。

[1]苻堅：字永固，本書卷一一三有載記。　太子洗馬：官名，東宫屬官。掌太子圖籍、經書，太子出行則前導威儀。七品。　萬年：縣名，治所在今陝西省西安市臨潼區武屯鎮古城村南。

[2]陵江將軍：官名，亦稱凌江將軍。屬名號將軍。晋五品。

垂死，其年寶嗣僞位，大赦境内，改元爲永康。以其太尉庫辱官偉爲太師、左光禄大夫，[1]段崇爲太保，[2]

其餘拜授各有差。遵垂遺令，校閲户口，罷諸軍營分屬郡縣，定士族舊籍，明其官儀，而法峻政嚴，上下離德，百姓思亂者十室而九焉。

[1]太尉：官名，曹操爲丞相後，太尉府屬官歸相府，晋時太尉雖爲八公之一、三公之首，實爲名譽宰相，多爲大臣加官。晋一品。　太師：官名，八公之一、上公之首，位在太傅、太保之上，居百官之首，名位極尊。晋一品。　左光禄大夫：官名，齊王曹芳正始元年（240）在光禄大夫上增置左、右，位在光禄大夫上。在朝顯職的加官，或授予年老有病致仕者，或授予死者。西晋時禄賜與特進同。晋二品，開府位從公者一品。

[2]太保：官名，史上屢次廢置，三國魏末年復置。晋爲八公之一，位上公，在太宰、太傅之下。安置元老重臣，無職掌。晋一品。

初，垂以寶冢嗣未建，每憂之。寶庶子清河公會多材藝，有雄略，垂深奇之。及寶之北伐，使會代攝宫事，總録、禮遇一同太子，所以見定旨也。垂之伐魏，以龍城舊都，[1]宗廟所在，復使會鎮幽州，[2]委以東北之重，高選寮屬以崇威望。臨死顧命，[3]以會爲寶嗣。而寶寵愛少子濮陽公策，意不在會。寶庶長子長樂公盛自以同生年長，耻會先之，乃盛稱策宜爲儲貳，而非毁會焉。寶大悦，乃訪其趙王麟、高陽王隆，麟等咸希旨贊成之。寶遂與麟等定計，立策母段氏爲皇后，策爲皇太子，盛、會進爵爲王。策字道符，年十一，美姿貌，而惷弱不慧。

[1]龍城：又稱和龍城、黄龍城、龍都。位於今遼寧省朝陽市十二臺營子。

[2]幽州：治所在薊縣（今北京市西南）。

[3]顧命：皇帝遺命。

魏伐并州，[1]驃騎農逆戰，[2]敗績，還於晉陽，[3]司馬慕輿嵩閉門距之。[4]農率騎數千奔歸中山，[5]行及潞川，[6]爲魏追軍所及，餘騎盡没，單馬遁還。寶引群臣于東堂議之。[7]中山尹苻謨曰："魏軍强盛，千里轉鬭，乘勝而來，勇氣兼倍，若逸騎平原，形勢彌盛，殆難爲敵，宜杜險距之。"中書令眭邃曰：[8]"魏軍多騎，師行剽鋭，馬上賫糧，不過旬日。宜令郡縣聚千家爲一堡，深溝高壘，清野待之，至無所掠，資食無出，不過六旬，自然窮退。"尚書封懿曰：[9]"今魏師十萬，天下之勍敵也。百姓雖欲營聚，不足自固，是則聚糧集兵以資强寇，且動衆心，示之以弱。阻關距戰，計之上也。"慕容麟曰："魏今乘勝氣鋭，其鋒不可當，宜自完守設備，待其弊而乘之。"於是修城積粟，爲持久之備。

[1]并州：治所在晉陽縣（今山西省太原市西南）。

[2]驃騎農：原本、宋本、殿本"農"上有"李"字。中華本校勘記："各本'農'上有'李'字。《斠注》：《魏書·太祖紀》作'遼西王農'乃慕容農，非李農也。按：《通鑑》一〇八同《魏書》。慕容農下文屢見，别無所謂'李農'。'李'字衍，今删。"

[3]晉陽：縣名，治所在今山西省太原市西南。

[4]司馬慕輿嵩：輿，殿本作"容"。

[5]中山：郡名，治所在盧奴縣（今河北省定州市）。

［6］潞川：即潞水，即今山西省境内濁漳河。

［7］東堂：太極殿東堂。

［8］中書令：官名，掌收納尚書奏事、傳達皇帝詔旨。三國魏文帝初年分秘書置中書省，設中書監和中書令，職權甚重。晋三品。　眭邃：眭，原本、宋本、殿本作“畦”，據中華本校勘記改。

［9］尚書：官名，東漢尚書臺六曹各置尚書，秩六百石。魏晋出爲朝官，分掌尚書省諸曹，品秩提高。晋三品。

魏攻中山不克，進據博陵魯口，[1]諸將望風奔退，郡縣悉降於魏。寶聞魏有内難，乃盡衆出距，步卒十二萬，騎三萬七千，次於曲陽柏肆。[2]魏軍進至新梁。寶憚魏師之鋭，乃遣征北隆夜襲魏軍，[3]敗績而還。魏軍方軌而至，對營相持，上下凶懼，三軍奪氣。農、麟勸寶還中山，乃引歸。魏軍追擊之，寶、農等棄大軍，率騎二萬奔還。[4]時大風雪，凍死者相枕於道。寶恐爲魏軍所及，命去袍杖戎器，寸刃無返。

［1］博陵：郡名，東漢置，治所在博陵縣（今河北省蠡縣南），西晋改爲國，治所在安平縣（今河北省安平縣）。　魯口：魯口城，位於今河北省饒陽縣。

［2］柏肆：肆，原本、宋本、殿本作“津”，據中華本校勘記。

［3］征北：官名，即征北將軍。與征東、征西、征南將軍合稱四征將軍。三國魏蜀吴兩晋皆置，出鎮方面，地位顯要。晋三品，加持節都督者二品。

［4］二萬：二，殿本作“三”。

魏軍進攻中山，屯於芳林園。其夜尚書慕容皓謀殺寶，立慕容麟。皓妻兄蘇泥告之，寶使慕容隆收皓，皓與同謀數十人斬關奔魏。[1]麟懼不自安，以兵劫左衛將軍、北地王精，[2]謀率禁旅弑寶。精以義距之，麟怒，殺精，出奔丁零。[3]

[1]數十人：十，宋本作“千”。

[2]左衛將軍：官名，三國魏咸熙二年（265），司馬炎即晋王位，分中衛將軍爲左、右衛將軍。掌佽飛虎賁及前驅、由基、强弩三部司馬，屬下還有虎賁、羽林、上騎、異力、命中五部督，負責宫禁侍衛。西晋屬中軍將軍，後屬領軍將軍。爲禁衛軍主要統帥之一，權任很重。晋四品。

[3]丁零：古民族名。又稱“丁令”“丁靈”。漢時爲匈奴屬國，游牧於中國北部和西北部廣大地區。魏晋南北朝時有部分進入中原。

初，寶聞魏之來伐也，使慕容會率幽并之衆赴中山。麟既叛，寶恐其逆奪會軍，將遣兵迎之。麟侍郎段平子自丁零奔還，[1]説麟招集丁零，軍衆甚盛，謀襲會軍，東據龍城。寶與其太子策及農、隆等萬餘騎迎會於薊，[2]以開封公慕容詳守中山。會傾身誘納，繕甲厲兵，步騎二萬，列陣而進，迎寶薊南。寶分其兵給農、隆，遣西河公庫辱官驥率衆三千助守中山。會以策爲太子，有恨色。寶以告農、隆，俱曰：“會一年少，專任方事，習驕所致，豈有他也。臣當以禮責之。”幽平之士皆懷會威德，不樂去之，咸請曰：“清河王天資神武，權略過人，臣等與之誓同生死，感王恩澤，皆勇氣自倍。願陛下與皇太子、諸王止駕薊宫，使王統臣等進解京師之圍，然後奉迎車駕。”寶左右皆害其勇略，譖而不許，衆咸有怨言。左右勸寶殺會，侍御史仇尼歸聞而告會曰：[3]“左右密謀如是，主上將從之。大王所恃唯父母也，父已異圖；所杖者兵也，兵已去手，進退路窮，恐無自全之理。盍誅二王，廢太子，大王自處東宫，兼領將相，以匡社稷。”會不從。寶謂農、隆曰：“觀會爲變，事當必然，宜早殺之。不爾，恐成大禍。”農曰：“寇賊内侮，中州紛亂，[4]會鎮撫舊都，安衆寧境，及京師有難，萬里星赴，威名之重，可以振服戎狄。又逆迹未彰，宜且隱忍。今社稷之危若綴旒然，[5]復内相誅戮，有損威望。”寶曰：“會逆心已成，而王等仁慈，不欲去之，恐一旦釁發，必先害諸父，然後及吾。事敗之後，當思朕言。”農等固諫，乃止。會聞之彌懼，奔於廣都黄榆谷。[6]會遣仇尼歸等率壯士二十餘人分襲農、隆，隆是夜見殺，農中重創。既而會歸於寶，寶意在誅會，誘而安之，潛使左衛慕輿騰斬會，[7]不能傷。會復奔其衆，於是勒兵攻寶。寶率數百騎馳如龍城，會率衆追之，遣使請誅左右佞臣，并求太子，寶弗許。會圍龍城，侍御郎高雲夜率敢死士百餘人襲會，[8]敗之，衆悉逃散，單馬奔還中山，乃踰圍而入，爲慕容詳所殺。

[1]侍郎：官名，諸侯王國屬官，掌贊相威儀、通傳教令。曹魏、西晋王公諸侯國皆置。位在典書令下。屬郎中令。東晋改屬常侍。晋八品。

[2]薊：縣名，治所在今北京市西南。

［3］侍御史：官名，簡稱御史、侍御。御史臺屬官，曹魏時分掌治書、課第等八曹，尚書、符節等三臺。西晋時分掌吏、課第、直事、印、中都督、外都督、媒、符節、水、中壘、軍營、法、算十三曹。晋六品。

［4］中州紛亂：紛，殿本作“分”。

［5］綴旒：如旒之懸，比喻國勢垂危。旒，冠上垂珠。

［6］廣都：縣名，治所在今遼寧省建昌縣。　黄榆谷：位於今遼寧省建昌縣一帶。

［7］慕輿騰：輿，殿本作“容”。本卷下文此人名同。

［8］侍御郎：官名，皇帝左右的武職侍從，屬侍御長。

詳僭稱尊號，置百官，改年號。荒酒奢淫，殺戮無度，誅其王公以下五百餘人，内外震局，莫敢忤視。城中大飢，公卿餓死者數十人。麟率丁零之衆入中山，斬詳及其親黨三百餘人，復僭稱尊號。中山飢甚，麟出據新市，[1]與魏師戰於義臺，[2]麟軍敗績。魏師遂入中山，麟乃奔鄴。

［1］新市：縣名，治所在今河北省正定縣東北新市。

［2］義臺：地名，在今河北省新樂縣東北沙河畔。

慕容德遣侍郎李延勸寶南伐，寶大悦。慕容盛切諫，以爲兵疲師老，魏新平中原，宜養兵觀釁，更俟他年。寶將從之。撫軍慕輿騰進曰：[1]“今衆旅已集，宜乘新定之機以成進取之功。人可使由之，而難與圖始，惟當獨決聖慮，不足廣采異同，以沮亂軍議也。”寶曰：“吾計決矣，敢諫者斬！”寶發龍城，以慕輿騰爲前軍、大司馬，[2]慕容農爲中軍，[3]寶爲後軍，[4]步騎三萬，次于乙連。[5]長上段速骨、宋赤眉因衆軍之憚役也，殺司空、樂浪王宙，[6]逼立高陽王崇。寶單騎奔農，仍引軍討速骨。衆咸憚征幸亂，投杖奔之。騰衆亦潰，寶、農馳還龍城。蘭汗潛與速骨通謀，速骨進師攻城，農爲蘭汗所譎，潛出赴賊，爲速骨所殺。衆皆奔散，寶與慕容盛、慕輿騰等南奔。蘭汗奉太子策承制，遣使迎寶，及於薊城。寶欲還北，盛等咸以汗之忠款虚實未明，今單馬而還，汗有貳志者，悔之無及。寶從之，乃自薊而南。至黎陽，[7]聞慕容德稱制，[8]懼而退。遣慕輿騰招集散兵于鉅鹿，[9]慕容盛結豪桀于冀州，[10]段儀、段温收部曲于内黄，[11]衆皆嚮會，克期將集。會蘭汗遣左將軍蘇超迎寶，[12]寶以汗垂之季舅，盛又汗之婿也，必謂忠款無貳，乃還至龍城。汗引寶入于外邸，弑之，時年四十四，在位三年，即隆安三年也。[13]汗又殺其太子策及王公卿士百餘人。汗自稱大都督、大將軍、大單于、昌黎王。[14]盛僭位，僞謚寶惠愍皇帝，廟號烈宗。

[1]撫軍：官名，即撫軍將軍。三國蜀漢、孫吴皆置，爲加官，以示權重。晋三品。

[2]前軍：官名，即前軍將軍。四軍將軍之一，與後軍、左軍、右軍將軍各領營兵千人，職掌護衛皇帝宫禁。晋四品。　大司馬：官名，八公之一，位在上公之下、大將軍及三公之上，高級將帥，多爲大臣加官。晋一品。

[3]中軍：官名，即中軍將軍，西晋時統左右衛、前後左右驍騎等宿衛七營禁軍，主管京師及朝廷警衛。泰始四年（268）罷，

置北軍中候代其職。後爲將軍名號，與鎮軍將軍、撫軍將軍並爲三名號將軍，不統禁兵。晋三品。

[4]後軍：官名，即後軍將軍，見“前軍”注。

[5]乙連：確址待考。疑在今遼寧省建昌縣或河北青龍縣一帶。

[6]司空：官名，魏晋南北朝爲名譽宰相，多爲大臣加官。晋八公之一，位在三公之末。晋一品。

[7]黎陽：縣名，治所在今河南省浚縣東北。

[8]慕容德：字玄明，又名備德，十六國南燕創建者，本書卷一二七有載記。

[9]鉅鹿：郡名，秦始皇時置，治所在巨鹿縣（今河北省平鄉縣西南）。

[10]冀州：三國魏治所在信都縣（今河北省衡水市冀州區），西晋移治房子縣（今河北省高邑縣西南）。

[11]部曲：帶有人身依附性質的私兵。　内黄：縣名，治所在今河南省内黄縣西北。

[12]左將軍：官名，漢代爲重號將軍，與前、後、右將軍並爲上卿。魏晋時爲常設官職，權位較兩漢漸低，僅爲武官名號，略高於一般雜號將軍，不典禁兵。晋三品。

[13]在位三年，即隆安三年也：中華本校勘記：“《安紀》及《通鑑》一一〇寶死在隆安二年，《魏書·太祖紀》在天興元年，亦即隆安二年。寶於太元二十一年即位，至此三年。此處‘隆安三年’當作‘隆安二年’。”

[14]大都督：官名，高級軍事長官。三國初作爲加官於戰時臨時設置，後逐漸成爲常設加官官職，地位極高。　大將軍：官名，高級軍事統帥。曹魏時多以之屯駐長安，對付蜀漢，蜀漢以其爲最高軍事長官，孫吴則别置上大將軍居其上。西晋時爲八公之一，位居上公、大司馬下，三公之上。東晋時常專擅軍政事務。晋一品。

大單于：本匈奴最高首領名，十六國時期一些少數民族政權亦置。

皝之遷於龍城也，植松爲社主。及秦滅燕，大風吹拔之。後數年，社處忽有桑二根生焉。先是，遼川無桑，及廆通於晉，求種江南，平州桑悉由吴來。廆終而垂以吴王中興，寶之將敗，大風又拔其一。

慕容盛

盛，字道運，寶之庶長子也。少沉敏，多謀略。苻堅誅慕容氏，盛潛奔於冲。[1]及冲稱尊號，有自得之志，賞罰不均，政令不明。盛年十二，[2]謂叔父柔曰：“今中山王智不先衆，才不出下，恩未施人，先自驕大，以盛觀之，鮮不覆敗。”俄而冲爲段木延所殺，盛隨慕容永東如長子，[3]謂柔曰：“今崎嶇於鋒刃之間，在疑忌之際，愚則爲人所猜，智則危甚巢幕，[4]當如鴻鵠高飛，一舉萬里，不可坐待罟網也。”於是與柔及弟會間行東歸于慕容垂。[5]遇盜陝中，盛曰：“我六尺之軀，入水不溺，在火不焦，汝欲當吾鋒乎！試豎爾手中箭百步，我若中之，宜慎爾命，如其不中，當束身相授。”盜乃豎箭，盛一發中之。盜曰：“郎貴人之子，故相試耳。”資而遣之。歲餘，永誅儁、垂之子孫，男女無遺。盛既至，垂問以西事，畫地成圖。垂笑曰：“昔魏武撫明帝之首，遂乃侯之，祖之愛孫，有自來矣。”於是封長樂公。驍勇剛毅，有伯父全之風烈。

[1]冲：慕容冲，小字鳳凰，昌黎棘城（今遼寧省義縣西）人，慕容儁之子。西燕國主。

[2]盛年十二：中華本校勘記：“《通鑑》一〇六‘十二’作

‘十三’。盛死於隆安五年，年二十九，逆推生於寧康元年。上云‘慕容冲稱尊號’，事在太元十年，是年盛應年十三。但《御覽》一二五引《後燕録》，盛於苻秦建元十年生於長安。據《御覽》一二二引《前秦録》，建元二十一年，即晋太元十年，慕容冲稱帝。自建元十年至二十一年，盛十二歲。然《前秦録》仍以盛死年二十九，則此種紀載歧異，《前秦録》已然。”

[3]慕容永：字叔明，十六國時西燕國主，被後燕慕容垂攻殺。長子：縣名，治所在今山西省長子縣西南。

[4]巢幕：在幕布上作巢。喻處境危險。語本《左傳·襄公二十九年》：“夫子之在此也，猶燕之巢於幕上。”楊伯峻注：“幕即帳幕，隨時可撤。燕巢於其上，至爲危險。”

[5]慕容垂：字道明，本書卷一二三有載記。

寶即僞位，進爵爲王。寶自龍城南伐，盛留統後事。及段速骨作亂，馳出迎衛。寶幾爲速骨所獲，賴盛以免。盛屢進奇策於寶，寶不能從，是以屢敗。寶既如龍城，盛留在後。寶爲蘭汗所殺，盛馳進赴哀，將軍張真固諫以爲不可。盛曰：“我今投命，告以哀窮。汗性愚近，必顧念婚姻，不忍害我。旬月之間，足展吾志。”遂入赴喪。汗妻乙氏泣涕請盛，汗亦哀之，遣其子穆迎盛，舍之宫内，親敬如舊。汗兄提、弟難勸汗殺盛，汗不從。慕容奇，汗之外孫也，汗亦宥之。奇入見盛，遂相與謀。盛遣奇起兵于外，衆至數千。汗遣蘭提討奇。提驕很淫荒，事汗無禮，盛因間之於汗曰：“奇，小兒也，未能辦此，必内有應之者。提素驕，不可委以大衆。”汗因發怒，收提誅之，遣其撫軍仇尼慕率衆討奇。汗兄弟見提之誅，莫不危懼，皆阻兵背汗，[1]襲敗慕軍。

汗大懼，遣其子穆率衆討之。穆謂汗曰：“慕容盛，我之仇也。奇今起逆，盛必應之。兼内有蕭墻之難，不宜養心腹之疾。”汗將誅盛，引見察之。盛妻以告，於是僞稱疾篤，不復出入，汗乃止。有李旱、衛雙、劉志、張豪、張真者，[2]皆盛之舊昵，蘭穆引爲腹心。旱等屢入見盛，潛結大謀。會穆討蘭難等斬之，大饗將士，汗、穆皆醉。盛夜因如厠，袒而逾墻，入于東宫，與李旱等誅穆，衆皆踴呼，進攻汗，斬之。汗二子魯公和、陳公楊分屯令支、白狼，[3]遣李旱、張真襲誅之。於是内外怗然，[4]士女咸悦。盛謙揖自卑，不稱尊號。其年，以長樂王稱制，赦其境内，改元曰建平。諸王降爵爲公，文武各復舊位。

[1]阻兵背汗：阻，殿本作“沮”。

[2]李旱：中華本校勘記：“《册府》二二六、《魏書·慕容廆傳》‘旱’均作‘早’。”

[3]令支：縣名，治所在今河北省遷安市西南。　白狼：縣名，治所在今遼寧省喀喇沁左翼蒙古族自治縣西南。

[4]内外怗然：怗，殿本作“恬”。

初，慕容奇聚衆于建安，[1]將討蘭汗，百姓翕然從之。汗遣兄子全討奇，奇擊滅之，進屯乙連。盛既誅汗，命奇罷兵，奇遂與丁零嚴生、烏丸王龍之阻兵叛盛，[2]引軍至横溝，去龍城十里。盛出兵擊敗之，執奇而還，斬龍、生等百餘人。盛於是僭即尊位，大赦殊死已下，追尊伯考獻莊太子全爲獻莊皇帝，尊寶后段氏爲皇太后，全妃丁氏爲獻莊皇后，謚太子策爲獻哀太子。盛幽州刺史慕容豪、尚書左僕射張通、昌黎尹張順謀叛，[3]盛皆誅之。改年爲長樂。有犯罪者，十日一自决之，無撾捶之罰，而獄情多實。

[1]建安：建安城，位於今河北省遷安市東北。

[2]烏丸：一作烏桓，古族名，東胡的一支。

[3]尚書左僕射：官名，尚書省次官，輔助尚書令執行政務、參議大政、諫諍得失、監察糾彈百官。有時尚書省不置令，祇設左右僕射，此時左僕射居右僕射之上。晋三品。　昌黎尹：官名，十六國後燕、北燕京都行政長官，職掌同京兆尹。

高句驪王安遣使貢方物。[1]有雀素身緑首，集于端門，栖翔東園，二旬而去，改東園爲白雀園。

[1]高句驪：古國名，亦作句麗、高麗。都城丸都（今吉林省集安市），後遷都今朝鮮民主主義共和國平壤市。

盛聽詩歌及周公之事，顧謂群臣曰："周公之輔成王，不能以至誠感上下，誅兄弟以杜流言，猶擅美於經傳，歌德於管絃。至如我之太宰桓王，[1]承百王之季，主在可奪之年，二寇闚闢，難過往日，臨朝輔政，群情緝穆，[2]經略外敷，闢境千里，以禮讓維宗親，德刑制群后，敦睦雍熙，[3]時無二論。勛道之茂，豈可與周公同日而言乎！而燕咏闕而不論，盛德掩而不述，非所謂也。"乃命中書更爲《燕頌》以述恪之功焉。又引中書令常忠、尚書陽瓚、秘書監郎敷于東堂，[4]問曰："古來君子皆謂周公忠聖，豈不謬哉！"瓚曰："周公居攝政之重，而能達君臣之名，及流言之謗，致烈風以悟主，道契神靈，義光萬代，故累葉稱其高，後王無以奪其美。"盛曰："常令以爲何如？"忠曰："昔武王疾篤，周公有請命之誠，流言之際，義感天地，楚撻伯禽以訓就王德。[5]周公爲臣之忠，聖達之美，《詩》《書》已來未之有也。"盛曰："異哉二君之言！朕見周公之詐，未見其忠聖也。昔武王得九齡之夢，白文王，文王曰：'我百，爾九十，吾與爾三焉。'及文王之終，以驗武王之壽矣。[6]武王之算未盡而求代其死，是非詐乎！若惑於天命，是不聖也。據攝天位而丹誠不見，致兄弟之間有干戈之事。夫文王之化自近及遠，故曰刑于寡妻，[7]至於兄弟。周公親違聖父之典而蹈嫌疑之蹤，戮罰同氣以逞私忿，何忠之有乎！[8]但時無直筆之史，後儒承其謬談故也。"忠曰："啓金縢而返風，[9]亦足以明其不詐。遭二叔流言之變，[10]而能大義滅親，終安宗國，復子明辟，[11]輔成大業，以至太平，[12]制禮作樂，流慶無窮，亦不可謂非至德也。"盛曰："卿徒因成文而未原大理，朕今相爲論之。昔周自后稷積德累仁，[13]至于文武。文武以大聖應期，遂有天下。生靈仰其德，四海歸其仁。成王雖幼統洪業，而卜世修長，加吕、召、毛、畢爲之師傅。[14]若無周公攝政，王道足以成也。周公無故以安危爲己任，專臨朝之權，闕北面之禮。管蔡忠存王室，以爲周公代主非人臣之道，故言公將不利於孺子。周公當明大順之節，陳誠義以曉群疑，而乃阻兵都邑，擅行誅戮。不臣之罪彰於海内，方貽王《鴟鴞》之詩，[15]歸非於主，是何謂乎！又周公舉事，稱告二公，[16]二公足明周公之無罪而坐觀成王之疑，此則二公之心亦有猜於周公也。但以疏不間親，故寄言於管蔡，可謂忠不見於當時，仁不及於兄弟。知群望之有歸，天命之不在己，然後返政成王，以爲忠耳。大風拔木之徵，乃皇天祐存周道，不忘文武之德，是以赦周公之始愆，欲成周室之大美。考周公之心，原周公之行，[17]乃天下之罪人，何至德之謂也！周公復位，二公所以杜口不言其本心者，[18]以明管蔡之忠也。”

[1]太宰桓王：指慕容恪。

[2]緝穆：和睦。

[3]敦睦雍熙：和睦歡樂。

[4]秘書監：官名，秘書省長官，掌管藝文圖籍、課試署吏，統著作局，掌國史修撰並管理中外三閣圖書。晋三品。

[5]楚撻伯禽以訓就王德：伯禽，又稱魯公、禽父，西周魯國第一代國君，姬姓，字伯禽。周公旦長子，周公旦被封於曲阜，伯禽代父就封。即位後，有淮夷、徐夷反叛，乃率師伐之於費（今山東省費縣北）。周公親撻伯禽，事見《説苑·建本》：“伯禽與康叔封朝于成王，見周公，三見而三笞。康叔有駭色，謂伯禽曰：‘有商子者，賢人也，與子見之。’康叔封與伯禽見商子，曰：‘某某也，日吾二子者朝乎成王，見周公，三見而三笞，其説何也？’商子曰：‘二子盍相與觀乎南山之陽？有木焉，名曰橋。’二子者往觀乎南山之陽，見橋竦焉實而仰，反以告乎商子，商子曰：‘橋者，父道也。’商子曰：‘二子盍相與觀乎南山之陰？有木焉，名曰梓。’

二子者往觀乎南山之陰，見梓勃焉實而俯，反以告商子，商子曰：‘梓者，子道也。’二子者明日見乎周公，入門而趨，登堂而跪，周公拂其首，勞而食之，曰：‘安見君子？’二子對曰：‘見商子。’周公曰：‘君子哉！商子也。’”

［6］以驗武王之壽：以，殿本作“已”。

［7］刑于寡妻：以禮法對待妻子。《詩·大雅·思齊》：“刑于寡妻，至於兄弟，以御於家邦。”鄭玄箋：“文王以禮法接待其妻。”寡妻，嫡妻。

［8］“周公親違”至“何忠之有乎”：宋本無此二十七字。違，原本作“遺”，殿本作“違”，據殿本改。

［9］金縢：用金屬製的帶子將收藏書契的櫃封存。《尚書·金縢》：“公歸，乃納册于金縢之匱中。”蔡沈集傳：“金縢，以金緘之也。”《史記》卷三三《魯周公世家》載：周武王有疾，不豫，群臣懼，周公於是乃自以爲質，設三壇，向太王、王季、文王禱告，願以自身代武王。禱告畢，卜筮的結果爲吉。“周公入賀武王曰：‘王其無害。旦新受命三王，維長終是圖。兹道能念予一人。’周公藏其策金縢匱中，誡守者勿敢言。”

［10］二叔：管叔和蔡叔。管叔又稱叔鮮，姬姓，名鮮，西周初三監之一。周武王之弟，被封於管，以監視武庚及殷商遺民。後與蔡叔、武庚起兵反對周公，失敗身亡。蔡叔又稱叔度，姬姓，名度，西周初三監之一。周武王之弟，被封於蔡，以監視殷遺民。後聯合管叔、武庚起兵反對周公，失敗，被流放而死。

［11］復子明辟：歸還朝政。《尚書·洛誥》：“周公拜手稽首曰：‘朕復子明辟。’”孔安國傳：“言我復還明君之政於子，子成王，年二十成人，故必歸政而退老。”

［12］以至太平：至，殿本作“致”。

［13］后稷：相傳姜嫄踐天帝足迹，懷孕生子，因曾棄而不養，故名之爲“棄”。虞舜命爲農官，教民耕稼，稱爲“后稷”。

［14］吕：吕尚，又稱太公望、吕望、尚父。西周開國大臣，姜

姓，吕氏，字子牙。助文王興國，佐武王滅商。　召：召公，姬姓，名奭，成王時三公之一。自陝以西，召公主之；自陝以東，周公主之。召公治西方，甚得民和。召公卒，民思其政。　毛：毛公，又稱毛懿公，西周成王、康王時大臣，周文王子毛叔鄭之子輩，受成王遺命輔佐康王。　畢：畢公，西周開國大臣，名高，文王之子。滅商後奉命釋放被紂囚禁的百姓。後受封於畢。成王死，受遺命與召公奭副佐康王，任作册，爲三朝重臣。

[15]鴟鴞之詩：即《詩·國風·鴟鴞》。詩序説："鴟鴞，周公救亂也。成王未知周公之志，公乃爲詩以遺王，名之曰鴟鴞焉。"

[16]二公：即太公望、召公奭。

[17]原：追溯本意。

[18]不言其本心：其，宋本作"於"。

又謂常忠曰："伊尹、周公孰賢？"[1]忠曰："伊尹非有周公之親而功濟一代，太甲亂德，[2]放於桐宫，[3]思愆改善，然後復之。使主無怨言，臣無流謗，道存社稷，美溢來今。[4]臣謂伊尹之勛有高周旦。"盛曰："伊尹以舊臣之重，顯阿衡之任，[5]太甲嗣位，君道未洽，不能竭忠輔導，而放黜桐宫，事同夷羿，[6]何周公之可擬乎！"郎敷曰："伊尹處人臣之位，不能匡制其君，恐成湯之道墜而莫就，是以居之桐宫，與小人從事，使知稼穡之艱難，然後返之天位，此其忠也。"盛曰："伊尹能廢而立之，何不能輔之以至於善乎？若太甲性同桀紂，則三載之間未應便成賢后。如其性本休明，義心易發，當務盡匡規之理以弼成君德，安有人臣幽主而據其位哉！且臣之事君，惟力是視，奈何挾智藏仁以成君惡！夫太甲之事，朕已鑒之矣。太甲，至賢之主也，以伊尹歷奉三朝，績無異稱，將失顯祖委授之功，故匿其日月之明，受伊尹之黜，所以濟其忠貞之美。夫非常之人，然後能立非常之事，非常人之所見也，亦猶太伯之三讓，[7]人無德而稱焉。”敷曰：“太伯三以天下讓，至仲尼而後顯其至德。太甲受謗於天下，遭陛下乃申其美。”因而談讌賦詩，賜金帛各有差。

[1]伊尹：輔佐商湯及其後代外丙、仲壬、太甲的賢臣。

[2]太甲：商王，名至，湯之孫，太丁之子。在王位時，不遵湯法，亂德，被伊尹囚禁於桐宫。

[3]桐宫：桐邑之宫。桐邑，位於今河南省虞城縣東北。《古本竹書紀年》：“仲壬崩，伊尹放太甲於桐。”

[4]美溢來今：來，殿本作“古”。

[5]阿衡：《史記》卷三《殷本紀》：“伊尹名阿衡。”司馬貞索隱：“《孫子兵書》：‘伊尹名摯。’孔安國亦曰‘伊摯’。然解者以阿衡爲官名。按：阿，倚也，衡，平也。言依倚而取平。《書》曰‘惟嗣王弗惠于阿衡’，亦曰保衡，皆伊尹之官號，非名也。”

[6]夷羿：夏代有窮之君，名羿，因居東夷，故稱夷羿。太康無道，夏衰，羿因夏民以代夏政。後因溺於田獵，不修民事，爲寒浞所殺。事見《左傳・襄公四年》。

[7]太伯之三讓：《史記》卷三一《吴太伯世家》正義：“江熙云：‘太伯少弟季歷生文王昌，有聖德，太伯知其必有天下，故欲傳國於季歷。以太王病，託采藥於吴越，不反。太王薨而季歷立，一讓也；季歷薨而文王立，二讓也；文王薨而武王立，遂有天下，三讓也。又釋云：太王病，託采藥，生不事之以禮，一讓也；太王薨而不反，使季歷主喪，不葬之以禮，二讓也；斷髮文身，示不可用，使歷主祭祀，不祭之以禮，三讓也。’”

遼西太守李朗在郡十年,[1]威制境内，盛疑之，累徵不赴。以母在龍城，未敢顯叛，乃陰引魏軍，將爲自安之計，因表請發兵以距寇。盛曰:“此必詐也。”召其使而詰之，果驗，盡滅其族，遣輔國將軍李旱率騎討之。[2]師次建安，召旱旋師。朗聞其家被誅也，擁三千餘户以自固。[3]及聞旱中路而還，謂有内變，不復爲備，留其子養守令支，躬迎魏師于北平。[4]旱候知之，襲克令支，遣廣威孟廣平率騎追朗,[5]及于無終,[6]斬之。初，盛之追旱還也，群臣莫知其故。旱既斬朗，盛謂群臣曰:“前以追旱還者，正爲此耳。朗新爲叛逆，必忌官威，一則鳩合同類，劫害良善，二則亡竄山澤，未可卒平，故非意而還，以盈怠其志，卒然掩之，必克之理也。”群臣皆曰:“非所及也。”

[1]遼西：郡名，治所在陽樂縣（今河北省盧龍縣東南）。
[2]輔國將軍：官名，三國兩晋皆置。晋三品。
[3]三千：宋本、殿本作“二千”。
[4]北平：郡名，治所在徐無縣（今河北省遵化市東）。
[5]廣威：官名，即廣威將軍。三國魏始置。晋四品。
[5]無終：縣名，治所在今天津市薊州區。

李旱自遼西還，聞盛殺其將衛雙，懼，棄軍奔走。既而歸罪，復其爵位。盛謂侍中孫勍曰:“旱總三軍之任，荷專征之重，不能杖節死綏，無故逃亡，考之軍正，不赦之罪也。然當先帝之避難，衆情離貳，骨肉忘其親，股肱失忠節，旱以刑餘之體，效力盡命，忠款之至，精貫白日。朕故録其忘身之功，免其丘山之罪耳。”

盛去皇帝之號，稱庶人大王。[1]

［1］庶人大王：中華本校勘記：“《御覽》一二五引《後燕録》作‘庶民天王’。李校：‘大王’本書《五行志》及《通鑑》、《十六國春秋》俱作‘天王’。按：《魏書·慕容廆傳》又作‘庶民大王’。‘人’本是‘民’字，唐人避諱改。‘大’‘天’不知孰是。”

魏襲幽州，執刺史盧溥而去。[1]遣孟廣平援之，無及。

［1］盧溥：溥，原本作“博”，宋本、殿本作“溥”，據宋本、殿本改。北魏范陽涿縣（今河北省涿州市）人，天興二年（399）聚衆海濱，攻略郡縣，殺幽州刺史封沓干，自稱征北大將軍、幽州刺史。後被北魏軍俘虜，送至平城，車裂而死。

盛率衆三萬伐高句驪，襲其新城、南蘇，[1]皆克之，散其積聚，徙其五千餘户于遼西。

［1］新城：地名，即今遼寧省撫順市北高爾山城。　南蘇：南蘇城，位於今遼寧省撫順市東蘇子河與渾河合流處。

盛引見百僚於東堂，考詳器藝，超拔者十有二人。命百司舉文武之士才堪佐世者各一人。立其子遼西公定爲太子，大赦殊死已下。讌其群臣于新昌殿，盛曰：“諸卿各言其志，朕將覽之。”七兵尚書丁信年十五，[1]盛之舅子也，進曰：“在上不驕，高而不危，臣之願也。”盛笑曰：“丁尚書年少，安得長者之言乎！”盛以威嚴馭下，驕暴少親，多所猜忌，[2]故信言及之。

[1]七兵尚書：官名，尚書省七兵曹長官。三國魏始置五兵尚書，掌管軍事行政，分中兵、外兵、騎兵、别兵、都兵五曹。晋朝分中兵、外兵爲左右曹，實領七曹，但其長官仍稱五兵尚書。十六國後燕改稱七兵尚書。晋三品。

[2]猜忌：忌，殿本作“疑”。

盛討庫莫奚，大虜獲而還。左將軍慕容國與殿中將軍秦興、段讚等謀率禁兵襲盛，[1]事覺，誅之，死者五百餘人。前將軍、思悔侯段璣、興子興、讚子泰等，因衆心動摇，夜於禁中鼓譟大呼。盛聞變，率左右出戰，衆皆披潰。俄而有一賊從暗中擊傷盛，遂輦升前殿，申約禁衛，召叔父河間公熙屬以後事。熙未至而盛死，時年二十九，在位三年。[2]僞謚昭武皇帝，墓號興平陵，廟號中宗。

[1]殿中將軍：官名，三國魏置，掌典禁兵、督守殿廷。西晋分隸屬左右衛將軍，朝會宴饗及皇帝出入護衛左右。晋六品。

[2]在位三年：中華本校勘記：“《安紀》，盛於隆安二年‘稱長樂王，攝天子位’。《御覽》一二五引《後燕録》，建平元年七月，盛以長樂王稱制，是年十月‘即皇帝位’。建平元年亦即晋隆安二年。自二年至五年死，應云‘在位四年’始合。”

盛幼而羈賤流漂，長則遭家多難，夷險安危，備嘗之矣。懲寶暗而不斷，遂峻極威刑，纖介之嫌，莫不裁之於未萌，防之於未兆。於是上下振局，人不自安，雖忠誠親戚亦皆離貳，舊臣靡不夷滅，安忍無親，所以卒於不免。是歲隆安五年也。

慕容熙

熙，字道文，垂之少子也。初封河間王。段速骨之難，諸王多被其害，熙素爲高陽王崇所親愛，故得免焉。蘭汗之篡也，以熙爲遼東公，備宗祀之義。盛初即位，降爵爲公，拜都督中外諸軍事、驃騎大將軍、尚書左僕射，[1]領中領軍。[2]從征高句驪、契丹，[3]皆勇冠諸將。盛曰："叔父雄果英壯，有世祖之風，但弘略不如耳。"

[1]都督中外諸軍事：官名，亦稱都督中外諸軍。全國最高軍事統帥，總統中央地方的内外諸軍，權力極大。　驃騎大將軍：官名，魏晋制度，驃騎將軍爲重號將軍，僅次於大將軍，高於諸名號將軍，本不需加"大"字。然兩晋時將軍名號越授越濫，遂又增置此號，居諸名號將軍之首。多加於權臣元老，以示尊崇。開府置僚屬，不領兵。晋二品，開府位從公者一品。

[2]領：以地位較高的官員兼理較低的職務。　中領軍：官名，東漢建安中曹操改領軍置。與中護軍皆典禁兵，屬丞相府。晋三品。

[3]契丹：古族名，屬東胡系，語言與蒙古語有類似處。初附鮮卑宇文部，宇文部被前燕攻破後，始分立而成單獨的部落，自號契丹。

及盛死，其太后丁氏以國多難，宜立長君。群望皆在平原公元，而丁氏意在於熙，遂廢太子定，迎熙入宫。群臣勸進，熙以讓元，元固以讓熙，熙遂僭即尊位。誅其大臣段璣、秦興等，並夷三族。元以嫌疑賜死。元字道光，寶之第四子也。赦殊死已下，改元曰光始，改北燕臺爲大單于臺，置左右輔，位次尚書。

初，熙烝於丁氏，故爲所立。及寵幸苻貴人，丁氏怨恚咒詛，與兄子七兵尚書信謀廢熙。熙聞之，大怒，逼丁氏令自殺，葬以后禮，誅丁信。

熙狩于北原，石城令高和殺司隸校尉張顯，[1]閉門距熙。熙率騎馳返，和衆皆投杖，熙入誅之。於是引見州郡及單于八部耆舊於東宫，[2]問以疾苦。

[1]石城：縣名，十六國後燕石城郡治，治所在今遼寧省建昌縣西。　司隸校尉：官名，三國魏時先治弘農，後治河南，轄司州所屬河南、河東、河内、弘農、平陽五郡。掌監察京師、糾察京都百官。西晋沿置。十六國政權中亦有稱管理京畿之主官爲司隸校尉者。晋三品。

[2]耆舊：德高望重的老者。

大築龍騰苑，廣袤十餘里，役徒二萬人。起景雲山于苑内，基廣五百步，峰高十七丈。又起逍遥宫、甘露殿，連房數百，觀閣相交。鑿天河渠，引水入宫。又爲其昭儀苻氏鑿曲光海、清涼池。季夏盛暑，士卒不得休息，暍死者太半。熙游於城南，止大柳樹下，若有人呼曰："大王且止。"熙惡之，伐其樹，乃有蛇長丈餘，從樹中而出。

立其貴嬪苻氏爲皇后，赦殊死已下。

熙北襲契丹，大破之。

昭儀苻氏死，僞謚愍皇后。贈苻謨太宰，[1]謚文獻公。二苻並美而艶，好微行游讌，熙弗之禁也。請謁必從，刑賞大政無不由之。初，昭儀有疾，龍城人王温稱能療之，[2]未幾而卒。熙忿其妄也，立於公車門支解温而焚之。其后好游田，熙從之，北登白鹿山，東過青嶺，南臨滄海，百姓苦之，士卒爲豺狼所害及凍死者五千餘人矣。會高句驪寇燕郡，[3]殺略百餘人。熙伐高句驪，以苻氏從，爲衝車地道以攻遼東。[4]熙曰："待剗平寇城，朕當與后乘輦而入，不聽將士先登。"於是城内嚴備，攻之不能下。會大雨雪，士卒多死，乃引歸。

[1]太宰：官名，即太師，因避司馬師名諱而改名太宰。八公之一，居上公之首，爲宰相之任。晋一品。

[2]王温：中華本校勘記："《通鑑》一一三作'王榮'。"

[3]燕郡：治所在薊縣（今北京市西南）。

[4]衝車：古代攻城戰具。　遼東：郡名，治所在襄平縣（今遼寧省遼陽市）。

擬鄴之鳳陽門，作弘光門，累級三層。

熙與苻氏襲契丹，憚其衆盛，將還，苻氏弗聽，遂棄輜重，[1]輕襲高句驪，周行三千餘里，士馬疲凍，死者屬路。攻木底城，[2]不克而還。

[1]棄輜重：殿本"棄"下有"其"字。

[2]木底城：位於今遼寧省新賓縣西木奇鎮。

盡殺寶諸子。大城肥如及宿軍，[1]以仇尼倪爲鎮東大將軍、營州刺史，[2]鎮宿軍，上庸公懿爲鎮西將軍、幽州刺史，[3]鎮令支；尚書劉木爲鎮南大將軍、冀州刺史，[4]鎮肥如。

[1]大城肥如及宿軍：加大肥如和宿軍兩地的城池。肥如，縣名，治所在今河北省盧龍縣北。宿軍，即宿軍城，位於今遼寧省朝陽市東北。

[2]鎮東大將軍：官名，三國魏置，職掌與鎮東將軍同，唯資歷深者得任此職。晋二品，開府位從公者一品。　營州：十六國後趙置，治所在令支縣（今河北省遷安市西南）。

[3]鎮西將軍：官名，與鎮東、鎮南、鎮北將軍合稱四鎮將軍。多爲持節都督，出鎮方面。曹魏二品。晋改三品，加持節都督者二品。

[4]鎮南大將軍：官名，三國魏置，職掌與鎮南將軍同，唯資歷深者得任此職，不常置。晋二品，開府位從公者一品。

爲苻氏起承華殿，高承光一倍。負土於北門，土與穀同價。典軍杜静載棺詣闕，[1]上書極諫。熙大怒，斬之。苻氏嘗季夏思凍魚膾，仲冬須生地黄，皆下有司切責，不得，加以大辟，其虐也如此。苻氏死，熙悲號躄踴，若喪考妣，擁其尸而撫之曰："體已就冷，命遂斷矣！"於是僵仆氣絶，久而乃蘇。大斂既訖，復啓其棺而與交接。服斬縗，食粥。制百寮於宫内哭臨，令沙門素服。使有司案檢哭者，有淚以爲忠孝，無則罪之，於是群臣震懼，莫不含辛以爲淚焉。慕容隆妻張氏，熙之嫂也，美姿容，有巧思。熙將以爲苻氏之殉，欲以罪殺之，乃毁其襚韡，[2]中有弊氊，遂賜死。三女叩頭求哀，熙不許。制公卿已下至於百姓，率户營墓，費殫府藏。下錮三泉，周輪數里，内則圖畫尚書八坐之象。[3]熙曰："善爲之，朕將隨后入此陵。"識者以爲不祥。其右僕射韋璆等並懼爲殉，[4]沐浴而待死焉。號苻氏墓曰徽平陵。熙被髮徒跣，步從苻氏喪。轜車高大，[5]毁北門而出。長老竊相謂曰："慕容氏自毁其門，將不久也。"

[1]典軍：官名，即典軍將軍，西晋置，掌宿衛禁軍，有時亦奉遣宣傳詔命。

[2]襚韡：贈送給死者的靴子。韡，同"靴"。

[3]尚書八坐：即八座，尚書省高級官員的合稱。東漢用以稱尚書令、僕射、六曹尚書。魏晋以後，用以稱尚書令、左右僕射、諸曹尚書。無論共有幾人，皆沿用八座之稱。

[4]右僕射：官名，即尚書右僕射。尚書令副手，掌拆閲封緘奏章文書、參議政事、諫諍駁議、監察百官。位在左僕射之下。晋三品。

[5]轜車：載運棺柩的車。

中衛將軍馮跋、左衛將軍張興，[1]先皆坐事亡奔，以熙政之虐也，與跋從兄萬泥等二十二人結盟，推慕容雲爲主，發尚方徒五千餘人閉門距守。[2]中黄門趙洛生奔告之，[3]熙曰："此鼠盜耳，朕還當誅之。"乃收髮貫甲，馳還赴難。夜至龍城，攻北門不克，遂敗，走入龍騰苑，微服隱于林中，爲人所執，雲得而弑之，及其諸子同殯城北。時年二十三，在位六年。[4]雲葬之于苻氏墓，僞謚昭文皇帝。

[1]中衛將軍：中衛，原本、宋本、殿本作“衛中”，據中華本校勘記乙正。中衛將軍，官名，三國魏咸熙二年（265）於晋王司馬昭相國府置，統兵，位在驍騎將軍、左右長史之上。司馬炎即晋王位後，分爲左右衛將軍。十六國前凉、後燕均置。　馮跋：字文起，本書卷一二五有載記。　左衛將軍：左，原本作“萬”，宋本、殿本作“左”，據宋本、殿本改。

[2]尚方：官名，亦作上方。隸屬少府，掌役使工匠製造新奇貴重手工藝品及宫廷器用、刀劍等。從東漢至西晋，均分左中右三部。

[3]中黄門：官名，宦官中地位較低者。晋七品。

[4]在位六年：中華本校勘記：“《安紀》，熙以隆安五年立，至義熙三年死，當云‘在位七年’。”

垂以孝武帝太元八年僭立，[1]至熙四世，凡二十四年，以安帝義熙三年滅。[2]初，童謡曰：“一束藁，兩頭然，禿頭小兒來滅燕。”藁字上有艸，[3]下有禾，兩頭然則禾艸俱盡而成高字。雲父名拔，小字禿頭。三子，而雲季也。熙竟爲雲所滅，如謡言焉。

[1]垂以孝武帝太元八年僭立：中華本校勘記：“垂立於太元九年，此作‘八年’誤。參卷一二三校記。”

[2]義熙三年：三，宋本、殿本作“二”。

[3]上有艸：艸，殿本作“草”。本段下文此字同。

慕容雲

慕容雲，字子雨，寶之養子也。祖父和，高句驪之支庶，[1]自云高陽氏之苗裔，[2]故以高爲氏焉。雲沉深有局量，厚重希言，時人咸以爲愚，唯馮跋奇其志度而友之。寶之爲太子，雲以武藝給事侍東宫，[3]拜侍御郎，襲敗慕容會軍。寶子之，賜姓慕容氏，封夕陽公。

［1］祖父和，高句驪之支庶：原本、宋本、殿本作“祖父高和句驪之支庶”，據中華本乙正。

［2］高陽氏：即顓頊，上古帝王名，五帝之一，號高陽氏。相傳爲黄帝之孫、昌意之子，生於若水，居於帝丘。

［3］雲以武藝給事侍東宫：中華本校勘記：“《御覽》一二五引《後燕録》作‘給侍東宫’。按：疑‘事’訛作‘侍’，後人旁注‘事’字，傳寫入正文。原文當作‘給事東宫’。”

熙之葬苻氏也，馮跋詣雲，告之以謀。雲懼曰：“吾嬰疾歷年，卿等所知，願更圖之。”跋逼曰：“慕容氏世衰，河間虐暴，惑妖淫之女而逆亂天常，百姓不堪其害，思亂者十室九焉，此天亡之時也。公自高氏名家，何能爲他養子！機運難邀，千歲一時，公焉得辭也！”扶之而出。雲曰：“吾疾苦日久，廢絶世務。卿今興建大事，謬見推逼。所以徘徊，非爲身也，實惟否德不足以濟元元故耳。”跋等强之，雲遂即天王位，復姓高氏，大赦境内殊死以下，改元曰正始，國號大燕。署馮跋侍中、都督中外諸軍事、征北大將軍、開府儀同三司、録尚書事、武邑公，[1]封伯、子、男，鄉、亭侯者五十餘人，士卒賜穀帛有差。熙之群官，復其爵位。立妻李氏爲天王后，子彭爲太子。

［1］侍中：官名，東漢建安中與給事黄門侍郎出入禁中，省尚書事。曹魏時爲門下之侍中省長官，常侍衛皇帝左右，掌顧問應對、諫諍糾察、平議奏事、駁奏異議等，權力甚重。晋三品。　征北大將軍：官名，職掌與征北將軍同，位在其上，多統兵出鎮一方，都督數州軍事。不常置。晋二品，開府位從公者一品。　開府儀同三司：官名，三國魏始置。爲大臣加號，意謂與太尉、司徒、司空三司待遇相同，許開設府署，任命僚屬。　録尚書事：官名，初爲職銜名，重臣加此名義始得總知國事，綜理政務，成爲真宰相。魏晋多以公卿權重者居之，總領尚書省政務，凡重號將軍、刺史皆得命曹授用，位在三公之上。

越騎校尉慕輿良謀叛，[1]雲誅之。

［1］越騎校尉：官名，西漢北軍八校尉之一，東漢五校尉之一，隸屬北軍中候。魏晋以後隸屬中領軍（領軍將軍）。晋四品。

雲臨東堂，幸臣離班、桃仁懷劍執紙而入，稱有所啓，拔劍擊雲，雲以几距班，桃仁進而弑之。馮跋遷雲尸于東宫，僞謚惠懿皇帝。雲自以無功德而爲豪桀所推，常内懷懼，故寵養壯士以爲腹心。離班、桃仁等專典禁衛，[1]委之以爪牙之任，賞賜月至數千萬，衣食卧起皆與之同，終以此致敗云。

［1］離班、桃仁等專典禁衛：宋本、殿本“等”下有

“並”字。

史臣曰：四星東聚，[1]金陵之氣已分；五馬南浮，[2]玉塞之雄方擾。[3]市朝屢改，艱虞靡息。慕容垂天資英傑，威震本朝，以雄略見猜而庇身寬政，永固受之而以禮，道明事之而畢力。然而隼質難羈，狼心自野。淮南失律，三甥之謀已構；[4]河朔分麾，五木之祥云啓。[5]斬飛龍而遐舉，逾石門而長邁，遂使翟氏景從，鄴師宵逸，收羅趙魏，驅駕英雄。扣囊餘奇，摧五萬於河曲；浮船秘策，招七郡於黎陽。返遼陰之舊物，創中山之新社，類帝禋宗，[6]僭擬斯備。夫以重耳歸晋，[7]賴五臣之功；[8]句踐紿吴，[9]資五千之卒。惡有業殊二霸，衆微一旅，掎拔而傾山嶽，騰嘯而御風雲！雖衛人忘亡復傳於東國，[10]任好餘裕伊媿於西鄰，[11]信苻氏之奸回，非晋室之鯨鯢矣。[12]

[1]四星東聚：指永嘉中歲星、鎮星、熒惑、太白同聚東方斗宿、牛宿之間。

[2]五馬南浮：西晋末流傳“五馬浮渡江，一馬化爲龍”童謡。琅邪王司馬睿、汝南王司馬祐、西陽王司馬羕、南頓王司馬宗、彭城王司馬紘齊到江東，司馬睿當了皇帝。

[3]玉塞：玉門關的别稱。此泛指邊塞。

[4]三甥之謀已構：指春秋時鄧國的騅甥、聃甥、養甥，三人勸鄧祁侯殺掉路過鄧國的楚文王，以除後患。

[5]五木之祥：樗蒲之戲，用木制骰子五枚，每枚兩面，一面涂黑，一面涂白，黑者刻二爲犢，白者刻二爲雉。擲之五子皆黑者爲卢，胜采；二雉三黑爲雉，次胜采；二犢三白爲犢。五木之祥即

樗蒲游戲所兆示的祥瑞。

[6]類帝禋宗：祭祀天地祖宗。

[7]重耳歸晋：重耳，晋文公，晋獻公之子，因受迫害而流亡在外十九年，歷盡艱難險阻。回國即位後改革朝政，加强軍備，國力漸强，終成春秋五霸之一。

[8]賴五臣之功：指春秋時晋國狐偃、趙衰、顛頡、魏武子、司空季子五位臣子。

[9]句踐紿吴：句踐，即勾踐，春秋末越國國君，越王允常之子。勾踐三年（前494）與吴軍戰於夫椒，敗後求和，入吴國爲人質三年。回國後與文種、范蠡等大臣共謀强國，卧薪嘗膽，奮發圖强，十年生聚，十年教訓，終於轉弱爲强。十五年，乘吴王夫差北上黄池與晋魯兩國相會，率軍攻入吴國國都，逼迫吴國與之媾和。以後又多次攻吴，滅掉吴國。

[10]衛人忘亡復傳於東國：春秋時衛國地處晋國之東、齊國之西、燕國之南、鄭國宋國之北。晋國欲東進衛國則首當其衝，齊國欲東擴也必先滅衛國。《左傳・僖公二十八年》載，晋國欲攻打曹國，向衛國借路，衛國人鑒於虞、虢之亡，不允許。晋軍回師，從衛國的南面渡過黄河，侵襲曹國，並攻打衛國。衛國忘記亡國的危險，請求與東邊的齊國結盟。

[11]任好餘裕伊媿於西鄰：春秋時秦穆公名任好。《史記》卷五《秦本紀》載：秦穆公十二年，秦國的西鄰晋國發生了旱灾，晋國向秦國請求糧食救援，秦國答應了晋國，以船漕車轉，運糧不斷。後來，秦國發生了旱灾，向晋國求援，晋國不但不給糧食，反而乘秦國之危，派軍隊進攻秦國。雙方在韓原大戰，晋君被俘。

[12]鯨鯢：比喻凶惡的敵人。《左傳・宣公十二年》："古者明王伐不敬，取其鯨鯢而封之，以爲大戮。"杜預注："鯨鯢，大魚名，以喻不義之人吞食小國。"

寶以浮譽獲升，峻文御俗，蕭墻内憒，勍敵外陵，雖毒不被物而惡足自勦。盛則孝友冥符，文武不墜，韜光而夷仇賊，罪己而遜高危，翩翩然濁世之佳虜矣。熙乃地非奥主，舉因淫德。驪戎之態，取悦於匡床；[1]玄妻之姿，見奇於鬒髮。[2]蕩輕舟於曲光之海，望朝涉於景雲之山，飾土木於驕心，窮怨嗟於蕞壤，宗祀夷滅，爲馮氏之驅除焉。

[1]匡床：舒適的床。

[2]鬒髮：稠美的黑髮。《詩·鄘風·君子偕老》："鬒髮如雲，不屑髢也。"毛亨傳："鬒，黑髮也。"

贊曰：戎狄憑陵，[1]山川沸騰。天未悔禍，人非與能。疾走而捷，先鳴則興。道明烈烈，鞭笞豪傑。掃燕夷魏，剗屠永滅。大盜潛移，鴻名遂竊。寶心生亂，盛清家難。熙極驕淫，人懷憤惋。孽貽身咎，灾無以逭。[2]

[1]憑陵：横行，猖獗。

[2]灾無以逭：無法免除灾難。

晉書　卷一二五

載記第二十五

乞伏國仁　乞伏乾歸　乞伏熾磐　馮跋 馮素弗

乞伏國仁

乞伏國仁，隴西鮮卑人也。[1]在昔有如弗斯、出連、叱盧三部，[2]自漠北南出大陰山，[3]遇一巨蟲於路，狀若神龜，大如陵阜，乃殺馬而祭之，祝曰："若善神也，便開路；惡神也，遂塞不通。"俄而不見，乃有一小兒在焉。時又有乞伏部有老父無子者，請養爲子，衆咸許之。老父欣然自以有所依憑，字之曰紇干。紇干者，夏言依倚也。年十歲，驍勇善騎射，彎弓五百斤。四部服其雄武，推爲統主，號之曰乞伏可汗託鐸莫何。託鐸者，言非神非人之稱也。其後有祐鄰者，即國仁五世祖也。泰始初，率户五千遷於夏緣，[4]部衆稍盛。鮮卑鹿結七萬餘落，屯于高平川，[5]與祐鄰迭相攻擊。鹿結敗，南奔略陽，[6]祐鄰盡并其衆，因居高平川。祐鄰死，子結權立，徙於牽屯。[7]結權死，子利那立，擊鮮卑吐賴于烏樹山，[8]討尉遲渴權于大非川，[9]收衆三萬餘落。利那死，弟祁埿立。祁埿死，利那子述延立，討鮮卑莫侯于苑川，[10]大破之，降其衆二萬餘落，因居苑川。以叔父軻埿爲師傅，委以國政，斯引烏埿爲左輔將軍，[11]鎮蔡園川，[12]出連高胡爲右輔將軍，[13]鎮至便川，[14]叱盧那胡爲率義將軍，[15]鎮牽屯山。[16]述延死，子傉大寒立。會石勒滅劉曜，[17]懼而遷于麥田无孤山。[18]大寒死，子司繁立，始遷于度堅山。[19]尋爲苻堅將王統所襲，[20]部衆叛降於統。司繁嘆謂左右曰："智不距敵，德不撫衆，劍騎未交而本根已敗，見衆分散，勢亦難全。若奔諸部，必不我容，吾將爲呼韓邪之計矣。"[21]乃詣統降於堅。堅大悦，署爲南單于，[22]留之長安。以司繁叔父吐雷爲勇士護軍，[23]撫其部衆。俄而鮮卑勃寒侵斥隴右，[24]堅以司繁爲使持節、都督討西胡諸軍事、鎮西將軍以討之。[25]勃寒懼而請降，司繁遂鎮勇士川，甚有威惠。

[1]隴西：郡名，治所原在狄道縣（今甘肅省臨洮縣），曹魏時徙治襄武縣（今甘肅省隴西縣東南）。　鮮卑：我國古代北方少數民族，有拓拔、宇文、慕容、秃髮、乞伏、段諸部。

[2]在昔有如弗斯、出連、叱盧三部：中華本校勘記："《古今姓氏書辨證》三引《西秦録》云：'有乞伏氏與斯引氏自漠北出陰山。'《元和姓纂》引《西秦録》同，但'斯'作'期'。《通志·氏族略》引《西秦録》作'乞伏國仁之先如弗與出連、斯引、叱靈二（當作三）部自漠北出陰山。'按：《魏書·乞伏國仁傳》但云'其先如弗'，無'斯'字，亦不舉三部名，知'斯'字不與上

‘如弗’連讀。據上引諸書，知《西秦録》所記與如弗同出陰山者有‘斯引’，據下文國仁初據苑川，即以‘斯引烏埿’爲左輔將軍，與出連高胡、叱盧那胡並列，當即斯引、出連、叱盧三部之長。此處原文當作‘在昔有如弗與斯引、出連、叱盧三部’，脱去‘與’‘引’二字。”

［3］大陰山：即内蒙古自治區境内的陰山山脉。

［4］夏緣：地名，確址不詳。

［5］高平川：即寧夏回族自治區境内的清水河流域。

［6］略陽：郡名，西晋泰始中以廣魏郡改名，治所在臨渭縣（今甘肅省天水市東北渭河北岸）。

［7］牽屯：地名，在今寧夏回族自治區隆德縣。

［8］烏樹山：確址不詳。

［9］大非川：即今青海省共和縣西南切吉平原。

［10］苑川：位於今甘肅省榆中縣東北。苑，殿本作“菀”，本卷下文多次出現此地名，殿本“苑”皆作“菀”，宋本、原本多作“苑”，亦偶作“菀”。下文不再一一出注。

［11］左輔將軍：官名，十六國西秦置，統兵武職。

［12］蔡園川：確址不詳。

［13］右輔將軍：官名，十六國西秦置，統兵武職。

［14］至便川：確址不詳。

［15］率義將軍：官名，十六國西秦置，統兵武職。

［16］牽屯山：又名鷄頭山、笄頭山、崆峒山、薄洛山。位於今寧夏回族自治區隆德縣東。

［17］石勒：字世龍，本書卷一〇四有載記。　劉曜：字永明，本書卷一〇三有載記。

［18］麥田：地名，在今甘肅省靖遠縣東。　无孤山：无，宋本作“無”，殿本作“元”。

［19］度堅山：位於今甘肅省榆中縣東北。

［20］苻堅：字永固，本書卷一一三有載記。

[21]呼韓邪：匈奴單于，攣鞮氏，名稽侯狦，虚閭權渠單于之子。西漢神爵四年（前58）爲左地貴人擁立。甘露二年（前52）率衆降漢。次年至長安謁見漢宣帝。元帝竟寧元年（前33），漢廷將王昭君嫁給他。長期與漢朝保持和親關係。

[22]南單于：東漢時爲南部匈奴的最高首領。此爲苻堅爲安置乞伏司繁置。

[23]勇士護軍：官名，勇士川地區長官，管理轄區軍事民政，職掌與郡守相類。晋五品。勇士，即勇士川，一名苑川，地名，在今甘肅省榆中縣東北。

[24]隴右：地區名，指甘肅隴山以西地區。

[25]使持節：漢朝官吏奉使外出時，或由皇帝授予節杖，以提高其權力。魏晋以後，凡重要軍事長官出征或出鎮，加使持節，可誅殺二千石以下官員。　都督討西胡諸軍事：討西胡事務最高軍事行政長官。　鎮西將軍：官名，與鎮東、鎮南、鎮北將軍合稱四鎮將軍。多爲持節都督，出鎮方面。曹魏二品。晋改三品，加持節都督者二品。

司繁卒，國仁代鎮。及堅興壽春之役，[1]徵爲前將軍，[2]領先鋒騎。會國仁叔父步穨叛於隴西，堅遣國仁還討之。步穨聞而大悦，迎國仁於路。國仁置酒高會，攘袂大言曰："苻氏往因趙石之亂，遂妄竊名號，窮兵極武，跨僭八州。疆宇既寧，宜綏以德，方虚廣威聲，勤心遠略，騷動蒼生，疲弊中國，違天怒人，將何以濟！且物極則虧、禍盈而覆者，天之道也。以吾量之，是役也，難以免矣。當與諸君成一方之業。"及堅敗歸，乃招集諸部，有不附者，討而并之，衆至十餘萬。及堅爲姚萇所殺，[3]國仁謂其豪帥曰："苻氏以高世之姿而困於烏合之衆，可謂天也。夫守常迷運，[4]先達耻之；見機而作，英豪之舉。吾雖薄德，藉累世之資，豈可睹時來之運而不作乎！”以孝武太元十年自稱大都督、大將軍、大單于、領秦河二州牧，[5]建元曰建義。以其將乙旃音𡐓爲左相，[6]屋引出支爲右相，[7]獨孤匹蹄爲左輔，[8]武群勇士爲右輔，[9]弟乾歸爲上將軍，[10]自餘拜授各有差。置武城、武陽、安固、武始、漢陽、天水、略陽、漒川、甘松、匡朋、白馬、苑川十二郡，[11]築勇士城以居之。

[1]壽春：縣名，治所在今安徽省壽縣東南。

[2]前將軍：官名，漢代爲重號將軍，與左、右、後將軍並爲上卿。魏晉時常設，權位較兩漢時漸低，僅爲武官名號，略高於一般雜號將軍，不典禁兵，不與朝政。晋三品。

[3]姚萇：字景茂，本書卷一一六有載記。

[4]守常迷運：固守常規不識時運。

[5]大都督：官名，高級軍事長官。三國初作爲加官於戰時臨時設置，後逐漸成爲常設加官官職，地位極高。　大將軍：官名，高級軍事統帥。曹魏時多以之屯駐長安，對付蜀漢，蜀漢以其爲最高軍事長官，孫吴則别置上大將軍居其上。西晋時爲八公之一，位居上公、大司馬下，三公之上。東晋時常專擅軍政事務。晋一品。　大單于：匈奴最高首領。　領：以地位較高的官員兼理較低的職務。　秦：秦州，治所在冀縣（今甘肅省甘谷縣東）。　河：河州，治所在枹罕縣（今甘肅省臨夏市西南）。

[6]乙旃音𡐓：中華本校勘記：“《通鑑》一〇六‘音𡐓’作‘童𡐓’。”　左相：官名，十六國西秦置，位高於右相。

[7]右相：官名，十六國西秦置，位低於左相。

［8］左輔：官名，十六國西秦置，位在左右相之下。十六國後燕亦置，位在尚書之下。

［9］右輔：官名，十六國西秦置，位在左右相之下。十六國後燕亦置，位在尚書之下。

［10］上將軍：官名，戰國時置，爲督軍征戰的主帥。西漢時省稱上將。西晋惠帝時趙王司馬倫又置。十六國西秦亦置。

［11］武城：西秦置郡，確址待考。　武陽：西秦置郡，確址待考。　武始：西秦置郡，治所在甘肅省臨洮縣一帶。　漢陽：西晋置郡，治所在今甘肅省甘谷縣一帶。　天水：西秦置郡，治所在今甘肅省天水市一帶。　溷川：西秦置郡，治所在今甘肃省東南嘉陵江流域。　甘松：西秦置郡，治所在今甘肅省迭部縣一帶。　匡朋：西秦置郡，確址待考。　白馬：西秦置郡，確址待考。

鮮卑匹蘭率衆五千降。明年，南安秘宜及諸羌虜來擊國仁，[1]四面而至。國仁謂諸將曰："先人有奪人之心，不可坐待其至。宜抑威餌敵，羸師以張之，軍法所謂怒我而怠寇也。"[2]於是勒衆五千，襲其不意，大敗之。秘宜奔還南安，尋與其弟莫侯悌率衆三萬餘户降於國仁，[3]各拜將軍、刺史。

［1］南安：郡名，治所在獂道縣（今甘肅省隴西縣東南）。

［2］軍法所謂：謂，宋本作"以"。

［3］莫侯悌：中華本校勘記："《通鑑》一〇六'悌'下有'眷'字。《廣韵》十九鐸亦作'莫侯悌眷'，下《乾歸載記》稱'南梁州刺史悌眷爲御史大夫'，即其人。'莫侯'當即'莫何'之異譯，乃官名。此處單作'悌'當是省稱。"

苻登遣使者署國仁使持節、大都督、都督雜夷諸軍事、大將軍、大單于、苑川王。[1]國仁率騎三萬襲鮮卑大人密貴、裕苟、提倫等三部於六泉。[2]高平鮮卑没奕于、東胡金熙連兵來襲,[3]相遇于渴渾川,[4]大戰敗之,斬級三千,獲馬五千匹。没奕于及熙奔還,三部震懼,率衆迎降。署密貴建義將軍、六泉侯,[5]裕苟建忠將軍、蘭泉侯,[6]提倫建節將軍、鳴泉侯。[7]

[1]苻登:字文高,本書卷一一五有載記。　都督雜夷諸軍事:當地各族的最高軍事行政長官。

[2]六泉:地名,在今甘肅省隴西縣東南。

[3]没奕于:奕,原本、宋本、殿本作"弈",據中華本改。本卷下文此人名同。

[4]渴渾川:地名,在今甘肅省榆中縣東北一帶。

[5]建義將軍:官名,東漢置。三國蜀漢,十六國後趙、西秦,北朝北魏亦置。

[6]建忠將軍:官名,東漢末置,十六國後秦、後凉、西秦、北凉均置。

[7]建節將軍:官名,東漢末建安年間曹操置,三國魏、十六國一些政權及北魏皆置。

國仁建威將軍叱盧烏孤跋擁衆叛,[1]保牽屯山。國仁率騎七千討之,斬其部將叱羅侯,[2]降者千餘户。跋大懼,遂降,復其官位。因討鮮卑越質叱黎于平襄,[3]大破之,獲其子詰歸、弟子復半及部落五千餘人而還。

[1]建威將軍:官名,領兵征戰,曹魏、孫吴、西晋皆置。十六國一些少數民族政權亦置。晋四品。

[2]叱羅侯：叱，宋本作“其”。

[3]平襄：縣名，治所在今甘肅省通渭縣西。

太元十三年，國仁死，在位四年，僞謚宣烈王，廟號烈祖。

乞伏乾歸

乾歸，國仁弟也。雄武英傑，沉雅有度量。國仁之死也，其群臣咸以國仁子公府冲幼，宜立長君，乃推乾歸爲大都督、大將軍、大單于、河南王，赦其境内，改元曰太初。立其妻邊氏爲王后，以出連乞都爲丞相，[1]鎮南將軍、南梁州刺史悌眷爲御史大夫，[2]自餘封拜各有差。遂遷于金城。[3]

[1]丞相：官名，原爲最高國務長官，魏晋時省置無常，或分置左、右，或稱大丞相，多用來安置權臣。

[2]鎮南將軍：官名，與鎮東、鎮西、鎮北將軍合稱四鎮將軍。多爲持節都督，出鎮方面。曹魏二品。晋改三品，加持節都督者二品。　南梁州：治所在武興縣（今陝西省略陽縣）。　御史大夫：官名，協助丞相處理天下政務，以監察執法爲主要職掌。東漢稱司空。建安年間曹操罷三公，復置此官。晋三品。

[3]金城：郡名，治所在榆中縣（今甘肅省榆中縣西北）。

太元十四年，苻登遣使署乾歸大將軍、大單于、金城王。南羌獨如率衆七千降之。休官阿敦、侯年二部各擁五千餘落，據牽屯山，爲其邊害。乾歸討破之，悉降其衆，於是聲振邊服。吐谷渾大人視連遣使貢方物。[1]

鮮卑豆留犄、叱豆渾及南丘鹿結并休官曷呼奴、盧水尉地跋並率衆降于乾歸，皆署其官爵。隴西太守越質詰歸以平襄叛，自稱建國將軍、右賢王。[2]乾歸擊敗之，詰歸東奔隴山。[3]既而擁衆來降，乾歸妻以宗女，署立義將軍。[4]

[1]吐谷渾：西北地區少數民族政權，本書卷九七有傳。

[2]建國將軍：官名，隴西太守越質詰歸自建的將軍名號。

[3]隴山：又名隴阪、隴首、隴頭、隴坻，位於今陝西省隴縣、寶鷄市與甘肅省清水縣、張家川回族自治縣之間。

[4]立義將軍：官名，東漢末建安年間曹操置，統兵出征，十六國一些政權亦置。

苻登將没奕于遣使結好，以二子爲質，請討鮮卑大兜國。乾歸乃與没奕于攻大兜於安陽城，[1]大兜退固鳴蟬堡，乾歸攻陷之，遂還金城。爲吕光弟寶所攻，[2]敗於鳴雀峽，[3]退屯青岸。[4]寶進追乾歸，乾歸使其將彭奚念斷其歸路，躬貫甲冑，連戰敗之，寶及將士投河死者萬餘人。

[1]安陽城：位於今陝西省石泉縣東南漢水西岸。

[2]吕光：字世明，本書卷一二二有載記。

[3]鳴雀峽：確址不詳。

[4]青岸：確址不詳。

苻登遣使署乾歸假黄鉞、大都督隴右河西諸軍事、左丞相、大將軍、河南王，[1]領秦梁益凉沙五州牧，[2]加九錫之禮。[3]時登爲姚興所逼,[4]遣使請兵，進封乾歸梁王，命置官司，納其妹東平長公主爲梁王后。乾歸遣其前將軍乞伏益州、冠軍翟瑥率騎二萬救之。[5]會登爲興所殺，乃還師。

[1]假黄鉞：假以黄鉞。黄鉞即飾以黄金的斧鉞，爲皇帝儀仗。賜予出征重臣，以示威重，令其專主征伐。　大都督隴右河西諸軍事：隴右、河西地區最高軍事行政長官。

[2]梁：州名，三國曹魏治所在沔陽縣（今陝西省勉縣東），西晋移治南鄭縣（今陝西省漢中市東）。　益：州名，治所在成都縣（今四川省成都市）。　涼：州名，治姑臧縣（今甘肅省武威市）。　沙：州名，治所在敦煌縣（今甘肅省敦煌市西）。

[3]九錫：《漢書》卷六《武帝紀》顔師古注引應劭曰："一曰車馬，二曰衣服，三曰樂器，四曰朱户，五曰納陛，六曰虎賁百人，七曰鈇鉞，八曰弓矢，九曰秬鬯。此皆天子制度，尊之，故事事錫與，但數少耳。"

[4]姚興：字子略，本書卷一一七有載記。

[5]冠軍：官名，即冠軍將軍。曹魏、孫吴、西晋皆置。西晋時領營兵。晋三品。

氐王楊定率步騎四萬伐之。乾歸謂諸將曰："楊定以勇虐聚衆，窮兵逞欲。兵猶火也，不戢，將自焚。定之此役，殆天以之資我也。"於是遣其涼州牧乞伏軻殫、秦州牧乞伏益州、立義將軍詰歸距之。定敗益州於平川,[1]軻殫、詰歸引衆而退。翟瑥奮劍諫曰："吾王以神武之姿，開基隴右，東征西討，靡不席卷，威振秦梁，聲光巴漢。[2]將軍以維城之重,[3]受閫外之寄，宜宣力致命，輔寧家國。秦州雖敗，二軍猶全，奈何不思赴救，便逆奔散，何面目以見王乎！昔項羽斬慶子以寧楚，[4]胡建戮監軍以成功，[5]將軍之所聞也。瑥誠才非古人，敢忘項氏之義乎！”軻殫曰：“向所以未赴秦州者，未知衆心何如耳。敗不相救，軍罰所先，敢自寧乎！”乃率騎赴之。益州、詰歸亦勒衆而進，大敗定，斬定及首虜萬七千級。於是盡有隴西、巴西之地。[6]

[1]平川：地名，在今甘肅省臨澤縣北平川。

[2]巴漢：地區名，巴山漢水之間，即漢中地區。

[3]維城：連城衛國。語見《詩·大雅·板》：“懷德維寧，宗子維城。”

[4]項羽斬慶子以寧楚：秦末項梁起兵，命宋義爲上將軍，項羽爲魯公，共同救趙。諸別將皆屬宋義，號爲卿子冠軍。宋義行至安陽，留四十六日不進。項羽借晨朝之機，進宋義帳中將其斬殺，之後渡河破釜沉舟，救援趙國。慶子，即卿子。《史記》卷七《項羽本紀》集解文穎曰：“卿子，時人相褒尊之辭，猶言公子也。上將，故言冠軍。”

[5]胡建戮監軍以成功：胡建，字子孟，西漢河東（今山西省夏縣西北禹王城）人。《漢書》卷六七《胡建傳》載，胡建在孝武帝時，任北軍正和北軍丞。時監軍御史穿北軍壘垣做買賣，胡建和其手下共同誅殺監軍御史。並上奏武帝説：“臣聞軍法，立武以威衆，誅惡以禁邪。今監御史公穿軍垣以求賈利，私買賣以與士市，不立剛毅之心、勇猛之節，亡以帥先士大夫，尤失理不公。用文吏議，不至重法。黄帝李法曰：‘壁壘已定，穿窬不繇路，是謂奸人，奸人者殺。’臣謹按軍法曰：‘正亡屬將軍，將軍有罪以聞，二千石以下行法焉。’丞於用法疑，執事不諉上，臣謹以斬，昧死以聞。”胡建之舉得到武帝讚許，因此獲賢名。

[6]巴西：郡名，治所在閬中縣（今四川省閬中市）。

太元十七年，赦其境内殊死已下，署其長子熾磐領尚書令，[1]左長史邊芮爲尚書左僕射，[2]右長史秘宜爲右僕射，[3]翟瑥爲吏部尚書，[4]翟勍爲主客尚書，[5]杜宣爲兵部尚書，[6]王松壽爲民部尚書，[7]樊謙爲三公尚書，[8]方弘、麴景爲侍中，[9]自餘拜授一如魏武、晋文故事。猶稱大單于、大將軍。

[1]尚書令：官名，秦漢時爲尚書署長官。秩位雖低，權力甚重。魏晋時沿置，爲尚書省長官，綜理全國政務、參議大政，爲高級政務長官。晋三品。

[2]左長史：官名，丞相府屬官，東漢末曹操爲丞相時置，與右長史共領相府諸曹。晋六品。　尚書左僕射：官名，尚書省次官，輔助尚書令執行政務，參議大政、諫諍得失、監察糾彈百官。有時尚書省不置令，衹設左右僕射，此時左僕射居右僕射之上。晋三品。

[3]右長史：官名，丞相府屬官，東漢末曹操爲丞相時置，與左長史共領相府諸曹。晋六品。　右僕射：官名，即尚書右僕射，尚書省次官。輔助尚書令執行政務，參議大政、諫諍得失、監察糾彈百官。位在左僕射下。晋三品。

[4]吏部尚書：官名，三國魏時爲尚書省吏部曹長官，位居列曹尚書之上。晋三品。

[5]主客尚書：官名，漢朝以尚書掌主客曹政務，十六國後秦、西秦定位冠名，爲尚書省主客曹長官。

[6]兵部尚書：官名，魏晋南北朝置五兵尚書、七兵尚書，掌軍事樞務。十六國後燕、西秦、北凉所置則稱兵部尚書，爲尚書省兵部曹長官。晋三品。

[7]民部尚書：官名，尚書省民部曹長官。晋三品。

[8]三公尚書：官名，尚書省三公曹長官。掌斷獄。西晋初復置。十六國一些少數民族政權亦置。晋三品。

[9]侍中：官名，東漢建安中與給事黄門侍郎出入禁中，省尚書事。曹魏時爲門下之侍中省長官，常侍衛皇帝左右，掌顧問應對、諫諍糾察、平議奏事、駁奏異議等，權力甚重。晋三品。

楊定之死也，天水姜乳襲據上邽。[1]至是，[2]遣乞伏益州討之。邊芮、王松壽言於乾歸曰："益州以懿弟之親，屢有戰功，狃於累勝，[3]常有驕色。若其遇寇，必將易之。且未宜專任，示有所先。"乾歸曰："益州驍勇，善御衆，諸將莫有及之者，但恐其專擅耳。若以重佐輔之，[4]當無慮也。"於是以平北韋虔爲長史、散騎常侍務和爲司馬。[5]至大寒嶺，[6]益州恃勝自矜，不爲部陣，命將士解甲游畋縱飲，令曰："敢言軍事者斬！"虔等諫曰："王以將軍親重，故委以專征之任，庶能摧彼凶醜，以副具瞻。[7]賊已垂逼，奈何解甲自寬，宴安酖毒，竊爲將軍危之。"益州曰："乳以烏合之衆，聞吾至，理應遠竄。今乃與吾决戰者，斯成擒也。吾自揣之有方，卿等不足慮也。"乳率衆距戰，益州果敗。乾歸曰："孤違蹇叔，[8]以至於此。將士何爲，孤之罪也。"皆赦之。

[1]上邽：縣名，治所在今甘肅省天水市。

[2]至是：至，殿本作"於"。

[3]狃於累勝：因多次勝利而驕傲。

[4]佐輔：宋本作"輔佐"。

[5]平北：官名，即平北將軍。與平東、平西、平南將軍合稱四平將軍。多持節都督或監某一地區的軍事，有時作爲刺史等地方官員監理軍務的加官。晋三品，加持節都督者二品。殿本乙作“北平”。　韋虔：虔，殿本作“乾”。本卷下文此人名同。　長史：官名，掌顧問參謀，爲所在官署掾屬之長。魏晋南北朝時王府、公府、軍府、邊郡均置。晋八至六品。　散騎常侍：官名，三國魏文帝黄初年置，侍從皇帝左右、諫諍得失、顧問應對，與侍中等共平尚書奏事。也用作宰相、諸公等加官，入宫議政。晋三品。　司馬：官名，府署高級幕僚。掌參讚軍務、管理府内武職，位僅次於長史。魏晋南北朝時王府、公府、軍府、邊郡均置。晋八至六品。

[6]大寒嶺：位於今甘肅省天水市西。

[7]以副具瞻：不辜負衆望。具瞻，《詩·小雅·節南山》：“赫赫師尹，民具爾瞻。”毛亨傳：“師，太師，周之三公也。尹，尹氏，爲太師。”

[8]蹇叔：春秋時秦國大夫，秦穆公時爲百里奚所薦，任上大夫。穆公三十二年（前628）秦軍欲偷襲鄭國，蹇叔聽説後極力阻止，穆公不聽。當時蹇叔的兒子也在軍中，蹇叔哭着送别兒子，並預料到秦軍必在崤山爲晋軍所敗。

索虜秃髮如苟率户二萬降之，乾歸妻以宗女。

吕光率衆十萬，將伐乾歸，左輔密貴周、左衛莫者羖羝言於乾歸曰：“光旦夕將至。陛下以命世雄姿，開業洮罕，[1]克翦群凶，威振遐邇，將鼓淳風於東夏，建八百之鴻慶。不忍小屈，與奸豎競於一時，若機事不捷，非國家利也。宜遣愛子以退之。”乾歸乃稱藩於光，遣子敕勃爲質。[2]既而悔之，遂誅周等。

[1]洮罕：指洮水（今甘肅黄河支流洮河）、枹罕（今甘肅省

臨夏縣西南)。

[2]敕勃：殿本作“勃勃”。

乞伏軻殫與乞伏益州不平，奔于呂光。光又伐之，咸勸其東奔成紀，[1]乾歸不從，謂諸將曰：“昔曹孟德敗袁本初於官渡，[2]陸伯言摧劉玄德於白帝，皆以權略取之，豈在衆乎！光雖舉全州之軍，而無經遠之算，不足憚也。且其精卒盡在呂延，延雖勇而愚，易以奇策制之。延軍若敗，光亦遁還，乘勝追奔，可以得志。”衆咸曰：“非所及也。”隆安元年，光遣其子纂伐乾歸，使呂延爲前鋒。乾歸泣謂衆曰：“今事勢窮蹙，逃命無所，死中求生，正在今日。凉軍雖四面而至，然相去遼遠，山河既阻，力不周接，敗其一軍而衆軍自退。”乃縱反間，稱秦王乾歸衆潰，東奔成紀。延信之，引師輕進，果爲乾歸所敗，遂斬之。

[1]成紀：縣名，治所在今甘肅省静寧縣西南治平河西岸。

[2]曹孟德：即曹操，字孟德。　袁本初：袁紹，東漢汝南汝陽（今河南省商水縣西北）人，字本初。出身世家大族，靈帝時歷任侍御史、虎賁中郎將等職。董卓進京，廢少帝立獻帝，袁紹不滿董卓專横，起兵討伐，并任討董聯盟盟主。後據有青冀幽并四州。與曹操决戰于官渡，兵敗，病死。　官渡：地名，在今河南省中牟縣東北，臨古官渡水。

秃髪烏孤遣使來結和親。[1]使乞伏益州攻克支陽、鸇武、允吾三城，[2]俘獲萬餘人而還。又遣益州與武衛慕容允、冠軍翟瑥率騎二萬伐吐谷渾視羆，[3]至于度周川，[4]大破之。視羆遁保白蘭山，[5]遣使謝罪，貢其方物，以子宕豈爲質。鮮卑疊掘河内率户五千，自魏降乾歸。

［1］秃髮烏孤：十六國南凉主，河西鮮卑人，本書卷一二六有載記。

［2］支陽：《資治通鑑》卷一一〇《晋紀》安帝隆安二年："西秦王乾歸遣乞伏益州攻凉支陽、鸇武、允吾三城，克之。"胡三省注："支陽、允吾，皆漢古縣，屬金城郡；鸇武城當在二縣之間。"　鸇武：即鸇武城。　允吾：縣名，治所在今甘肅省永靖縣西北湟水南岸。

［3］慕容允：中華本校勘記："《斠注》：《通鑑》一一〇作'慕兀'，胡注云：'慕兀，晋書載記作慕容兀。蓋亦乞伏氏，載記誤也。'按：如胡注所云，胡所見本晋書作'兀'，並不作'允'。"

［4］度周川：地名，在今青海省青海湖以南一帶。

［5］白蘭山：即今青海黄河源西北布爾汗布達山。

乾歸所居南景門崩，惡之，遂遷于苑川。姚興將姚碩德率衆五萬伐之，入自南安峽。[1]乾歸次于隴西以距碩德。興潛師繼發。乾歸聞興將至，謂諸將曰："吾自開建以來，屢摧勍敵，乘機藉算，舉無遺策。今姚興盡中國之師，軍勢甚盛。山川阻狹，無縱騎之地，宜引師平川，伺其殆而擊之。存亡之機，在斯一舉，卿等戮力勉之。若梟翦姚興，關中之地盡吾有也。"[2]於是遣其衛軍慕容允率中軍二萬遷于柏陽，[3]鎮軍羅敦將外軍四萬遷于侯辰谷，[4]乾歸自率輕騎數千候興軍勢。俄而大風昏霧，遂與中軍相失，爲興追騎所逼，入于外軍。旦而交戰，爲興所敗。乾歸遁還苑川，遂走金城，謂諸豪帥曰："吾才非命世，謬爲諸君所推，心存撥亂，而德非時雄，叨竊名器，[5]年逾一紀，負乘致寇，傾喪若斯！今人衆已散，勢不得安，吾欲西保允吾，以避其鋒。若方軌西邁，理難俱濟，卿等宜安土降秦，保全妻子。"群下咸曰："昔古公杖策，[6]豳人歸懷；玄德南奔，荆楚襁負。[7]分岐之感，[8]古人所悲，况臣等義深父子，而有心離背！請死生與陛下俱。"乾歸曰："自古無不亡之國，廢興命也。苟天未亡我，[9]冀興復有期。德之不建，何爲俱死！公等自愛，吾將寄食以終餘年。"於是大哭而別，乃率騎數百馳至允吾。秃髮利鹿孤遣弟傉檀迎乾歸，[10]處之於晋興。[11]

[1]南安峽：《資治通鑑》卷一一一《晋紀》安帝隆安四年："秦征西大將軍隴西公碩德將兵五千伐西秦，入自南安峽。"胡三省注："南安峽，在唐秦州隴城縣界。"隴城縣治所在今甘肅省秦安縣隴城鎮。

[2]關中：地區名，函谷關以西秦國故地，包括今河南省靈寶市以西及陝西省、甘肅省東部和四川省部分地區。

[3]衛軍：官名，即衛將軍。位在諸名號將軍之上，多作爲軍府名號，以加大臣、重要州郡長官。東晋南朝甚重之，常以中書監、尚書令等權臣兼任，統兵出征。晋二品，開府位從公者一品。柏陽：即伯陽，縣名，治所在今甘肅省天水市東南。

[4]鎮軍：官名，即鎮軍將軍。三國時始置，西晋罷又復置。位在鎮軍大將軍下，與中軍將軍、撫軍將軍並爲三名號將軍，位比四鎮將軍。晋三品。 侯辰谷：《讀史方輿紀要》卷五九《陝西·柏陽谷》載："晋隆安四年姚興伐西秦乞伏乾歸，使一軍屯柏陽，

一軍屯侯辰谷。義熙七年乾歸攻姚秦略陽太守姚龍於柏陽堡，克之。胡氏曰：‘侯辰谷與柏陽相近，後魏柏陽縣亦因以名。’”

[5]叨竊名器：竊，宋本作“切”。

[6]古公杖策：古公即古公亶父。《莊子·讓王》：“大王亶父居邠，狄人攻之；事之以皮帛而不受，事之以犬馬而不受，事之以珠玉而不受。狄人之所求者，土地也。大王亶父曰：‘與人之兄居而殺其弟，與人之父居而殺其子，吾不忍也。子皆勉居矣！爲吾臣與爲狄人臣奚以异！且吾闻之：不以所用養害所養。’因杖策而去之。民相連而從之，遂成國於岐山之下。”

[7]玄德南奔，荆楚襁負：《三國志》卷三二《蜀書·先主傳》載：“（建安）十二年，曹公北征烏丸，先主説表襲許，表不能用。曹公南征表，會表卒，子琮代立，遣使請降。先主屯樊，不知曹公卒至，至宛乃聞之，遂將其衆去。過襄陽，諸葛亮説先主攻琮，荆州可有。先主曰：‘吾不忍也。’乃駐馬呼琮，琮懼不能起。琮左右及荆州人多歸先主。比到當陽，衆十餘萬，輜重數千兩，日行十餘里，别遣關羽乘船數百艘，使會江陵。或謂先主曰：‘宜速行保江陵，今雖擁大衆，被甲者少，若曹公兵至，何以拒之？’先主曰：‘夫濟大事必以人爲本，今人歸吾，吾何忍棄去！’”

[8]分岐：岐，宋本作“歧”。

[9]亡我：亡，宋本作“忘”。

[10]秃髮利鹿孤：十六國南凉主，本書卷一二六有載記。　傉檀：秃髮傉檀，十六國南凉主，本書卷一二六有載記。

[11]晋興：郡名，治所在晋興縣（今青海省民和回族土族自治縣西北湟水南岸）。

南羌梁弋等遣使招之。乾歸將叛，謀洩，利鹿孤遣弟吐雷屯于捫天嶺。[1]乾歸懼爲利鹿孤所害，謂其子熾磐曰：“吾不能負荷大業，致兹顛覆。以利鹿孤義兼姻好，冀存唇齒之援，方乃忘義背親，謀人父子，忌吾威名，勢不全立。姚興方盛，吾將歸之。若其俱去，必爲追騎所及。今送汝兄弟及汝母爲質，彼必不疑。吾既在秦，終不害汝。”於是送熾磐兄弟於西平，[2]乾歸遂奔長安。姚興見而大悦，署乾歸持節、都督河南諸軍事、鎮遠將軍、河州刺史、歸義侯，[3]遣乾歸還鎮苑川，盡以部衆配之。乾歸既至苑川，以邊芮爲長史，王松壽爲司馬，公卿大將已下悉降號爲偏裨。

[1]捫天嶺：位於今甘肅省永靖縣西。

[2]西平：郡名，治所在西都縣（今青海省西寧市）。

[3]持節：官員外出持有皇帝授予的節杖，代表高等權威，常用於軍事長官出征。　都督河南諸軍事：河南地區最高軍事行政長官。　鎮遠將軍：官名，統兵，臨時所設，事畢即罷。

元興元年，熾磐自西平奔長安，姚興以爲振忠將軍、興晋太守。[1]尋遣使者加乾歸散騎常侍、左賢王。[2]遣隨興將齊難迎吕隆于河西，[3]討叛羌党龍頭于滋川，[4]攻楊盛將苻帛于皮氏堡，[5]並克之。又破吐谷渾將大孩，俘獲萬餘人而還。尋復率衆攻楊盛將楊玉于西陽堡，[6]克之。既而苑川地震裂生毛，狐雉入于寢内，乾歸甚惡之。姚興慮乾歸終爲西州之患，因其朝也。興留爲主客尚書，以熾磐爲建武將軍、行西夷校尉，[7]監撫其衆。

[1]振忠將軍：官名，統兵武職，十六國後秦置。　興晋：郡名，治所在枹罕城（今甘肅省臨夏縣西南枹罕鎮）。

[2]左賢王：匈奴官名，即左屠耆王。屠耆爲匈奴語“賢”，漢人因稱之爲左賢王。單于手下最高官職，常由太子擔任。十六國時一些少數民族政權亦置。

[3]吕隆：字永基，本書卷一二二有載記。　河西：地區名，今甘肅、青海二省之間黄河南段以西地區，即河西走廊、湟水流域一帶。

[4]討叛羌党龍頭：龍，宋本作“干”。　滋川：《文苑英華》卷一四〇：“得奇士於滋川”。注云：“《吕氏春秋》：吕望釣於滋川。”

[5]苻帛：帛，殿本作“皃”。　皮氏堡：位於今山西省河津市一帶。

[6]西陽堡：位於今陝西省三原縣一帶。

[7]建武將軍：官名，東漢末曹操置，統兵征伐。晋四品。　行：兼攝官職。　西夷校尉：官名，亦稱護西夷校尉。晋武帝太康三年（282）置，治寧州，寧州併入益州後以益州刺史兼領。東晋平蜀後復置，持節統兵，掌益州少數民族事務。立府，置長史、司馬，可與刺史一樣舉秀才、廉吏、良吏。晋四品。十六國前秦亦置，掌益州及西部地區少數民族事務。北凉段業亦置，掌凉興以西少數民族事務。

熾磐以長安兵亂將始，乃招結諸部二萬七千，[1]築城于嵻崀山以據之。[2]熾磐攻克枹罕，[3]遣使告之，乾歸奔還苑川。鮮卑悦大堅有衆五千，自龍馬苑降乾歸。[4]乾歸遂如枹罕，留熾磐鎮之。乾歸收衆三萬，遷于度堅山。[5]群下勸乾歸稱王，乾歸以寡弱弗許。固請曰：“夫道應符曆，[6]雖廢必興；圖籙所棄，[7]雖成必敗。本初之衆，非不多也，魏武運籌，四州瓦解。尋、邑之兵，[8]非不盛也，世祖龍申，[9]亡新鳥散。[10]固天命不可虚邀，符籙不可妄冀。姚數將終，否極斯泰，乘機撫運，實係聖人。[11]今見衆三萬，足可以疆理秦隴，[12]清蕩洮河。[13]陛下應運再興，四海鵠望，豈宜固守謙冲，不以社稷爲本！願時即大位，允副群心。”乾歸從之。義熙三年，[14]僭稱秦王，赦其境内，改元更始，置百官，公卿已下皆復本位。[15]

[1]二萬：二，殿本作“一”。

[2]嵻峎山：位於今甘肅省夏河縣西南。一説位於今甘肅省榆中縣南。又名熱薄汗山、可狼山。

[3]枹罕：縣名，治所在今甘肅省臨夏縣西南。

[4]龍馬苑：地名，確址不詳，疑在今甘肅省榆中縣一帶。

[5]度堅山：位於今甘肅省榆中縣東北。堅，宋本作“埽”

[6]道應符曆：應和符命曆運。

[7]圖籙：圖讖符命。

[8]尋：王尋，西漢末魏郡元城（今河北省大名縣東）人，漢平帝時爲副校尉，封丕進侯。新莽朝任大司徒，封章新公。昆陽之戰中被劉秀打得大敗，被殺。　邑：王邑，西漢末魏郡元城（今河北省大名縣東）人，王商之子。哀帝時封成都侯，王莽新朝時任步兵將軍、大司空，封隆新公。昆陽之戰中被劉秀打得大敗。後被緑林軍所殺。

[9]世祖：東漢光武帝劉秀，廟號世祖。

[10]亡新：短命的新莽王朝。宋本無“亡”字。

[11]實係聖人：宋本“實”上有“而”字。係，殿本作“繫”。

[12]秦隴：地區名，指今陝西、甘肅二省部分地區。

[13]洮河：即今甘肅省黄河支流洮河。

[14]義熙三年：中華本校勘記：“周校：《安帝紀》作‘義熙

五年’。按：《通鑑》一一五事在五年，《魏書·太宗紀》在永興元年，亦即晋義熙五年。此處‘三年’當是‘五年’之訛。”

［15］復本位：本，宋本作“次”。

遣熾磐討諭薄地延，師次煩于，[1]地延率衆出降，署爲尚書，[2]徙其部落于苑川。又遣隴西羌昌何攻克姚興金城郡，以其驍騎乞伏務和爲東金城太守。乾歸復都苑川，又攻克興略陽、南安、隴西諸郡，徙二萬五千户於苑川、枹罕。姚興力未能西討，恐更爲邊害，遣使署乾歸使持節、散騎常侍、都督隴西嶺北匈奴雜胡諸軍事、征西大將軍、河州牧、大單于、河南王。[3]乾歸方圖河右，[4]權宜受之，遂稱藩於興。

［1］煩于：地名，確址不詳，疑在今甘肅省榆中縣一帶。

［2］尚書：官名，東漢尚書臺六曹各置尚書，秩六百石。魏晋出爲朝官，分掌尚書省諸曹，品秩提高。晋三品。

［3］使持節：殿本無“使”字。　都督隴西嶺北匈奴雜胡諸軍事：隴西、嶺北地區少數民族最高軍事行政長官。　征西大將軍：官名，屬將軍名號，多授予統兵出鎮在外，都督數州諸軍事者。位在征西將軍之上。晋二品，開府位從公者一品。

［4］河右：即河西，今甘肅、青海二省之間黄河南段以西地區，即河西走廊、湟水流域一帶。

遣熾磐與其次子中軍審虔率步騎一萬伐禿髮傉檀，[1]師濟河，敗傉檀太子武臺于嶺南，[2]獲牛馬十餘萬而還。又攻克興别將姚龍于伯陽堡，[3]王憬于永洛城，[4]徙四千餘户於苑川，三千餘户于譚郊。乾歸率步騎三萬征西羌彭利髮於枹罕，師次于奴葵谷，[5]利髮棄其部衆南奔。乾歸遣其將公府追及于清水，斬之。乾歸入枹罕，收羌户一萬三千。因率騎二萬討吐谷渾支統阿若干于赤水，[6]大破降之。

[1]中軍：官名，即中軍將軍，西晋時統左右衛、前後左右驍騎等宿衛七營禁軍，主管京師及朝廷警衛。泰始四年（268）罷，置北軍中候代其職。後爲將軍名號，與鎮軍將軍、撫軍將軍並爲三名號將軍，不統禁兵。晋三品。

[2]武臺：中華本校勘記："'武臺'本名'虎臺'，避唐諱改，參卷一二六校記。"

[3]伯陽堡：一作柏陽堡，位於今甘肅省天水市伯陽鎮。

[4]永洛城：中華本校勘記："《通鑑》一一六'永洛'作'水洛'，胡注引《水經·渭水注》及《元豐九域志》並作'水洛城'。'永'字乃'水'形近而訛。"

[5]奴葵谷：位於今甘肅省臨夏縣東北。

[6]赤水：即今甘肅隴西縣東渭河支流赤亭河。

乾歸畋于五谿，[1]有梟集于其手，甚惡之。六年，[2]爲兄子公府所弑，并其諸子十餘人。公府奔固大夏，[3]熾磐與乾歸弟廣武智達、[4]揚武木奕于討之。[5]公府走，達等追擒于嵻峎南山，并其四子，轘之於譚郊。[6]葬乾歸于枹罕，僞謚武元王，在位二十四年。[7]

[1]乾歸：宋本無此二字。　五谿：位於今甘肅省渭源縣東南。谿，殿本作"溪"。

[2]六年：中華本校勘記："周校：《紀》作'八年'。《通鑑》

一一六事在八年，《魏書·太宗紀》在永興四年，亦即晋義熙八年。此處‘六年’乃‘八年’之訛。”

［3］大夏：地名，即大原，一作太原，在今寧夏回族自治區固原市和甘肅省平凉市一帶。

［4］乾歸弟廣武智達：廣武，官名，即廣武將軍，爲名號將軍中地位較高者。晋四品。李之亮先生認爲，云智達爲乞伏乾歸弟，恐誤。《十六國春秋》卷八五《西秦録·乞伏乾歸傳》：“熾磐遣其弟廣武將軍智達、陽武將軍木弈干率騎三千討之。”《資治通鑑》卷一一六《晋紀》安帝義熙八年：“平昌公熾磐遣其弟廣武將軍智達、揚武將軍木弈干帥騎三千討之。”（李之亮、許華偉《〈晋書〉〈十六國春秋〉對堪劄記》，《鄭州大學學報》1998 年第 3 期）

［5］揚武：官名，即揚武將軍。統兵出征。晋四品。揚武，原本、宋本、殿本作“陽武”，據中華本校勘記改。

［6］轘：即車裂酷刑。《左傳·桓公十八年》：“七月戊戌，齊人殺子亹而轘高渠彌，祭仲逆鄭子於陳而立之。”杜預注：“車裂曰轘。”

［7］在位二十四年：中華本校勘記：“乾歸稱河南王在太元十三年，至義熙八年，共二十五年。”

乞伏熾磐

熾磐，乾歸長子也。性勇果英毅，臨機能斷，權略過人。初，乾歸爲姚興所敗，熾磐質於秃髮利鹿孤。[1]後自西平逃而降興，[2]興以爲振忠將軍、興晋太守，又拜建武將軍、行西夷校尉，[3]留其衆鎮苑川。[4]及乾歸返政，復立熾磐爲太子，領冠軍大將軍、都督中外諸軍、録尚書事。[5]後乾歸稱藩于姚興，興遣使署熾磐假節、鎮西將軍、左賢王、平昌公，[6]尋進號撫軍大將軍。[7]

［1］質於：宋本作“太子”。

［2］西平：西，原本、宋本、殿本作“南”，據中華本校勘記改。

［3］建武將軍：建，宋本作“千”。

［4］苑川：苑，殿本作“菀”，宋本作“北”。

［5］冠軍大將軍：官名，統兵征伐，與冠軍將軍同，地位高於冠軍將軍。十六國後趙、前凉、後凉、西秦皆置。晋二品，開府位從公者一品。　都督中外諸軍：官名，亦稱都督中外諸軍事。全國最高軍事統帥，總統中央地方的内外諸軍，權力極大。　録尚書事：官名，初爲職銜名，重臣加此名義始得總知國事，綜理政務，成爲真宰相。魏晋多以公卿權重者居之，總領尚書省政務，凡重號將軍、刺史皆得命曹授用，位在三公之上。

［6］假節：假以節杖。指大臣臨時持節出巡，爲權臣掌軍、秉政的地位象徵和政治待遇。

［7］撫軍大將軍：官名，三國魏文帝始置，皇帝出征，總管留守事。晋二品，開府位從公者一品。

乾歸死，義熙六年，[1]熾磐襲僞位，大赦，改元曰永康。署翟勍爲相國，[2]麴景爲御史大夫，段暉爲中尉，[3]弟延祚爲禁中録事，[4]樊謙爲司直。[5]罷尚書令、僕射、尚書六卿、侍中、散騎常侍、黄門郎官，[6]置中左右常侍、侍郎各三人。[7]

［1］義熙六年：中華本校勘記：“‘六年’乃‘八年’之譌，見本卷校記。”

［2］相國：官名，春秋戰國時稱宰輔大臣爲相國，秦漢時稱爲丞相。魏晋南北朝時不常置，職權品秩略同於丞相但位又比丞相尊貴，非尋常人臣之職。

[3]中尉：官名，此爲御史中尉，此爲十六國西秦所置官，其職掌和地位似與北魏御史中尉不同。

[4]禁中録事：官名，十六國西秦置，掌宫禁中文書文簿。

[5]司直：丞相司直的省稱，掌佐丞相舉不法。漢武帝時初置，東漢隸屬司徒。建武十一年（35）省。建安八年（203）復置，掌督京師百官。九年，詔司直比司隸校尉，坐同席。曹操任司空，置司空司直，與丞相司直同。晋朝不常置，如權臣爲相則多置之。

[6]尚書六卿：六部尚書合稱。　黄門郎官：官名，黄門侍郎或給事黄門侍郎的省稱。晋五品。

[7]中左右常侍：中常侍、左常侍和右常侍。均爲十六國西秦中樞長官，職掌國事，任用士人。　侍郎：官名，指中左右侍郎。位低於中左右常侍。

義熙九年，遣其龍驤乞伏智達、平東王松壽討吐谷渾樹洛干於澆河，[1]大破之，獲其將呼那烏提，虜三千餘户而還。又遣其鎮東曇達與松壽率騎一萬，[2]東討破休官權小郎、吕破胡于白石川，[3]虜其男女萬餘口，進據白石城，[4]休官降者萬餘人。後顯親休官權小成、吕奴迦等叛保白坑，[5]曇達謂將士曰；“昔伯珪憑嶮，[6]卒有滅宗之禍；韓約肆暴，[7]終受覆族之誅。今小成等逆命白坑，宜在除滅。王者之師，有征無戰，粤爾輿人，戮力勉之！”衆咸拔劍大呼，於是進攻白坑，斬小成、奴迦及首級四千七百，隴右休官悉降。遣安北烏地延、冠軍翟紹討吐谷渾别統句旁于泣勤川，[8]大破之，俘獲甚衆。熾磐率諸將討吐谷渾别統支旁于長柳川，[9]掘達于渴渾川，[10]皆破之，前後俘獲男女二萬八千。

[1]龍驤：官名，即龍驤將軍。高級軍事將領。晋三品。　平東：官名，即平東將軍。與平北、平南、平西將軍合稱四平將軍，權任很重，多持節都督或監某一地區的軍事，有時亦作爲刺史等地方官員兼理軍務的加官。晋三品，加持節都督者二品。　澆河：澆河城，位於今青海省黄河南岸貴德縣南。

[2]鎮東：官名，即鎮東將軍。東漢建安年間置，與鎮西、鎮南、鎮北將軍合稱四鎮將軍，多爲持節都督，出鎮方面。曹魏二品。晋三品，加持節都督者二品。

[3]白石川：《資治通鑑》卷四八《漢紀》和帝永元十年："謁者耿譚領世營屯白石。"胡三省注："白石縣，本屬金城郡，時屬隴西郡。《水經注》：白石川水南逕白石城西而注灕水，水又逕白石縣故城南。"

[4]白石城：位於今甘肅省清水縣西北。

[5]白坑：地名，在今甘肅省清水縣一帶。

[6]伯珪：公孫瓚，東漢末遼西令支（今河北省遷安市西）人，字伯珪。初爲郡小吏，舉孝廉爲遼東屬國長史，進而任奮武將軍。東漢末據有青冀兖幽等地。因懼有變，乃圍塹築京，以鐵爲門，並積穀三百萬斛，以爲固守之用。後爲袁紹所敗，自焚而死。

[7]韓約：韓遂，東漢末金城（今甘肅省永靖縣西北）人，字文約。東漢末與馬騰據凉州，後率衆入長安，受封鎮西將軍，還屯金城。建安十六年（211），聯合馬超叛曹操，被曹操大敗，後爲部下所殺。

[8]安北：官名，即安北將軍。東漢建安年間置，與安東、安南、安西將軍合稱四安將軍，爲出鎮某一地區的軍事長官，或作爲刺史等兼理軍務的加官，權任頗重。晋三品，加持節都督者二品。　泣勤川：地名，在今甘肅省臨潭縣東南。

[9]長柳川：確址待考。疑在今青海省西寧市東南郊黄河曲流處一帶。

[10]掘達：中華本校勘記："《册府》二三一、《通鑑》一一六

‘掘達’並作‘掘逵’。”

僭立十年，[1]有雲五色，起於南山。熾磐以爲己瑞，大悦，謂群臣曰；“吾今年應有所定，王業成矣！”於是繕甲整兵，以待四方之隙。聞秃髮傉檀西征乙弗，[2]投劍而起曰：“可以行矣！”率步騎二萬襲樂都。[3]秃髮武臺憑城距守，熾磐攻之，一旬而克。遂入樂都，論功行賞各有差。遣平遠犍虔率騎五千追傉檀，[4]徙武臺與其文武及百姓萬餘户于枹罕。傉檀遂降，署爲驃騎大將軍、左南公。[5]隨傉檀文武，依才銓擢之。熾磐既兼傉檀，兵强地廣，置百官，立其妻秃髮氏爲王后。

[1]僭立十年：中華本校勘記：“《安紀》，熾磐立於義熙八年，其滅傉檀在十年。校文據此謂相拒僅三載，安得曰‘僭立十年’，知‘僭立’乃‘義熙’二字之訛。按：《校文》説或是，但《御覽》一二七引《西秦録》所謂‘有雲五色’云云及滅傉檀在熾磐之永康三年，則其誤或不在‘僭立’二字，而在‘三年’譌‘十年’。”

[2]乙弗：乙弗部，鮮卑部落之一。亦作乙弗勿敵國、乙弗鮮卑、卑和虜等等。原居漠南，後一部分遷至青海一帶。十六國時先後爲南凉、西秦、北凉所役屬。5世紀初爲吐谷渾所並。一部分投入北魏，姓乙弗氏，後改乙氏。

[3]樂都：郡名，治所在今青海省海東市樂都區。

[4]平遠：官名，即平遠將軍，十六國前秦、西秦皆置。

[5]驃騎大將軍：官名，魏晋制度，驃騎將軍爲重號將軍，僅次於大將軍，高於諸名號將軍，本不需加“大”字。然兩晋時將軍名號越授越濫，遂又增置此號，居諸名號將軍之首。多加於權臣元

老，以示尊崇。開府置僚屬，不領兵。晋二品，開府位從公者一品。

十一年，熾磐攻克沮渠蒙遜河湟太守沮渠漢平，[1]以其左衛匹逵爲河湟太守，[2]因討降乙弗窟乾而還。遣其將曇達、王松壽等討南羌彌姐康薄于赤水，降之。

[1]沮渠蒙遜：盧水胡人，十六國北凉主，本書卷一二九有載記。　河湟：中華本校勘記："周校：《蒙遜載記》作'湟河'，爲是。按：《禿髮傉檀載記》、《通鑑》一一七並作'湟河'，《地理志》上有湟河，無河湟，周説是。參卷八七校記。"湟河，郡名，治所在湟河城（今青海省化隆回族自治縣黄河北岸）。

[2]匹逵：匹，宋本作"四"。中華本校勘記："《斠注》：元本作'四達'。按：南北監本、明周若年本作'四逵'，《通鑑》一一七、一一八，《通志》一九一並作'匹達'。"

熾磐攻漒川，師次沓中，[1]沮渠蒙遜率衆攻石泉以救之。[2]熾磐聞而引還，遣曇達與其將出連虔率騎五千赴之。蒙遜聞曇達至，[3]引歸，遣使聘於熾磐，遂結和親。又遣曇達、王松壽等率騎一萬伐姚艾於上邽。曇達進據蒲水，[4]艾距戰，大敗之，艾奔上邽。曇達進屯大利，[5]破黄石、大羌二戍，[6]徙五千餘户於枹罕。

[1]沓中：地名，在今甘肅省舟曲縣以西、岷縣西南一帶。

[2]石泉：石泉城，位於今甘肅省臨夏市西北。

[3]聞曇達至：原本無"至"字，宋本、殿本有，據宋本、殿本補。

［4］蒲水：在今甘肅省鎮原縣北。

［5］大利：確址不詳，疑在今寧夏回族自治區固原市一帶。

［6］黄石：黄石固，位於今寧夏回族自治區固原市東南。　大羌：位於今寧夏回族自治區固原市一帶。

令其安東木奕于率騎七千討吐谷渾樹洛干于塞上，[1]破其弟阿柴於堯扞川，[2]俘獲五千餘口而還，洛干奔保白蘭山而死。熾磐聞而喜曰："此虜矯矯，所謂有豕白蹢。往歲曇達東征，姚艾敗走；今木奕于西討，黠虜遠逃。境宇稍清，奸凶方殄，股肱惟良，吾無患矣。"於是以曇達爲左丞相，其子元基爲右丞相，麴景爲尚書令，翟紹爲左僕射。遣曇達、元基東討姚艾，降之。

［1］安東：官名，即安東將軍。東漢建安年間（199）置，與安西、安南、安北將軍合稱四安將軍，爲出鎮某一地區的軍事長官，或作爲刺史等兼理軍務的加官，權任頗重。晋三品，加持節都督者二品。木奕于：奕，原本、宋本、殿本作"弈"，據中華本改。本段下文此人名同。

［2］堯扞川：地名，在今青海省布爾汗布達山以東黄河上游一帶。

至是，乙弗鮮卑烏地延率户二萬降於熾磐，[1]署爲建義將軍。地延尋死，弟他子立，以子軻蘭質于西平。他子從弟提孤等率户五千以西遷，叛于熾磐。凉州刺史出連虔遣使喻之，提孤等歸降。熾磐以提孤奸猾，終爲邊患，税其部中戎馬六萬匹。後二歲而提孤等扇動部落，西奔出塞。他子率户五千入居西平。

[1]二萬：二，殿本作“三”。

先是，姚艾叛降蒙遜，蒙遜率衆迎之。艾叔父儁言於衆曰：“秦王寬仁有雅度，自可安土事之，何爲從涼主西遷？”衆咸以爲然，相率逐艾，推儁爲主，遣使請降。熾磐大悦，徵儁爲侍中、中書監、征南將軍，[1]封隴西公，邑一千户。

[1]中書監：官名，中書省長官之一。三國魏文帝初年分秘書置中書省，長官爲中書監、中書令。掌收納奏章、草擬詔令。平常不分高下，入朝時監略高於令。晋三品。　征南將軍：官名，與征東、征西、征北將軍合稱四征將軍。三國魏蜀吴兩晋皆置，出鎮方面，地位顯要。晋三品，加持節都督者二品。

使征西孔子討吐谷渾覓地于弱水南，[1]大破之。覓地率衆六千降於熾磐，署爲弱水護軍。[2]遣其左衛匹逵、建威梯君等討彭利和于漒川，[3]大破之，利和單騎奔仇池，[4]獲其妻子。徙羌豪三千户於枹罕，漒川羌三萬餘户皆安堵如故。[5]

[1]征西：官名，即征西將軍。東漢永元年間置，地位與雜號將軍、偏將軍、裨將軍等同。建安年間與征東、征南、征北將軍合稱四征將軍，地位提高。晋三品，加持節都督者二品。　孔子：原本、殿本作“他子”，宋本作“孔子”，據宋本、中華本校勘記改。　弱水：指青海省東部地區。

[2]弱水護軍：官名，弱水地區長官，管理轄區軍事民政，職掌與郡守相類。晋五品。

[3]建威：官名，即建威將軍。領兵征戰，曹魏、孫吴、西晋皆置。十六國時一些少數民政權亦置。晋四品。

[4]仇池：位於今甘肅西和縣西仇池山上，又名百頃池。

[5]“川，大破之”至“湿川羌三”：宋本無此二十八字。

元熙元年，立其第二子慕末爲太子，[1]領撫軍大將軍、都督中外諸軍事，大赦境内，改元曰建弘，其臣佐等多所封授。熾磐在位七年而宋氏受禪，[2]以宋元嘉四年死。[3]子慕末嗣僞位，在位四年，[4]爲赫連定所殺。[5]

[1]元熙元年立其第二子慕末爲太子：中華本校勘記：“《通鑑》一一九此事在宋永初元年，《御覽》一二七引《西秦録》在熾磐之建弘元年，並即晋元熙二年，疑‘元’字譌。”

[2]熾磐在位七年而宋氏受禪：中華本校勘記：“熾磐於義熙八年即位，至元熙二年劉裕代晋，應作‘在位九年’。”

[3]以宋元嘉四年死：中華本校勘記：“《通志》一九一‘四年’作‘五年’。《通鑑》一二一亦系於五年。《御覽》一二七引《西秦録》云熾磐卒在建弘九年，《魏書·世祖紀》在神䴥元年，並當宋元嘉五年。此處‘四年’當是‘五年’之訛。”

[4]在位四年：四，原本、宋本、殿本作“三”，據中華本校勘記改。

[5]赫連定：十六國大夏國君，字直獖，赫連勃勃第五子。統萬被北魏攻破後，退奔平凉。攻南安，滅西秦，欲渡黄河攻占河西，被吐谷渾大敗，被俘。後吐谷渾將其送到北魏，被殺。

始，國仁以孝武太元十年僭位，至慕末四世，凡四十有六載而滅。[1]

[1]凡四十有六載而滅：中華本校勘記："《通志》一九一'四十有六'作'四十有七'。國仁以太元十年立，慕末以元嘉八年滅，作'四十七載'是。但慕末降夏據《魏書·世祖紀》實在正月，不計此年，則作'四十六載'未爲甚誤。"。

史臣曰：夫天地閉，大祲生；[1]雲雷屯，群凶作。自晋室遘孽，[2]胡兵肆禍，封域無紀，干戈是務。國仁陰山遺噍，[3]難以義服，伺我阽危，長其陵暴。向使偶欽明之運，遭雄略之主，已當褫魂沙漠，請命藁街，[4]豈暇竊據近郊，經綸王業者也。

[1]大祲生：大饑荒發生。

[2]遘孽：遇到灾禍。

[3]遺噍：殘存者。

[4]藁街：亦作"槁街"。漢時街名，位於長安城南門内，爲屬國使節館舍所在地。

乾歸智不及遠而以力詐自矜。陷吕延之師，奸謀潛斷；俘視羆之衆，威策遐舉。便欲誓汧隴之餘卒，窺崤函之奥區，[1]秣疲馬而宵征，翦勍敵而朝食。[2]既而控弦鳴鏑，[3]厥志未逞，沮岸崩山，其功已喪。履重氛於外難，幸以計全；貽巨釁於蕭墻，終成凶禍，宜哉！

[1]崤函：崤山和函谷。自古爲險要的關隘。函谷東起崤山，故以並稱。張衡《西京賦》："左有崤函重險，桃林之塞。" 奥區：内地。

[2]翦勍敵而朝食：典出《左傳·成公二年》：春秋時，齊國

和晋國在鞌地大戰，齊頃公説："余姑翦滅此而朝食。"意爲消滅了敵人再吃早飯。

［3］控弦鳴鏑：彎弓射箭。

熾磐叱吒風雲，[1]見機而動，牢籠俊傑，決勝多奇，故能命將掩澆河之酋，臨戎襲樂都之地，不盈數載，遂隆僞業。覽其遺迹，盜亦有道乎！

［1］叱吒：吒，宋本作"咤"。

馮跋

馮跋字文起，長樂信都人也，[1]小字乞直伐，其先畢萬之後也。[2]萬之子孫有食采馮鄉者，因以氏焉。永嘉之亂，跋祖父和避地上黨。[3]父安，雄武有器量，慕容永時爲將軍。[4]永滅，跋東徙和龍，[5]家于長谷。[6]幼而懿重少言，寬仁有大度，飲酒一石不亂。三弟皆任俠，不修行業，惟跋恭慎，勤於家産，父母器之。所居上每有雲氣若樓閣，時咸異之。嘗夜見天門開，神光赫然燭於庭内。及慕容寶僭號，[7]署中衛將軍。[8]

［1］長樂：封國名，治所在信都縣（今河北省衡水市冀州區）。

［2］畢萬：春秋時晋國人。晋獻公十六年（前661）任獻公戎右從征耿、霍、魏三國。後被封爲魏大夫。

［3］上黨：郡名，治所在潞縣（今山西省黎城縣南）。

［4］慕容永：字叔明，十六國時西燕國主，被後燕慕容垂攻殺。

［5］和龍：和龍城，又名黄龍城、龍都。位於今遼寧省朝陽市。

［6］長谷：長谷營，位於今河北省撫寧縣北。

［7］慕容寶：字道祐，本書卷一二四有載記。

［8］中衛將軍：官名，三國魏咸熙二年（265）於晋王司馬昭相國府置，統兵，位在驍騎將軍、左右長史之上。司馬炎即晋王位後，分爲左右尉將軍。十六國前涼、後燕均置。

初，跋弟素弗與從兄萬泥及諸少年游于水濱，有一金龍浮水而下。素弗謂萬泥曰："頗有見不？"［1］萬泥等皆曰："無所見也。"乃取龍而示之，咸以爲非常之瑞。慕容熙聞而求焉，［2］素弗秘之，熙怒，及即僞位，密欲誅跋兄弟。其後跋又犯熙禁，懼禍，乃與其諸弟逃于山澤。每夜獨行，猛獸常爲避路。時賦役繁數，人不堪命，跋兄弟謀曰："熙今昏虐，兼忌吾兄弟，既還首無路，不可坐受誅滅。當及時而起，立公侯之業。事若不成，死其晚乎！"遂與萬泥等二十二人結謀。跋與二弟乘車，使婦人御，潛入龍城，［3］匿于北部司馬孫護之室。［4］遂殺熙，立高雲爲主。［5］雲署跋爲使持節、侍中、都督中外諸軍事、征北大將軍、開府儀同三司、録尚書事、武邑公。［6］

［1］頗有見不：不，宋本、殿本作"否"。

［2］慕容熙：字道文，小字長生，本書卷一二四有載記。

［3］龍城：又稱和龍城、黄龍城、龍都。位於今遼寧省朝陽市十二臺營子。

［4］北部司馬：官名，十六國後燕置，其不同於東漢建安年間置匈奴北部司馬。

［5］高雲：又名慕容雲，字子雨，本書卷一二四有載記。

［6］征北大將軍：官名，職掌與征北將軍同，位在其上，多統

兵出鎮一方，都督數州軍事。不常置。晉二品，開府位從公者一品。　開府儀同三司：官名，三國魏始置。爲大臣加號，意謂與太尉、司徒、司空三司待遇相同，許開設府署，任命僚屬。

跋讌群僚，忽有血流其左臂，跋惡之。從事中郎王垂因説符命之應，[1]跋戒其勿言。雲爲其幸臣離班、桃仁所殺，跋升洪光門以觀變。[2]帳下督張泰、李桑謂跋曰：[3]“此豎勢何所至！請爲公斬之。”於是奮劍而下，桑斬班于西門，泰殺仁于庭中。衆推跋爲主，跋曰：“范陽公素弗才略不恒，志於靖亂，掃清凶桀，皆公勛也。”素弗辭曰：“臣聞父兄之有天下，傳之於子弟，未聞子弟藉父兄之業而先之。今鴻基未建，危甚綴旒，[4]天工無曠，業係大兄。[5]願上順皇天之命，下副元元之心。”[6]群臣固請，乃許之，於是以太元二十年乃僭稱天王于昌黎，[7]而不徙舊號，即國曰燕，赦其境内，建元曰太平。分遣使者巡行郡國，觀察風俗。追尊祖和爲元皇帝，父安爲宣皇帝，尊母張氏爲太后，立妻孫氏爲王后，子永爲太子。署弟素弗爲侍中、車騎大將軍、録尚書事，[8]弘爲侍中、征東大將軍、尚書右僕射、汲郡公，[9]從兄萬泥爲驃騎大將軍、幽平二州牧，[10]務銀提爲上大將軍、遼東太守，[11]孫護爲侍中、尚書令、陽平公，張興爲衛將軍、尚書左僕射、永寧公，郭生爲鎮東大將軍、領右衛將軍、陳留公，[12]從兄子乳陳爲征西大將軍、并青二州牧、上谷公，[13]姚昭爲鎮南大將軍、司隸校尉、上黨公，[14]馬弗勤爲吏部尚書、廣宗公，王難爲侍中、撫軍將軍、潁川公，[15]自餘拜授，文武進位各有差。尋而萬泥抗表請代，跋曰：“猥以不德，謬爲群賢所推，思與兄弟同兹休戚。今方難未寧，維城任重，非明德懿親，[16]孰克居也！且折衝御侮，爲國藩屏，雖有他人，不如我弟兄，豈得如所陳也。”於是加開府儀同三司。

[1]從事中郎：官名，東漢時爲大將軍屬官，地位較高。魏晋時爲將軍府或公府屬官。晋六品。

[2]洪光門：中華本校勘記：“《慕容熙載記》‘洪’作‘弘’。按：本當是‘弘’字，避魏獻文帝拓跋弘諱改。”

[3]帳下督：官名，在主帥軍中負責督兵。

[4]綴旒：如旒之懸，比喻國勢垂危。旒，冠上垂珠。

[5]業係大兄：係，殿本作“繫”。本卷下文“人望攸係”同。

[6]元元：百姓。

[7]於是以太元二十年乃僭稱天王于昌黎：中華本校勘記：“《校文》：《帝紀》，跋立在義熙五年，太元二十年乃慕容垂稱帝時，相拒十餘年矣。四字（指‘太元二十’四字）顯誤。按：《通志》一九一‘太元二十年’作‘晋義熙五年’，《魏書·太宗紀》在永興元年，即晋之義熙五年，《通鑑》一一五與《安紀》《通志》《魏書》同。《册府》二一九此條無‘於是以太元二十年’八字。觀下文稱‘跋以孝武太元二十年僭號’，則非傳刻之誤，《通志》《册府》當是知其謬誤，或改或删。”

[8]車騎大將軍：官名，西晋置，位在車騎將軍之上，多授予元老重臣，以示尊崇。開府置僚屬，一般不領兵。晋二品，開府位從公者一品。

[9]征東大將軍：官名，三國魏文帝黄初三年（222）置，職掌與征東將軍同，但位在其上，多統兵出鎮方面，都督數州軍事。不常置。晋二品，開府位從公者一品。

[10]幽：幽州，治所在薊縣（今北京市西南）。　平：平州，治所在襄平縣（今遼寧省遼陽市）。

[11]上大將軍：官名，位在大將軍之上。　遼東：郡名，治所在襄平縣（今遼寧省遼陽市）。

[12]鎮東大將軍：官名，三國魏置，職掌與鎮東將軍同，唯資歷深者得任此職。晋二品，開府位從公者一品。　右衛將軍：官名，三國魏咸熙二年（265），司馬炎即晋王位，分中衛將軍爲左、右衛將軍。掌佽飛虎賁及前驅、由基、强弩三部司馬，屬下還有虎賁、羽林、上騎、異力、命中五部督，負責宫禁侍衛。西晋屬中軍將軍，後屬領軍將軍。爲禁衛軍主要統帥之一，權任很重。晋四品。

[13]并：并州，治所在晋陽縣（今山西省太原市西南）。　青：青州，治所在臨淄縣（今山東省淄博市東北）。

[14]鎮南大將軍：官名，三國魏置，職掌與鎮南將軍同，唯資歷深者得任此職。不常置。晋二品，開府位從公者一品。　司隸校尉：官名，三國魏時先治弘農，後治河南，轄司州所屬河南、河東、河内、弘農、平陽五郡。掌監察京師、糾察京都百官。西晋沿置。此爲北燕置司隸校尉，掌監察北燕京師，糾察北燕京都百官。晋三品。

[15]撫軍將軍：官名，三國蜀漢、孫吴皆置，爲加官，以示權重。晋沿置，與中軍將軍、鎮軍將軍並爲三名號將軍。晋三品。

[16]明德懿親：德才兼備的至親。

義熙六年，跋下書曰："昔高祖爲義帝舉哀，[1]天下歸其仁。吾與高雲義則君臣，恩逾兄弟。其以禮葬雲及其妻子，立雲廟於韭町，置園邑二十家，四時供薦。"

[1]高祖爲義帝舉哀：秦末漢王劉邦出關東征，至新城聞義帝

被殺，袒而大哭。遂爲義帝發喪，臨三日。發使者告諸侯曰："天下共立義帝，北面事之。今項羽放殺義帝於江南，大逆無道。寡人親爲發喪，諸侯皆縞素。悉發關内兵，收三河士，南浮江漢以下，願從諸侯王擊楚之殺義帝者。"語見《史記》卷八《高祖本紀》。

初，跋之立也，萬泥、乳陳自以親而有大功，謂當入爲公輔，跋以二藩任重，因而弗徵，並有憾焉。乳陳性粗獷，勇氣過人，密遣告萬泥曰："乳陳有至謀，願與叔父圖之。"萬泥遂奔白狼，[1]阻兵以叛。跋遣馮弘與將軍張興將步騎二萬討之。弘遣使喻之曰："昔者兄弟乘風雲之運，撫翼而起。群公以天命所鍾，[2]人望攸係，推逼主上光踐寶位。裂土疏爵，當與兄弟共之，奈何欲尋干戈於蕭牆，棄友于而爲閼伯！過貴能改，善莫大焉。宜舍兹嫌，同獎王室。"萬泥欲降，乳陳按劍怒曰："大丈夫死生有命，决之于今，何謂降也！"遂剋期出戰。興謂弘曰："賊明日出戰，今夜必來驚我營，宜命三軍以備不虞。"弘乃密嚴人課草十束，畜火伏兵以待之。是夜，乳陳果遣壯士千餘人來斫營。衆火俱起，伏兵邀擊，俘斬無遺。乳陳等懼而出降，弘皆斬之。

[1]白狼：縣名，治所在今遼寧省喀喇沁左翼蒙古族自治縣西南。

[2]天命：命，殿本作"地"。

署素弗爲大司馬，[1]改封遼西公，馮弘爲驃騎大將軍，改封中山公。

[1]大司馬：官名，八公之一，位在上公之下、大將軍及三公之上，高級將帥，多爲大臣加官。晋一品。

跋下書曰："自頃多故，事難相尋，賦役繁苦，百姓困窮。宜加寬宥，務從簡易，前朝苛政，皆悉除之。守宰當垂仁惠，無得侵害百姓，蘭臺都官明加澄察。"[1]初，慕容熙之敗也，工人李訓竊寶而逃，貲至巨萬，[2]行貨於馬弗勤，弗勤以訓爲方略令。[3]既而失志之士書之於闕下碑，馮素弗言之於跋，請免弗勤官，仍推罪之。跋曰："大臣無忠清之節，貨財公行於朝，雖由吾不明所致，[4]弗勤宜肆諸朝市，[5]以正刑憲。但大業草創，彝倫未叙，[6]弗勤拔自寒微，未有君子之志，其特原之。李訓小人，污辱朝士，可東市考竟。"於是上下肅然，請賕路絶。

[1]蘭臺都官：官名，御史臺都官郎，都官曹長官，亦稱都官郎中，資深勤能者可轉侍郎。掌監察刑獄。晋六品。

[2]至巨萬：至，宋本作"及"。

[3]方略：十六國北燕所置縣名，確址不詳。

[4]不明所致：致，宋本作"置"。

[5]朝市：宋本、殿本作"市朝"。

[6]彝倫未叙：倫常混亂。

蠕蠕勇斛律遣使求跋女僞樂浪公主，[1]獻馬三千匹，跋命其群下議之。素弗等議曰："前代舊事，皆以宗女妻六夷，宜許以妃嬪之女，樂浪公主不宜下降非類。"跋曰："女生從夫，千里豈遠！朕方崇信殊俗，奈何欺之！”乃許焉。遣其游擊秦都率騎二千，[2]送其女歸于蝚蠕。庫莫奚虞出庫真率三千餘落請交市，獻馬千匹，許之，處之於營丘。[3]

[1]蝚蠕勇斛律：中華本校勘記："李校：'勇'字疑誤，《魏書·蠕蠕傳》言：'斛律號靄苦蓋可汗，魏言姿質美好也。'並無'勇'字，此下亦止稱斛律。按：《通志》一九一、《通鑑》一一六並無'勇'字，當是衍文。"

[2]游擊：官名，即游擊將軍。禁軍將領，與驍騎將軍分領命中虎賁，掌宿衛之任。隸屬中領軍（領軍將軍）。晋四品。

[3]營丘：地名，在今遼寧省朝陽市東。

分遣使者巡行郡國，孤老久疾不能自存者，[1]振穀帛有差，[2]孝悌力田閨門和順者，皆褒顯之。昌黎郝越、營丘張買成、周刁、温建德、何纂以賢良皆擢叙之。[3]遣其太常丞劉軒徙北部人五百户于長谷，[4]爲祖父園邑。以其太子永領大單于，置四輔。跋勵意農桑，勤心政事，乃下書省徭薄賦，墮農者戮之，力田者褒賞，命尚書紀達爲之條制。每遣守宰，必親見東堂，問爲政事之要，令極言無隱，以觀其志。於是朝野競勸焉。

[1]久疾：疾，殿本作"病"。

[2]振穀帛：振，殿本作"賑"。

[3]昌黎：郡名，治所在昌黎縣（今遼寧省義縣）。　賢良：選舉科目，始於漢代。

[4]太常：官名，漢代稱奉常，本掌禮樂宗廟、社稷祭祀，魏晋時此職掌歸尚書裁定，太常成爲閑職。晋三品。

先是，河間人褚匡言於跋曰：[1]“陛下至德應期，龍飛東夏，舊邦宗族，傾首朝陽，以日爲歲。若聽臣往迎，致之不遠。”跋曰：“隔絶殊域，阻迴數千，將何可致也?”匡曰：“章武郡臨海，[2]船路甚通，出於遼西臨渝，[3]不爲難也。”跋許之，署匡游擊將軍、中書侍郎，[4]厚加資遣。匡尋與跋從兄買、從弟睹自長樂率五千餘户來奔，署買爲衛尉，[5]封城陽伯，睹爲太常、高城伯。

[1]河間：郡名，治所在樂成縣（今河北省獻縣東南）。

[2]章武郡：治所在東平舒縣（今河北省大城縣）。

[3]遼西：郡名，治所在陽樂縣（今河北省盧龍縣東南）。臨渝：縣名，治所在今遼寧省朝陽市東北一帶。

[4]中書侍郎：官名，三國魏文帝黄初初年設中書省，在長官中書監、中書令以下有通事郎，後增設中書郎，亦稱中書侍郎。掌草擬詔書，外出執行重要使命等。晋五品。

[5]衛尉：官名，掌宫廷禁衛，兼管武庫、冶鑄，領江北冶令三十九員、南北東西諸督冶掾。晋三品。

契丹庫莫奚降，[1]署其大人爲歸善王。

[1]契丹：古族名，屬東胡系，語言與蒙古與有類似處。初附鮮卑宇文部，宇文部被前燕攻破後，始分立而成單獨的部落，自號契丹。　庫莫奚：古族名，屬東胡系。原與契丹均附宇文部，宇文部爲前燕所破後，庫莫奚乃自成部落。

跋又下書曰：“今疆宇無虞，百姓寧業，而田畝荒穢，有司不隨時督察，欲令家給人足，不亦難乎！桑柘之益，有生之本。此土少桑，人未見其利，可令百姓人殖桑一百根，柘二十根。”又下書曰：“聖人制禮，送終有度。重其衣衾，厚其棺椁，將何用乎？人之亡也，精魂上歸於天，骨肉下歸於地，朝終夕壞，無寒暖之期，衣以錦綉，服以羅紈，寧有知哉！厚於送終，貴而改葬，皆無益亡者，有損於生。是以祖考因舊立廟，皆不改營陵寢。申下境内，自今皆令奉之。”

魏使耿貳至其國，跋遣其黄門郎常陋迎之於道。跋爲不稱臣，怒而不見。及至，跋又遣陋勞之。貳忿而不謝。跋散騎常侍申秀言於跋曰：“陛下接貳以禮，而敢驕蹇若斯，不可容也。”中給事馮懿以傾佞有幸，[1]又盛稱貳之陵傲以激跋。跋曰：“亦各其志也。匹夫尚不可屈，况一方之主乎！”請幽而降之，跋乃留貳不遣。

[1]中給事：官名，十六國北燕置，以宦官充任，爲皇帝親信，負責宫中與外朝的聯繫。中，殿本作“申”。

是時，井竭三日而復。其尚書令孫護里有犬與豕交，護見而惡之，召太史令閔尚筮之。[1]尚曰：“犬豕異類而交，違性失本，其於《洪範》爲犬禍，[2]將勃亂失衆，以至敗亡。明公位極冢宰，[3]遐邇具瞻，諸弟並封列侯，貴傾王室，妖見里庭，不爲他也。願公戒滿盈之失，修尚恭儉，則妖怪可消，永享元吉。”護默然不悦。

[1]太史令：官名，屬太常。掌天時、星曆、歲終奏新年曆。

記録瑞應、灾異等。晋七品。

[2]犬禍：犬，宋本作“大”。

[3]冢宰：宰相，輔政大臣。

昌黎尹孫伯仁、護弟叱支、叱支弟乙拔等俱有才力，[1]以驍勇聞。跋之立也，並冀開府，[2]而跋未之許，由是有怨言。每於朝饗之際，常拔劍擊柱曰：“興建大業，有功力焉，而滯於散將，豈是漢祖河山之義乎！”跋怒，誅之，進護左光禄大夫、開府儀同三司、録尚書事以慰之。[3]護自三弟誅後，常怏怏有不悦之色，跋怒，酖之。尋而遼東太守務銀提自以功在孫護、張興之右，而出爲邊郡，抗表有恨言，密謀外叛。跋怒，殺之。

[1]昌黎尹：官名，十六國後燕、北燕京都行政長官，職掌同京兆尹。

[2]開府：開設府署，辟置僚屬。魏晋時常以此作爲對高級官員的寵待。

[3]左光禄大夫：官名，齊王曹芳正始元年（240）在光禄大夫上增置左、右，位在光禄大夫上。在朝顯職的加官，或授予年老有病致仕者，或授予死者。西晋時禄賜與特進同。晋二品，開府位從公者一品。

跋下書曰：“武以平亂，文以經務，寧國濟俗，實所憑焉。自頃喪難，禮崩樂壞，閭閻絶諷誦之音，後生無庠序之教，[1]子衿之嘆復興於今，[2]豈所以穆章風化，崇闡斯文！可營建太學，[3]以長樂劉軒、營丘張熾、成周翟崇爲博士郎中，[4]簡二千石已下子弟年十五已上教之。”

［1］庠序：學校。

［2］子衿之嘆：《詩·鄭風·子衿序》：“子衿，刺學校廢也，亂世則學校不修焉。”

［3］太學：古代设於京城的最高學府，主要從事儒學教育。

［4］博士郎中：官名，十六國北燕學官，負責教授儒學。

跋弟丕，先是，因亂投於高句驪，[1]跋迎致之，至龍城，以爲左僕射、常山公。

［1］高句驪：古國名，亦作句麗、高麗。都城丸都（今吉林省集安市），後遷都今朝鮮民主主義共和國平壤市。

蝚蠕斛律爲其弟大但所逐，盡室奔跋，乃館之于遼東郡，待之以客禮。跋納其女爲昭儀。時三月不雨，至于夏五月。斛律上書請還塞北，跋曰：“棄國萬里，又無内應。若以强兵相送，糧運難繼；少也，勢不能固。且千里襲國，古人爲難，況數千里乎！”斛律固請曰：“不繁大衆，[1]願給騎三百足矣。得達敕勒國，[2]人必欣而來迎。”乃許之，遣單于前輔萬陵率騎三百送之。陵憚遠役，至黑山，[3]殺斛律而還。

［1］不繁大衆：繁，殿本作“煩”。

［2］得達敕勒國：勒，原本、宋本作“勤”，殿本作“勒”，據殿本、中華本校勘記改。

［3］黑山：即今内蒙古自治區巴林右旗北罕山。

晋青州刺史申永遣使浮海來聘，跋乃使其中書郎李扶報之。[1]蝚蠕大但遣使獻馬三千匹，羊萬口。

[1]中書郎：官名，隸屬中書令。掌草擬詔書、外出執行重要使命等。亦作爲中書通事郎、中書侍郎的省稱。晋五品。

有赤氣四塞，太史令張穆言於跋曰："兵氣也。今大魏威制六合，[1]而聘使斷絶。自古未有鄰國接境，不通和好。違義怒鄰，取亡之道。宜還前使，修和結盟。"跋曰："吾當思之。"尋而魏軍大至，遣單于右輔古泥率騎候之。去城十五里，遇軍奔還。又遣其將姚昭、皇甫軌等距戰，軌中流矢死。魏以有備，引還。

[1]六合：天地四方，即天下。

跋境地震山崩，洪光門鸛雀折。又地震，右寢壞。跋問閔尚曰："比年屢有地動之變，卿可明言其故。"尚曰："地，陰也，主百姓。震有左右，比震皆向右，[1]臣懼百姓將西移。"跋曰："吾亦甚慮之。"分遣使者巡行郡國，問所疾苦，孤老不能自存者，賜以穀帛有差。

[1]向右：向，殿本作"尚"。

跋立十一年，至是，元熙元年也，此後事入於宋。至元嘉七年死。弟弘殺跋子翼自立，後爲魏所伐，東奔高句驪。居二年，高句麗殺之。

始，跋以孝武太元二十年僭號，至弘二世，凡二十有八載。[1]

[1]始跋以孝武太元二十年僭號至弘二世凡二十有八載：中華本校勘記："《校文》：跋立於義熙五年，故云'至弘二世，凡二十八載'，若作太元二十年，則三十九年矣。按：《册府》二一九、《通志》一九一'孝武太元二十年'作'安帝義熙五年'，是。上文已誤馮跋稱天王在太元二十年，當是原文已誤，《册府》《通志》並以意改正。"

馮素弗，跋之長弟也。慷慨有大志，姿貌魁偉，雄傑不群，任俠放蕩，不修小節，故時人未之奇，惟王齊異焉，曰："撥亂才也。"惟交結時豪爲務，不以産業經懷。弱冠，[1]自詣慕容熙尚書左丞韓業請婚，[2]業怒而距之。復求尚書郎高邵女，[3]邵亦弗許。南宫令成藻，[4]豪俊有高名，素弗造焉，藻命門者勿納。素弗逕入，與藻對坐，旁若無人。談飲連日，藻始奇之，曰："吾遠求騏驥，不知近在東鄰，何識子之晚也！"當世俠士莫不歸之。及熙僭號，爲侍御郎、小帳下督。[5]

[1]弱冠：指男子二十歲時。《禮記·曲禮上》："二十曰弱，冠。"年少爲弱，待至二十，即爲成年，舉行冠禮。

[2]尚書左丞：官名，尚書省佐官，位次尚書，居尚書右丞上。與右丞共掌尚書都省庶務，率諸都令史監督稽核諸尚書曹、郎曹政務。左丞又掌督録近道文書章奏，監察糾彈尚書令、僕射、尚書等文武百官，號稱"監司"，權勢甚重。晋六品。

[3]尚書郎：官名。東漢之制，取孝廉中之有才能者入尚書臺，

在皇帝左右處理政務，初入臺稱守尚書郎中，滿一年稱尚書郎，滿三年稱侍郎。魏晋以後尚書各曹有侍郎、郎中等官，綜理政務，通稱爲尚書郎。晋六品。

［4］南宫令：官名，南宫爲尚書省别稱，南宫令即尚書令。

［5］侍御郎：官名，皇帝左右的武職侍從，屬侍御長。

跋之僞業，素弗所建也。及爲宰輔，謙虚恭慎，非禮不動，雖廝養之賤，[1]皆與之抗禮。車服屋宇，務於儉約，修已率下，百僚憚之。初爲京尹，[2]及鎮營丘，百姓歌之。嘗謂韓業曰："君前既不顧，今將自取，何如？"業拜而陳謝。素弗曰："既往之事，豈復與君計之！"然待業彌厚。好存亡繼絶，申拔舊門，問侍中陽哲曰："秦趙勛臣子弟今何在乎？"哲曰："皆在中州，惟桃豹孫鮮在焉。"素弗召爲左常侍，論者歸其有宰衡之度。

［1］廝養：奴隸，僕役。

［2］京尹：京兆尹，京畿地方行政長官，職掌如郡守，但地位高於郡守。晋三品。

跋之七年死，跋哭之哀慟。比葬，[1]七臨之。

［1］比：待到，等到。

史臣曰：自五胡縱慝，[1]九域淪胥，帝里神州，遂混之於荒裔；鴻名寶位，咸假之於雜種。嘗謂戎狄凶嚚，未窺道德，欺天擅命，抑乃其常。而馮跋出自中州，有殊醜類，因鮮卑之昏虐，亦盜名於海隅。然其遷徙之餘，少非雄傑，幸以寬厚爲衆所推。初雖砥礪，[2]終罕成德，舊史稱其信惑妖祀，斥黜諫臣，無開馭之才，異經決之士，信矣。速禍致寇，良謂在兹。猶能撫育黎萌，保守疆宇，發號施令，二十餘年，豈天意乎，非人事也！

[1]縱慝：放縱邪惡。
[2]砥礪：磨煉。

贊曰：國仁驍武，乾歸勇悍。矯矯熾磐，臨機能斷。孰謂獯虜，[1]亦懷沉算。文起常才，憑時叛换。咸竊大寶，爲我多難。

[1]獯虜：對北方少數民族的蔑稱。

晉書　卷一二六

載記第二十六

禿髮烏孤　禿髮利鹿孤　禿髮傉檀

禿髮烏孤

禿髮烏孤，河西鮮卑人也。[1]其先與後魏同出。[2]八世祖匹孤率其部自塞北遷于河西，其地東至麥田、牽屯，[3]西至濕羅，[4]南至澆河，[5]北接大漠。匹孤卒，子壽闐立。初，壽闐之在孕，母胡掖氏因寢而産於被中，鮮卑謂被爲"禿髮"，因而氏焉。壽闐卒，孫樹機能立，壯果多謀略。泰始中，殺秦州刺史胡烈於萬斛堆，[6]敗涼州刺史蘇愉于金山，[7]盡有涼州之地，武帝爲之旰食。[8]後爲馬隆所敗，[9]部下殺之以降。從弟務丸立。死，孫推斤立。死，子思復鞬立，部衆稍盛。烏孤即思復鞬之子也。及嗣位，務農桑，修鄰好。吕光遣使署爲假節、冠軍大將軍、河西鮮卑大都統、廣武縣侯。[10]烏孤謂諸將曰："吕氏遠來假授，當可受不?"衆咸曰："吾士衆不少，何故屬人!"烏孤將從之，其將石真若留曰：“今本根未固，理宜隨時。光德刑修明，境内無虞，若致死於我者，大小不敵，後雖悔之，無所及也。不如受而遵養之，以待其釁。”[11]烏孤乃受之。[12]

［1］河西：地區名，今甘肅、青海二省之間黄河南段以西地區，即河西走廊、湟水流域一帶。　鮮卑：我國古代北方少數民族，有拓拔、宇文、慕容、禿髮、乞伏、段諸部。

［2］後魏：指拓跋族建立的北魏。

［3］麥田：地名，在今甘肅省靖遠縣東。　牽屯：地名，在今寧夏回族自治區隆德縣。

［4］濕羅：地名，在今青海省海晏縣一帶。

［5］澆河：澆河城，位於今青海省黄河南岸貴德縣南。

［6］秦州：治所在冀縣（今甘肅省甘谷縣東）。　胡烈：三國時安定臨涇（今甘肅省鎮原縣東南）人，胡遵之子。　萬斛堆：位於今甘肅省皋蘭縣東北黄河北岸。

［7］涼州：治所在姑臧縣（今甘肅省武威市）。　金山：位於今甘肅省民樂縣南。

［8］旰食：忘食，不按時吃飯。

［9］馬隆：字孝興，本書卷五七有傳。

［10］吕光：字世明，本書卷一二二有載記。　假節：假以節杖。指大臣臨時持節出巡，爲權臣掌軍、秉政的地位象徵和政治待遇。　冠軍大將軍：官名，統兵征伐，與冠軍將軍同，地位高於冠軍將軍。十六國後趙、前涼、後涼、西秦皆置。晉二品，開府位從公者一品。　河西鮮卑大都統：總管河西鮮卑的統領。

［11］以待其釁：殿本“釁”下有“耳”字。

［12］烏孤乃受之：宋本“烏”上有“而”字。

烏孤討乙弗、折掘二部，[1]大破之，遣其將石亦干築廉川堡以都之。[2] 烏孤登廉川大山，泣而不言。石亦干進曰："臣聞主憂臣辱，主辱臣死，大王所爲不樂者，將非吕光乎？光年已衰老，師徒屢敗。今我以士馬之盛，保據大川，乃可以一擊百，光何足懼也。"烏孤曰："光之衰老，亦吾所知。但我祖宗以德懷遠，殊俗憚威，盧陵、契汗萬里委順。及吾承業，諸部背叛，邇既乖違，遠何以附，所以泣耳。"其將苻渾曰："大王何不振旅誓衆，以討其罪。"烏孤從之，大破諸部。吕光封烏孤廣武郡公。又討意云鮮卑，大破之。

[1]乙弗：乙弗部，鮮卑部落之一。亦作乙弗勿敵國、乙弗鮮卑、卑和虜等等。原居漠南，後一部分遷至青海一帶。十六國時先後爲南凉、西秦、北凉所役屬。5 世紀初爲吐谷渾所併。一部分投入北魏，姓乙弗氏，後改乙氏。　折掘：折掘部，一作疊掘。十六國時河西鮮卑部落之一。居今青海湖東。　二部：二，宋本作"上"。

[2]石亦干：干，殿本作"于"。本段下文此人名同。　廉川堡：位於今青海省民和回族土族自治縣西北。

光又遣使署烏孤征南大將軍、益州牧、左賢王。[1] 烏孤謂使者曰："吕王昔以專征之威，遂有此州，不能以德柔遠，惠安黎庶。諸子貪淫，三甥肆暴，郡縣土崩，下無生賴。吾安可違天下之心，受不義之爵！帝王之起，豈有常哉！無道則滅，有德則昌。吾將順天人之望，爲天下主。"留其鼓吹羽儀，[2] 謝其使而遣之。

[1]征南大將軍：官名，屬將軍名號，多授予統兵出鎮在外，都督數州諸軍事者。位在征南將軍之上。晋二品，開府位從公者一品。　益州：治所在成都縣（今四川省成都市）。　左賢王：匈奴官名，即左屠耆王。屠耆爲匈奴語“賢”，漢人因稱之爲左賢王。單于手下最高官職，常由太子擔任。十六國時一些少數民族政權亦置。

[2]鼓吹：帝王及高級官員儀仗中的樂隊，由管樂和打擊樂器組成，常用來賜予有軍功的高級武官。

隆安元年，自稱大都督、大將軍、大單于、西平王，[1]赦其境内，年號太初。曜兵廣武，[2]攻克金城。[3]光遣將軍竇苟來伐，戰于街亭，[4]大敗之。降光樂都、湟河、澆河三郡，[5]嶺南羌胡數萬落皆附之。光將楊軌、王乞基率户數千來奔。烏孤更稱武威王。[6]後三歲，[7]徙于樂都，署弟利鹿孤爲驃騎大將軍、西平公，[8]鎮安夷，[9]傉檀爲車騎大將軍、廣武公，[10]鎮西平。[11]以楊軌爲賓客。[12]金石生、時連珍，四夷之豪雋；陰訓、郭倖，[13]西州之德望；楊統、楊貞、衛殷、麴丞明、郭黄、郭奮、史暠、鹿嵩，文武之秀傑；梁昶、韓疋、張昶、郭韶，中州之才令；金樹、薛翹、[14]趙振、王忠、趙晁、蘇霸，秦雍之世門，[15]皆内居顯位，外宰郡縣。官方授才，咸得其所。

[1]大都督：官名，高級軍事長官。三國初作爲加官於戰時臨時設置，後逐漸成爲常設加官官職，地位極高。　大將軍：官名，高級軍事統帥。曹魏時多以之屯駐長安，對付蜀漢，蜀漢以其爲最高軍事長官，孫吴則别置上大將軍居其上。西晋時爲八公之一，位

居上公、大司馬下，三公之上。東晋時常專擅軍政事務。晋一品。大單于：本匈奴最高首領名，十六國時期一些少數民族政權亦置。

［2］廣武：縣名，治所在今甘肅省永登縣西南。

［3］金城：郡名，治所原來在允吾縣（今甘肅省永靖縣西北），曹魏時移治榆中縣（今甘肅省榆中縣西北黄河南岸）。

［4］街亭：地名，在今甘肅省古浪縣南莊浪河北岸。

［5］樂都：郡名，治所在今青海省海東市樂都區。　湟河：郡名，治所在湟河城（今青海省化隆回族自治縣黄河北岸）。

［6］武威：郡名，治所在姑臧縣（今甘肅省武威市）。

［7］後三歲：中華本校勘記："'後三歲'承上烏孤稱武威王。據《安紀》及《通鑑》一一〇稱武威王在隆安二年；而徙樂都，據《御覽》一二六引《南凉録》在太初三年，即隆安三年，則二事相拒僅一歲，此云'後三歲'，疑誤。"

［8］驃騎大將軍：官名，魏晋制度，驃騎將軍爲重號將軍，僅次於大將軍，高於諸名號將軍，本不需加"大"字。然兩晋時將軍名號越授越濫，遂又增置此號，居諸名號將軍之首。多加於權臣元老，以示尊崇。開府置僚屬，不領兵。晋二品，開府位從公者一品。

［9］安夷：縣名，治所在今青海省海東市樂都區西。

［10］傉檀：秃髮傉檀，十六國南凉主，本書卷一二六有載記。車騎大將軍：官名，西晋置，位在車騎將軍之上，多授予元老重臣，以示尊崇。開府置僚屬，一般不領兵。晋二品，開府位從公者一品。車，原本、宋本作"直"，殿本作"車"，據殿本改。

［11］西平：郡名，治所在西都縣（今青海省西寧市）。

［12］賓客：官名，即太子賓客。掌侍從規諫、贊相禮儀。

［13］陰訓：訓，殿本作"順"。　郭倖：原本作"郭俸"，宋本、殿本作"郭倖"。據本卷下文《秃髮利鹿孤載記》及宋本、殿本改。

[14]薛翹：中華本校勘記："《斠注》：下文《利鹿孤載記》作'蘇翹'，'蘇'與'薛'必有一誤。按：下云'秦雍之世門'。蘇氏爲武功大族。而薛氏則河東大族，不在秦雍範圍内，疑作'蘇'是。"

[15]秦雍：秦州和雍州。秦州，治所在上邽縣（今甘肅省天水市）。雍州，治所在長安縣（今陝西省西安市西北）。

烏孤從容謂其群下曰："隴右區區數郡地耳![1]因其兵亂，分裂遂至十餘。乾歸擅命河南，[2]段業阻兵張掖，[3]虐氏假息，偷據姑臧。[4]吾藉父兄遺烈，思廓清西夏，兼弱攻昧，三者何先?"楊統進曰："乾歸本我所部，終必歸服。段業儒生，才非經世，權臣擅命，制不由己，千里伐人，糧運懸絶，且與我鄰好，許以分灾共患，乘其危弊，非義舉也。吕光衰老，嗣紹冲暗，二子纂、弘，[5]雖頗有文武，而内相猜忌。若天威臨之，必應鋒瓦解。宜遣車騎鎮浩亹，[6]鎮北據廉川，[7]乘虚迭出，多方以誤之，救右則擊其左，救左則擊其右，使纂疲於奔命，人不得安其農業。兼弱攻昧，於是乎在，不出二年，可以坐定姑臧。姑臧既拔，二寇不待兵戈，自然服矣。"烏孤然之，遂陰有吞并之志。

[1]隴右：地區名，指甘肅隴山以西地區。

[2]乾歸：乞伏乾歸，十六國時西秦主，本書卷一二五有載記。　擅命：不受節制。　河南：指青海黄河以南地區。

[3]段業：十六國時京兆（今陝西省西安市西北）人，歷任後凉參事、尚書、建康太守。後叛後凉自稱凉州牧，改元神璽，又自稱凉王。後被沮渠蒙遜所殺。　張掖：郡名，西漢置，治所在觻得

縣（今甘肅省張掖市西北），晋改觻得縣名永平縣（今甘肅省張掖市西北）。

[4]姑臧：縣名，治所在今甘肅省武威市。

[5]纂：吕纂，字永緒，本書卷一二二有載記。　弘：吕弘，本書卷一二二有載記。

[6]車騎：官名，即車騎將軍。魏晋南北朝時位次於驃騎將軍，在諸名號將軍之上，多作爲軍府名號，以加授大臣及重要州郡長官。晋二品，開府位從公者一品。　浩亹：縣名，治所在今甘肅省永登縣西南大通河東岸。

[7]鎮北：官名，即鎮北將軍。東漢建安年間置，與鎮西、鎮南、鎮東將軍合稱四鎮將軍，多爲持節都督，出鎮方面。曹魏二品。晋三品，加持節都督者二品。　廉川：地名，在今青海省民和回族土族自治縣西北。

段業爲吕纂所侵，遣利鹿孤救之。纂懼，燒氐池、張掖穀麥而還。[1]以利鹿孤爲凉州牧，鎮西平，追傉檀入録府國事。

[1]氐池：縣名，治所在今甘肅省民樂縣。

是歲，烏孤因酒墜馬傷脅，笑曰："幾使吕光父子大喜。"俄而患甚，顧謂群下曰："方難未静，宜立長君。"言終而死。在王位三年，僞謚武王，廟號烈祖。弟利鹿孤立。

禿髮利鹿孤

利鹿孤以隆安三年即僞位，[1]赦其境内殊死已下，又徙居于西平。使記室監麴梁明聘于段業。[2]業曰："貴主先王創業啓運，功高先世，宜爲國之太祖，有子何以不立？"[3]梁明曰："有子羌奴，先王之命也。"業曰："昔成王弱齡，周召作宰；[4]漢昭八歲，金霍夾輔。[5]雖嗣子冲幼，而二叔休明，[6]左提右挈，不亦可乎？"明曰："宋宣能以國讓，[7]春秋美之；孫伯符委事仲謀，[8]終開有吴之業。且兄終弟及，殷湯之制也，亦聖人之格言，萬代之通式，何必胤己爲是，[9]紹兄爲非。"[10]業曰："美哉！使乎之義也。"

[1]隆安三年：三，原本作"二"，宋本、殿本作"三"，據宋本、殿本改。

[2]記室監：官名，十六國前燕、南凉均置。

[3]何以：以，殿本作"爲"。

[4]周召：西周周公旦和召公奭。

[5]金：金日磾，西漢人，字翁叔，本匈奴休屠王太子。漢武帝元狩中，昆邪王、休屠王謀降漢，旋休屠王後悔，昆邪王殺之，並將其衆降漢。日磾以父不降見殺，與母閼氏、弟倫俱没入官，輸黄門養馬。後被武帝信任寵愛。班固評金日磾"以篤敬寤主，忠信自著，勒功上將，傳國後嗣，世名忠孝，七世内侍"。　霍：霍光，西漢河東平陽（今山西省臨汾市西南）人，字子孟，霍去病異母弟。爲武帝所親信，武帝臨終，任其爲大司馬大將軍，封博陸侯，與金日磾等人輔佐少主。昭帝繼位後，誅除上官桀，先立後廢昌邑王劉賀，專擅朝政前後長達二十年。期間輕徭薄賦，與民休息，社會較安定。

[6]休明：善美清明。

[7]宋宣能以國讓：宋宣公，春秋時宋國國君。名力，宋武公

之子。死前曾立遺囑不由太子繼位，由弟弟和繼位。《春秋》讚美他説："宋宣公可謂知人矣。立穆公，其子饗之，命以義夫。《商頌》曰：'殷受命咸宜，百禄是荷。'其是之謂乎！"

[8]孫伯符委事仲謀：孫伯符，孫策。仲謀，孫權，孫策之弟。孫策被吴郡太守許貢手下射傷，臨死前對張昭等人説："中國方亂，夫以吴、越之衆，三江之固，足以觀成敗。公等善相吾弟！"又把代表權力的印綬交給孫權，説："舉江東之衆，决機於兩陳之間，與天下争衡，卿不如我；舉賢任能，各盡其心，以保江東，我不如卿。"語見《三國志》卷四六《吴書·孫策》。

[9]胤己爲是：讓自己的後人繼承爲是。

[10]紹兄爲非：讓自己的兄弟繼承爲非。

利鹿孤聞吕光死，遣其將金樹、蘇翹率騎五千屯於昌松漠口。[1]

[1]昌松：郡名，治所在昌松縣（今甘肅省古浪縣）。　漠口：縣名，治所在今甘肅省古浪縣南。

既逾年，赦其境内，改元曰建和。二千石長吏清高有惠化者，皆封亭侯、關内侯。

吕纂來伐，使傉檀距之。纂士卒精鋭，進度三堆，[1]三軍擾懼。傉檀下馬據胡床而坐，[2]士衆心乃始安。與纂戰，敗之，斬二千餘級。纂西擊段業，傉檀率騎一萬，乘虚襲姑臧。纂弟緯守南北城以自固。傉檀置酒於朱明門上，鳴鍾鼓以饗將士，耀兵於青陽門，虜八千餘户而歸。

[1]三堆：三堆城，確址待考，疑位於今青海省東部大通河下游以南一帶。

[2]胡床：魏晋時傳入中原的少數民族用的轻便坐具，又稱交床。朱大渭先生《中古漢人由跪坐到垂脚高坐》一文中有論述。(參見朱大渭《六朝史論》，中華書局 1998 年版)

乞伏乾歸爲姚興所敗，[1]率騎數百來奔，處之晋興，[2]待以上賓之禮。乾歸遣子謙等質于西平。鎮北將軍俱延言於利鹿孤曰："乾歸本我之屬國，妄自尊立，理窮歸命，非有款誠。若奔東秦，必引師西侵，非我利也。宜徙於乙弗之間，防其越逸之路。"利鹿孤曰："吾方弘信義以收天下之心，乾歸投誠而徙之，四海將謂我不可以誠信託也。"俄而乾歸果奔于姚興。利鹿孤謂延曰："不用卿言，乾歸果叛，卿爲吾行也。"延追乾歸至河，不及而還。

[1]姚興：字子略，本書卷一一七有載記。

[2]晋興：郡名，治所在晋興縣（今青海省民和回族土族自治縣西北湟水南岸)。

利鹿孤立二年，龍見于長寧，[1]麒麟游于綏羌，[2]於是群臣勸進，以隆安五年僭稱河西王。其將鍮勿崘進曰："昔我先君肇自幽朔，[3]被髪左衽，無冠冕之儀，遷徙不常，無城邑之制，用能中分天下，[4]威振殊境。今建大號，誠順天心。然寧居樂土，非貽厥之規；倉府粟帛，生敵人之志。且首兵始號，事必無成，陳勝、項籍，[5]前鑒不遠。宜置晋人於諸城，勸課農桑，以供軍國之用，我則習戰法以誅未賓，若東西有變，長算以縻之；如其敵强於我，徙而以避其鋒，不亦善乎！”利鹿孤然其言。

[1]長寧：縣名，治所在今青海省大通回族土族自治縣東南。

[2]綏羌：確址待考，當在青海省湟水流域一帶。

[3]幽朔：指漠北地區。

[4]用：因此。

[5]陳勝：秦末陽城（今河南省登封市告成鎮）人，字涉。少時爲人傭耕，有“苟富貴，無相忘”之許。同耕者笑，陳勝説：“燕雀安知鴻鵠之志！”後成爲農民起義領袖，稱王，政權號“張楚”。　項籍：即項羽，名籍，字羽。

於是率師伐吕隆，[1]大敗之，獲其右僕射楊桓。[2]傉檀謂之曰：“安寢危邦，不思擇木，老爲囚虜，豈曰智也！”桓曰：“受吕氏厚恩，位忝端貳，[3]雖洪水滔天，猶欲濟彼俱溺，實耻爲叛臣以見明主。”傉檀曰：“卿忠臣也！”以爲左司馬。[4]

[1]吕隆：字永基，本書卷一二二有載記。

[2]右僕射：官名，即尚書右僕射。尚書令副手，掌拆閲封緘奏章文書、參議政事、諫諍駁議、監察百官。位在左僕射之下。晋三品。

[3]端貳：尚書僕射的别稱。

[4]左司馬：官名，府署高級幕僚。魏晋南北朝時王府、公府、軍府、邊郡均置司馬，有時分左、右，掌參讚軍務、管理府内武

職，位僅次於長史。晋八至六品。

利鹿孤謂其群下曰："吾無經濟之才，忝承業統，自負乘在位，三載于兹。雖夙夜惟寅，[1]思弘道化，[2]而刑政未能允中，風俗尚多凋弊；戎車屢駕，無闢境之功；務進賢彦，而下猶蓄滯。豈所任非才，將吾不明所致也？[3]二三君子其極言無諱，吾將覽焉。"祠部郎中史暠對曰：[4]"古之王者，行師以全軍爲上，破國次之，拯溺救焚，東征西怨。今不以綏寧爲先，唯以徙户爲務，[5]安土重遷，故有離叛，所以斬將克城，土不加廣。今取士拔才，必先弓馬，文章學藝爲無用之條，非所以來遠人，垂不朽也。孔子曰：'不學禮，無以立。'[6]宜建學校，開庠序，[7]選耆德碩儒以訓胄子。"[8]利鹿孤善之，於是以田玄冲、趙誕爲博士祭酒，[9]以教胄子。

[1]夙夜惟寅：日夜想着如何興盛。寅，生氣勃勃貌。《淮南子·天文訓》："指寅，則萬物螾螾也。"高誘注："動生貌。"

[2]思弘道化：弘，原本作"惟"，宋本、殿本作"弘"，據宋本、殿本改。

[3]將：介詞。還是，抑或。

[4]祠部郎中：官名，亦稱祠部郎。尚書祠部曹長官，多以明禮通儒擔任，掌宗廟祭祀禮樂制度。晋六品。

[5]唯以徙户：唯，殿本作"惟"。

[6]不學禮，無以立：語見《論語·季氏》。

[7]庠序：學校。

[8]耆德碩儒：年高德卲的大儒。

[9]博士祭酒：官名，領諸五經博士，掌教授經學，備顧問應

對。西晋爲太學之長，與國子學之長國子祭酒並隸太常。東晋南朝以國子祭酒兼統國子、太學博士，此官或省。晋五品。

時利鹿孤雖僭位，尚臣姚興。楊桓兄經佐命姚萇，[1]早死，興聞桓有德望，徵之。利鹿孤餞桓于城東，謂之曰："本期與卿共成大業，事乖本圖，分岐之感，[2]實情深古人。但鯤非溟海，無以運其軀；鳳非修梧，無以晞其翼。卿有佐時之器，夜光之寶，當振纓雲閣，耀價連城，區區河右，未足以逞卿才力。善勖日新，以成大美。"桓泣曰："臣往事吕氏，情節不建。陛下宥臣於俘虜之中，顯同賢舊，每希攀龍附鳳，立尺寸之功。龍門既開，而臣違離，公衡之戀，[3]豈曰忘之！"利鹿孤爲之流涕。

[1]姚萇：字景茂，本書卷一一六有載記。

[2]分岐：岐，宋本作"歧"。

[3]公衡之戀：公衡即三國蜀漢黄權，字公衡。蜀軍伐吴，敗於夷陵。黄權無路可退，乃投降曹魏。魏文帝對黄權説："君捨逆效順，欲追踪陳、韓邪？"黄權答："臣過受劉主殊遇，降吴不可，還蜀無路，是以歸命。且敗軍之將，免死爲幸，何古人之可慕也！"文帝善之，拜爲鎮南將軍，封育陽侯，加侍中，使之陪乘。傳説黄權的妻子因其投降而遭殺害，黄權認爲不實，後得確實消息，果如黄權所料。劉備去世的消息傳來，曹魏群臣皆賀，衹有黄權例外。

遣傉檀又攻吕隆昌松太守孟禕于顯美，[1]克之。傉檀執禕而數之曰："見機而作，[2]賞之所先；守迷不變，刑之所及。吾方耀威玉門，[3]掃平秦隴，[4]卿固守窮城，稽淹王憲，國有常刑，於分甘乎？”禕曰：“明公開翦河右，[5]聲播宇内，文德以綏遠人，威武以懲不恪。[6]况禕蕞爾，敢距天命！釁鼓之刑，禕之分也。但忠於彼者，亦忠於此。荷吕氏厚恩，受藩屏之任，明公至而歸命，恐獲罪於執事，惟公圖之。”傉檀大悦，釋其縛，待以客禮。徙顯美、麗靬二千餘户而歸。[7]嘉禕忠烈，拜左司馬。禕請曰：“吕氏將亡，聖朝之并河右，昭然已定。但爲人守而不全，復忝顯任，竊所未安。明公之恩，聽禕就戮於姑臧，死且不朽。”傉檀義而許之。

[1]顯美：縣名，治所在今甘肅省永昌縣東南。

[2]見機而作：機，殿本作“幾”。

[3]玉門：玉門關，位於今甘肅省敦煌市西北。

[4]秦隴：地區名，指今陝西甘肅地區。

[5]河右：即河西，今甘肅、青海二省之間黄河南段以西地區，即河西走廊、湟水流域一帶。

[6]不恪：不敬，不服。

[7]麗靬：地名，確址不詳，疑在今甘肅莊浪河流域一帶。

吕隆爲沮渠蒙遜所伐，[1]遣使乞師，利鹿孤引群下議之。尚書左丞婆衍崘曰：[2]“今姑臧饑荒殘弊，穀石萬錢，野無青草，資食無取。蒙遜千里行師，糧運不屬，使二寇相殘，以乘其釁。若蒙遜拔姑臧，亦不能守，適可爲吾取之，不宜救也。”傉檀曰：“崘知其一，未知其二。姑臧今雖虚弊，地居形勝，河西一都之會，不可使蒙遜據之，宜在速救。”利鹿孤曰：“車騎之言，吾之心也。”遂遣傉檀率騎一萬救之。至昌松而蒙遜已退，傉檀徙凉澤、段冢五百餘家而歸。[3]

[1]沮渠蒙遜：盧水胡人，十六國北凉主，本書卷一二九有載記。

[2]尚書左丞：官名，尚書省佐官，位次尚書，居尚書右丞上。與右丞共掌尚書都省庶務，率諸都令史監督稽核諸尚書曹、郎曹政務。左丞又掌督録近道文書章奏，監察糾彈尚書令、僕射、尚書等文武百官，號稱“監司”，權勢甚重。晋六品。

[3]凉澤：亦稱休屠澤、野猪澤，位於今甘肅省民勤縣東北白馬崗、白疙瘩一帶。　段冢：確址不詳，其地當離凉澤不遠。

利鹿孤寢疾，令曰：“内外多虞，國機務廣，其令車騎嗣業，以成先王之志。”在位三年而死，[1]葬于西平之東南，僞謚曰康王。弟傉檀嗣。

[1]在位三年而死：中華本校勘記：“《校文》：《安帝紀》，利鹿孤於隆安三年八月即位，元興元年三月卒，凡四年，非三年。”

秃髮傉檀

傉檀少機警，有才略。其父奇之，謂諸子曰：“傉檀明識幹藝，非汝等輩也。”是以諸兄不以授子，欲傳之於傉檀。及利鹿孤即位，垂拱而已，軍國大事皆以委之。以元興元年僭號凉王，遷于樂都，改元曰弘昌。

初，乞伏乾歸之在晋興也，以世子熾磐爲質。[1]後熾磐逃歸，爲追騎所執，利鹿孤命殺之。傉檀曰：“臣子逃歸君父，振古通義，故魏武善關羽之奔，[2]秦昭恕頃襄之逝。[3]熾磐雖逃叛，孝心可嘉，宜垂全宥以弘海岳之量。”乃赦之。至是，熾磐又奔允街，[4]傉檀歸其妻子。

［1］熾磐：乞伏熾磐，十六國西秦主，本書卷一二五有載記。

［2］魏武善關羽之奔：《三國志》卷三六《蜀書・關羽傳》：東漢建安五年（200），曹操東征劉備，劉備敗逃奔袁紹，關羽被擒。曹公擒羽以歸，拜爲偏將軍，禮之甚厚。曹操愛惜關羽爲人，而察其無久留之意，便讓張遼試探關羽。關羽對張遼説：“吾極知曹公待我厚，然吾受劉將軍厚恩，誓以共死，不可背之。吾終不留，吾要當立效以報曹公乃去。”曹操聞此言，認爲關羽有情有義。關羽殺顔良之後，曹操知關羽必去，重加賞賜。羽盡封其所賜，拜書告辭，而奔劉備於袁紹駐地。左右欲追之，曹操説：“彼各爲其主，勿追也。”

［3］秦昭恕頃襄之逝：戰國時，楚頃襄王與秦國結盟，以太子入秦爲質，黄歇陪同。頃襄王病重，秦昭襄王不讓太子回國。黄歇幫助太子便裝逃走，而自己留守，對外稱太子有病，謝絶見客。估計太子已走遠，秦不能追，黄歇乃告訴秦昭襄王説：“楚太子已歸，出遠矣。歇當死，願賜死。”昭襄王大怒，欲聽其自殺也。應侯范雎諫道：“歇爲人臣，出身以徇其主，太子立，必用歇，故不如無罪而歸之，以親楚。”秦昭襄王因此釋放了黄歇。事見《史記》卷七八《春申君列傳》。

［4］允街：縣名，治所在今甘肅省永登縣南莊浪河西岸。

姚興遣使拜傉檀車騎將軍、廣武公。傉檀大城樂都。姚興遣將齊難率衆迎吕隆于姑臧，傉檀攝昌松、魏安二戍以避之。[1]

[1]魏安：地名，在今甘肅省古浪縣東。

興凉州刺史王尚遣主簿宗敞來聘。[1]敞父燮，吕光時自湟河太守入爲尚書郎，[2]見傉檀于廣武，執其手曰："君神爽宏拔，逸氣凌雲，命世之傑也，必當克清世難。恨吾年老不及見耳，以敞兄弟託君。"至是，傉檀謂敞曰："孤以常才，謬爲尊先君所見稱，每自恐有累大人水鏡之明。及忝家業，竊有懷君子。《詩》云：'中心藏之，何日忘之。'[3]不圖今日得見卿也。"敞曰："大王仁侔魏祖，存念先人，雖朱暉眄張堪之孤，[4]叔向撫汝齊之子，[5]無以加也。"酒酣，語及平生。傉檀曰："卿魯子敬之儔，[6]恨不與卿共成大業耳。"

[1]主簿：官名，此爲州府屬官。典領文書籍簿、省録衆事，職權甚重。

[2]尚書郎：官名。東漢之制，取孝廉中之有才能者入尚書臺，在皇帝左右處理政務，初入臺稱守尚書郎中，滿一年稱尚書郎，滿三年稱侍郎。魏晋以後尚書各曹有侍郎、郎中等官，綜理政務，通稱爲尚書郎。晋六品。

[3]中心藏之，何日忘之：語出《詩·小雅·隰桑》。

[4]朱暉眄張堪之孤：《後漢書》卷四三《朱暉傳》：朱暉字文季，東漢南陽宛（今河南省南陽市）人。同縣人張堪與朱暉同在太學學習，甚重朱暉，接以友道。曾對朱暉説："欲以妻子託朱生。"朱暉因爲張堪先達，舉手未敢對，自後不復相見。張堪卒，朱暉聞其妻子貧困，乃自往候視，厚賑贍之。朱暉少子朱頡怪而問曰："大人不與堪爲友，平生未曾相聞，子孫竊怪之。"朱暉説："堪嘗有知己之言，吾以信於心也。"。

［5］叔向：春秋時晋國大夫，羊舌氏，名肸，又稱叔肸。因食邑於楊，又稱楊肸。晋悼公時任太子傅。太子即位，是爲晋平公，叔向仍爲傅。　汝齊：春秋時晋國人，又作女齊、司馬侯、女叔齊、叔齊、女叔侯、叔侯。叔向撫汝齊之子不知何出。

［6］魯子敬：魯肅，東漢末臨淮東城（今安徽省定遠縣東南）人，字子敬。家富於財，曾以倉米資助周瑜。後被舉薦給孫權，獻全據長江以觀天下之變之策。赤壁之戰前力主抗曹。歷任孫吴奮武校尉、漢昌太守、偏將軍。

傉檀以姚興之盛，又密圖姑臧，乃去其年號，罷尚書丞郎官，[1]遣參軍關尚聘于興。興謂尚曰："車騎投誠獻款，爲國藩屏，擅興兵衆，輒造大城，爲臣之道固若是乎？"尚曰："王侯設險以自固，先王之制也，所以安人衛衆，預備不虞。車騎僻在遐藩，密邇勍寇，南則逆羌未賓，西則蒙遜跋扈，蓋爲國家重門之防，不圖陛下忽以爲嫌。"[2]興笑曰："卿言是也。"

［1］尚書丞：官名，尚書令的佐貳官，地位次於僕射。掌尚書都省庶務。晋六品。　郎官：指尚書郎。

［2］不圖陛下忽以爲嫌：宋本無"下"字。

傉檀遣其將文支討南羌、西虜，大破之。上表姚興，求凉州，不許，加傉檀散騎常侍，[1]增邑二千户。傉檀於是率師伐沮渠蒙遜，次于氐池。蒙遜嬰城固守，芟其禾苗，至于赤泉而還。[2]獻興馬三千匹，羊三萬頭。興乃署傉檀爲使持節、都督河右諸軍事、車騎大將軍、領護匈奴中郎將、凉州刺史，[3]常侍、公如故，鎮姑臧。

傉檀率步騎三萬次于五澗，[4]興涼州刺史王尚遣辛晁、孟禕、彭敏出迎。尚出自清陽門，鎮南文支入自涼風門。[5]宗敞以别駕送尚還長安，[6]傉檀曰："吾得涼州三千餘家，情之所寄，唯卿一人，奈何捨我去乎？"敞曰："今送舊君，所以忠於殿下。"傉檀曰："吾今新牧貴州，懷遠安邇之略，爲之若何？"敞曰："涼土雖弊，形勝之地，道由人弘，實在殿下。段懿、孟禕，武威之宿望；辛晁、彭敏，秦隴之冠冕；裴敏、馬輔，中州之令族；張昶，涼國之舊胤；張穆、邊憲、文齊、楊班、梁崧、趙昌，武同飛羽。[7]以大王之神略，撫之以威信，農戰並修，文教兼設，可以從横於天下，河右豈足定乎！"傉檀大悦，賜敞馬二十匹。於是大饗文武於謙光殿，班賜金馬各有差。

[1]散騎常侍：官名，三國魏文帝黄初年置，侍從皇帝左右，諫諍得失，顧問應對，與侍中等共平尚書奏事。也用作宰相、諸公等加官，入宫議政。晋三品。

[2]赤泉：位於今甘肅省民樂縣北。

[3]使持節：漢朝官吏奉使外出時，或由皇帝授予節杖，以提高其權力。魏晋以後，凡重要軍事長官出征或出鎮，加使持節，可誅殺二千石以下官員。　都督河右諸軍事：河右地區最高軍事行政長官。　領：以地位較高的官員兼理較低的職務。　護匈奴中郎將：官名，亦作使匈奴中郎將、使匈奴中郎將。掌監護南匈奴事務，多以并州刺史兼任，使持節或假節。晋四品。

[4]五澗：源出今甘肅省武威市東南，西北流注古馬城河。

[5]鎮南文支入自涼風門：李之亮認爲當作"傉檀入自涼風門"。此處載傉檀率師進逼王尚，與文支無涉。《十六國春秋》卷

八九《南凉録·秃髮傉檀傳》："傉檀遽逼遣尚，尚出自清陽門，傉檀入自凉風門。"《資治通鑑》卷一一四《晋紀》安帝義熙二年："傉檀遽逼遣王尚，尚出自清陽門，傉檀入自凉風門。"（李之亮、許華偉：《〈晋書〉〈十六國春秋〉對勘劄記》，《鄭州大學學報》1998年第3期）

[6]别駕：官名，别駕從事、别駕從事史省稱。州部佐官，因從刺史行部，别乘傳車，故稱。位居州吏之右。

[7]飛：張飛，三國時涿郡（今河北省涿州市）人，字益德。少與關羽從劉備起兵，與關羽並有"萬人敵"之稱。隨劉備入荆州、奪益州，歷任宜都太守、征虜將軍、巴西太守、車騎將軍。後被部將刺殺。　羽：關羽，東漢末河東解縣（今山西省運城市）人，字雲長，本字長生。東漢末亡命涿郡，與劉備、張飛起兵。赤壁之戰後，任襄陽太守、蕩寇將軍，駐守荆州。建安二十四年（219）率兵攻打曹魏襄陽，被孫吴背後襲取江陵。關羽回軍欲奪回江陵，於麥城被俘，遭殺害。

遣西曹從事史暠聘于姚興。[1]興謂暠曰："車騎坐定凉州，衣錦本國，其德我乎？"暠曰："車騎積德河西，少播英問，[2]王威未接，投誠萬里。陛下官方任才，量功授職，[3]彝倫之常，[4]何德之有！"興曰："朕不以州授車騎者，車騎何從得之！"暠曰："使河西雲擾、吕氏顛狽者，實由車騎兄弟傾其根本。陛下雖鴻羅遐被，凉州猶在天網之外。故征西以周召之重，力屈姑臧；齊難以王旅之盛，勢挫張掖。王尚孤城獨守，外逼群狄，陛下不連兵十年，殫竭中國，凉州未易取也。今以虚名假人，内收大利，乃知妙算自天，聖與道合，雖云遷授，蓋亦時宜。"興悦其言，拜騎都尉。[5]

[1]西曹從事史：官名，十六國南凉置。

[2]少播英問：少年時便英名遠播。

[3]授職：授，殿本作“受”。

[4]彝倫：常理，倫常。

[5]騎都尉：官名，最高位領騎兵之武職，不領兵時爲侍衛武官。因親近皇帝，多以侍中兼任。與駙馬都尉、奉車都尉並爲三都尉。晋六品。

傉檀讌群寮于宣德堂，[1]仰視而嘆曰：“古人言作者不居，居者不作，信矣。”孟禕進曰：“張文王築城苑，繕宫廟，爲貽厥之資，萬世之業，秦師濟河，漼然瓦解。梁熙據全州之地，擁十萬之衆，軍敗於酒泉，[2]身死于彭濟。[3]吕氏以排山之勢，王有西夏，率土崩離，銜璧秦雍。寬饒有言：[4]‘富貴無常，忽輒易人。’此堂之建，年垂百載，十有二主，唯信順可以久安，仁義可以永固，願大王勉之。”傉檀曰：“非君無以聞讜言也。”[5]傉檀雖受制於姚興，然車服禮章一如王者。以宗敞爲太府主簿、録記室事。[6]

[1]群寮：寮，殿本作“僚”。

[2]酒泉：郡名，治所在福禄縣（今甘肅省酒泉市）。

[3]彭濟：十六國前秦武威太守。吕光自西域還師，至於宜禾，凉州刺史梁熙謀閉境距之。武威太守彭濟執梁熙迎吕光，光乃殺梁熙。

[4]寬饒：蓋寬饒，西漢魏郡（今河北省臨漳縣西南）人，字次公，以明經爲郡文學，舉孝廉方正，遷諫大夫，行郎中户將事。宣帝時爲太中大夫，使行風俗，多所稱舉貶黜，奉使稱意。擢爲司

隸校尉，剌舉無所迴避，小大輒舉，所劾奏衆多，皆恐懼莫敢犯禁。後被誣爲大逆不道，引佩刀自剄北闕下。

[5]讜言：耿直之言。

[6]録記室事：官名，十六國南涼置，太府屬官。

傉檀僞游澆河，襲徙西平、湟河諸羌三萬餘户于武興、番禾、武威、昌松四郡。[1]徵集戎夏之兵五萬餘人，大閲于方亭，[2]遂伐沮渠蒙遜，入西陜。[3]蒙遜率衆來距，戰于均石，[4]爲蒙遜所敗。傉檀率騎二萬，運穀四萬石以給西郡。[5]蒙遜攻西郡，陷之。其後傉檀又與赫連勃勃戰于陽武，[6]爲勃勃所敗，將佐死者十餘人，傉檀與數騎奔南山，幾爲追騎所得。傉檀懼東西寇至，徙三百里内百姓入于姑臧，國中駭怨。屠各成七兒因百姓之擾也，[7]率其屬三百人叛傉檀於北城。推梁貴爲盟主，貴閉門不應。一夜衆至數千。殿中都尉張猛大言於衆曰：[8]"主上陽武之敗，蓋恃衆故也。責躬悔過，明君之義，諸君何故從此小人作不義之事！殿内武旅正爾相尋，目前之危，悔將無及。"衆聞之，咸散。七兒奔晏然，殿中騎將白路等追斬之。軍諮祭酒梁裒、輔國司馬邊憲等七人謀反，[9]傉檀悉誅之。

[1]武興：郡名，治所在晏然縣（今甘肅省武威市西北）。番禾：郡名，治所在番禾縣（今甘肅省永昌縣）。

[2]方亭：地名，在今甘肅省永昌縣一帶。

[3]西陜：地名，在今甘肅省張掖市一帶。

[4]均石：地名，在今甘肅省張掖市東。

[5]西郡：治所在日勒縣（今甘肅省永昌縣西北）。

［6］赫連勃勃：字屈孑，本書卷一三〇有載記。　陽武：《資治通鑑》卷一〇九《晋紀》安帝隆安元年："光又遣其將梁恭等以甲卒萬餘出陽武下峽。"胡三省注："陽武下峽在高平西，河水所經也。"高平在今寧夏回族自治區固原市一帶。《資治通鑑》卷一一二《晋紀》安帝隆安五年："魏主珪遣常山王遵、定陵公和跋帥衆五萬襲没弈干於高平。"胡三省注："高平，漢屬安定，魏收志屬涇州新平郡。又原州有高平郡；酈道元云：高平川西南去安定三百四十里。"

［7］屠各：又稱休屠各、休著屠各等。匈奴部落名。後漢至西晋雜居西北沿邊諸郡。《後漢書》卷七三《公孫瓚傳》："續爲屠各所殺。"李賢注："屠各，胡號。"唐長孺先生對此有考論。（參見唐長孺《魏晋南北朝史論叢·魏晋雜胡考》，河北教育出版社 2000 年版）

［8］殿中都尉：官名，皇帝的侍衛官。皇帝出行時隨駕護衛，有時亦被派出宣詔及執行。十六國南凉亦置。晋八品。

［9］軍諮祭酒：官名，即軍師祭酒，晋朝避司馬師名諱而改。亦稱軍咨祭酒、軍謀祭酒、軍祭酒，諸軍府屬官，參謀軍事，位在軍府諸僚佐之上。　輔國司馬：官名，輔國將軍府高級幕僚。掌參讚軍務、管理府内武職，位僅次於長史。晋七品。

姚興以傉檀外有陽武之敗，内有邊、梁之亂，遣其尚書郎韋宗來觀釁。[1]傉檀與宗論六國從横之規，三家戰争之略，[2]遠言天命廢興，近陳人事成敗，機變無窮，辭致清辯。宗出而嘆曰："命世大才、經略名教者，不必華宗夏士；撥煩理亂、澄氛濟世者，亦未必《八索》《九丘》。[3]《五經》之外，冠冕之表，復自有人。車騎神機秀發，信一代之偉人，由余、日磾豈足爲多也！"[4]宗還長安，言於興曰："凉州雖殘弊之後，風化未頽；

傉檀權詐多方，憑山河之固，未可圖也。”興曰：“勃勃以烏合之衆尚能破之，吾以天下之兵，何足克也！”宗曰：“形移勢變，終始殊途，陵人者易敗，自守者難攻。陽武之役，傉檀以輕勃勃致敗。今以大軍臨之，必自固求全，臣竊料群臣無傉檀匹也。雖以天威臨之，未見其利。”興不從，乃遣其將姚弼及斂成等率步騎三萬來伐，又使其將姚顯爲弼等後繼，遺傉檀書云：“遣尚書左僕射齊難討勃勃，[5]懼其西逸，故令弼等於河西邀之。”傉檀以爲然，遂不設備。弼衆至漠口，昌松太守蘇霸嬰城固守，弼喻霸令降，霸曰：“汝違負盟誓，伐委順之藩，天地有靈，將不祐汝！吾寧爲涼鬼，何降之有！”城陷，斬霸。弼至姑臧，屯于西苑。州人王鍾、宋鍾、王娥等密爲内應，候人執其使送之。傉檀欲誅其元首，前軍伊力延侯曰：“今强敵在外，内有奸豎，兵交勢蹙，禍難不輕，宜悉坑之以安内外。”傉檀從之，殺五千餘人，以婦女爲軍賞。命諸郡縣悉驅牛羊於野，斂成縱兵虜掠。傉檀遣其鎮北俱延、鎮軍敬歸等十將率騎分擊，[6]大敗之，斬首七千餘級。姚弼固壘不出，傉檀攻之未克，乃斷水上流，欲以持久斃之。會雨甚，堰壞，弼軍乃振。姚顯聞弼敗，兼道赴之，軍勢甚盛。遣射將孟欽等五人挑戰於涼風門，弦未及發，[7]材官將軍宋益等馳擊斬之。[8]顯乃委罪斂成，遣使謝傉檀，引師而歸。

[1]覘釁：窺伺敵人的空隙和漏洞。

[2]戰争之略：略，宋本作“格”。

[3]《八索》《九丘》：皆爲傳説中中國最古的書名。《左傳·

昭公十二年》:“左史倚相趨過，王曰:‘是良史也，子善視之，是能讀《三墳》《五典》《八索》《九丘》。’”杜預注:“皆古書名。”孔穎達疏引孔安國《尚書序》:“八卦之説，謂之八索。求其義也。九州之志，謂之《九丘》，丘，聚也。言九州所有，土地所生，風氣所宜，皆聚此書也。”

[4]由余：又作繇余，春秋時戎人。其祖先本晋人，因能言晋語，戎王遣其入秦。秦穆公愛其才，乃離間由余與戎王的關係，使人召之入秦，待以客禮。後由余爲秦國謀劃滅戎，開地千里，稱霸西戎。　日磾：金日磾，字翁叔，本匈奴休屠王太子。漢武帝元狩中，昆邪王、休屠王謀降漢，旋休屠王後悔，昆邪王殺之，并將其衆降漢。日磾以父不降見殺，與母閼氏、弟倫俱没入官，輸黄門養馬。後被武帝信任寵愛。班固評金日磾“以篤敬寤主，忠信自著，勒功上將，傳國後嗣，世名忠孝，七世内侍”。

[5]尚書左僕射：官名，尚書省次官，輔助尚書令執行政務、參議大政、諫諍得失、監察糾彈百官。有時尚書省不置令，衹設左右僕射，此時左僕射居右僕射之上。晋三品。

[6]鎮軍：官名，即鎮軍將軍。三國始置，西晋罷又復置。位在鎮軍大將軍下，與中軍將軍、撫軍將軍並爲三名號將軍，位比四鎮將軍。晋三品。

[7]弦未及發：及，宋本作“大”。

[8]材官將軍：官名，漢朝屬將軍名號，領郡國材官士（步兵）出征，師還則省。東晋將材官校尉改稱材官將軍，設司馬一員，掌工匠土木之事，領營兵，隸屬中領軍。五品。

傉檀於是僭即凉王位，赦其境内，改年爲嘉平，置百官。立夫人折掘氏爲王后，世子武臺爲太子、録尚書事，[1]左長史趙晁、右長史郭倖爲尚書左右僕射，[2]鎮北俱延爲太尉，[3]鎮軍敬歸爲司隸校尉，[4]自餘封署各有差。

[1]世子武臺爲太子：中華本校勘記："《斠注》：《通鑑·晋紀》屢作'虎臺'，蓋亦唐人避諱改作'武'。按：《御覽》一二六引《南凉録》《魏書·烏孤傳》並作'虎臺'，《斠注》説是。"録尚書事：官名，初爲職銜名，重臣加此名義始得總知國事，綜理政務，成爲真宰相。魏晋多以公卿權重者居之，總領尚書省政務，凡重號將軍、刺史皆得命曹授用，位在三公之上。

[2]左長史：官名，掌顧問參謀，爲所在官署掾屬之長。魏晋南北朝時王府、公府、軍府、邊郡均置長史，有時分左、右，左高於右。晋八至六品。

[3]太尉：官名，曹操爲丞相後，太尉府屬官歸相府，晋時太尉雖爲八公之一、三公之首，實爲名譽宰相，多爲大臣加官。晋一品。

[4]司隸校尉：官名，三國魏時先治弘農，後治河南，轄司州所屬河南、河東、河内、弘農、平陽五郡。掌監察京師、糾察京都百官。西晋沿置。晋三品。

遣其左將軍枯木、駙馬都尉胡康伐沮渠蒙遜，[1]掠臨松人千餘户而還。[2]蒙遜大怒，率騎五千至于顯美方亭，破車蓋鮮卑而還。俱延又伐蒙遜，大敗而歸。傉檀將親率衆伐蒙遜，趙晁及太史令景保諫曰："今太白未出，[3]歲星在西，[4]宜以自守，難以伐人。比年天文錯亂，風霧不時，唯修德責躬可以寧吉。"[5]傉檀曰："蒙遜往年無狀，入我封畿，掠我邊疆，殘我禾稼。吾蓄力待時，將報東門之耻。[6]今大軍已集，卿欲沮衆邪？"保曰："陛下不以臣不肖，使臣主察乾象，若見事不言，非爲臣之體。天文顯然，動必無利。”傉檀曰：“吾以輕騎五萬伐之，蒙遜若以騎兵距我，則衆寡不敵；兼步而來，則舒疾不同；救右則擊其左，赴前則攻其後，終不與之交兵接戰，卿何懼乎？”保曰：“天文不虚，必將有變。”傉檀怒，鎖保而行，曰：“有功當殺汝以徇，無功封汝百户侯。”既而蒙遜率衆來距，戰于窮泉，[7]傉檀大敗，單馬奔還。景保爲蒙遜所擒，讓之曰：“卿明於天文，爲彼國所任，違天犯順，智安在乎？”保曰：“臣匪爲無智，但言而不從。”蒙遜曰：“昔漢祖困于平城，[8]以婁敬爲功；[9]袁紹敗于官渡，[10]而田豐爲戮。[11]卿策同二子，貴主未可量也。卿必有婁敬之賞者，吾今放卿，但恐有田豐之禍耳。”保曰：“寡君雖才非漢祖，猶不同本初，正可不得封侯，豈慮禍也。”蒙遜乃免之。至姑臧，傉檀謝之曰：“卿，孤之蓍龜也，而不能從之，孤之深罪。”封保安亭侯。

[1]左將軍：官名，漢代爲重號將軍，與右、前、後將軍並爲上卿。魏晋時爲常設官職，權位較兩漢漸低，僅爲武官名號，略高於一般雜號將軍，不典禁兵。晋三品。　駙馬都尉：官名，與奉車、騎都尉並稱三都尉，多用於宗室、外戚、功臣子、貴族、近臣的加官，亦用於尚公主者。晋六品。

[2]臨松：縣名，治所在今甘肅省肅南裕固族自治縣東南馬蹄鎮。

[3]太白：金星。

[4]歲星：木星。

[5]唯修德：唯，宋本、殿本作“惟”。

[6]報東門之耻：《説郛》卷一二《雪東門之耻》：堅心報怨謂

之雪東門之耻。越王勾踐不納范蠡之諫，興兵伐吴，果大敗於吴之東門。越王以餘兵五千退保會稽，遂苦身勞思，置膽於坐卧之所，出入嘗之，不忘其苦。後果獲吴軍以雪東門之耻。

［7］窮泉：疑位於今甘肅省山丹縣南窮石山下。

［8］漢祖：宋本、殿本作“漢高祖”。　平城：縣名，治所在今山西省大同市東北古城。

［9］婁敬：即劉敬。西漢齊人。劉邦欲伐匈奴，派劉敬出使匈奴偵查情况。劉敬還報曰：“兩國相擊，此宜夸矜見所長。今臣往，徒見羸瘠老弱，此必欲見短，伏奇兵以争利。愚以爲匈奴不可擊也。”當時漢兵已逾句注，二十餘萬兵已業行。劉邦大駡説：“齊虜！以口舌得官，今迺妄言沮吾軍。”即把劉敬關押。劉邦至平城，果然被匈奴包圍在白登山七日。劉邦回來後，不但釋放了劉敬還封賞了二千户，爲關内侯，號爲建信侯。事見《史記》卷九九《劉敬叔孫列傳》。

［10］袁紹：東漢汝南汝陽（今河南省商水縣西北）人，字本初。出身世家大族，靈帝時歷任侍御史、虎賁中郎將等職。董卓進京，廢少帝立獻帝，袁紹不滿董卓專横，起兵討伐，并任討董聯盟盟主。後據有青、冀、幽、并四州。與曹操決戰于官渡，兵敗，病死。　官渡：地名，在今河南省中牟縣東北，臨古官渡水。

［11］田豐爲戮：田豐，東漢末袁紹謀士。袁紹決意南下與曹操戰，田豐勸阻，袁紹不聽。田豐一再勸阻，袁紹怒，認爲田豐沮衆，將其關押。袁紹官渡戰敗，有人對豐曰：“君必見重。”豐曰：“若軍有利，吾必全，今軍敗，吾其死矣。”果然，袁紹回來後對左右説：“吾不用田豐言，果爲所笑。”遂殺之。事見《三國志》卷六《魏書董二袁紹傳》。

蒙遜進圍姑臧，百姓懲東苑之戮，[1]悉皆驚散。疊掘、麥田、車蓋諸部盡降于蒙遜。傉檀遣使請和，蒙遜許之，乃遣司隸校尉敬歸及子他爲質，歸至胡坑，逃還，[2]他爲追兵所執。蒙遜徙其衆八千餘户而歸。右衛折掘奇鎮據石驢山以叛。[3]傉檀懼爲蒙遜所滅，又慮奇鎮克嶺南，乃遷于樂都，留大司農成公緒守姑臧。[4]傉檀始出城，焦諶、王侯等閉門作難，[5]收合三千餘家，保據南城。諶推焦朗爲大都督、龍驤大將軍，[6]諶爲凉州刺史，降於蒙遜。鎮軍敬歸討奇鎮於石驢山，戰敗，死之。

[1]東苑之戮：十六國後凉太常郭麐叛，西安太守石元良率步騎五千，與吕纂共擊郭麐，破之，遂入於姑臧。郭麐起兵時，曾得吕光孫八人於東苑。及軍敗，恚甚，悉投之於鋒刃之上，枝分節解，飲血盟衆，衆皆掩目不忍視之，麐悠然自若。東苑之戮即指此事。

[2]逃還：逃，殿本作“而”。

[3]右衛：官名，即右衛將軍。三國魏咸熙二年（265），司馬炎即晋王位，分中衛將軍爲左、右衛將軍。掌佽飛虎賁及前驅、由基、强弩三部司馬，屬下還有虎賁、羽林、上騎、異力、命中五部督，負責宫禁侍衛。西晋屬中軍將軍，後屬領軍將軍。爲禁衛軍主要統帥之一，權任很重。晋四品。　石驢山：在今青海省門源回族自治縣境。

[4]大司農：官名，掌管全國財政和各地的屯田。晋三品。

[5]焦諶王侯：中華本校勘記：“《通鑑》一一五‘焦諶王侯’作‘侯諶’。”

[6]龍驤大將軍：官名，西晋置，禄賜與特進同。十六國後趙、後凉亦置。晋二品，開府位從公者一品。

蒙遜因克姑臧之威來伐，傉檀遣其安北段苟、左將軍雲連乘虛出番禾以襲其後，[1]徙三千餘家於西平。蒙遜圍樂都，三旬不克，遣使謂傉檀曰："若以寵子爲質，我當還師。"傉檀曰："去否任卿兵勢。卿違盟無信，何質以供！"蒙遜怒，築室返耕，[2]爲持久之計。群臣固請，乃以子安周爲質，蒙遜引歸。

[1]安北：官名，即安北將軍。東漢建安年間置，與安東、安南、安西將軍合稱四安將軍，爲出鎮某一地區的軍事長官，或作爲刺史等兼理軍務的加官，權任頗重。晋三品，加持節都督者二品。

[2]築室返耕：《左傳·宣公十五年》：楚莊王率軍攻打宋國，久攻不下，又聽説晋國準備援助宋國，便想撤兵。申叔獻計在城外建造營房，讓逃跑的農民回來種田，以示楚軍不走的决心，宋國必定會屈服。莊王采納了這一建議。

吐谷渾樹洛干率衆來伐，[1]傉檀遣其太子武臺距之，爲洛干所敗。

[1]樹洛干：干，殿本作"于"。本卷下文此人名同。

傉檀又將伐蒙遜，邯川護軍孟愷諫曰：[1]"蒙遜初并姑臧，凶勢甚盛，宜固守伺隙，不可妄動。"不從。五道俱進，至番禾、苕藋，[2]掠五千餘户。其將屈右進曰："陛下轉戰千里，前無完陣，徙户資財，盈溢衢路，宜倍道旋師，早度峻險。蒙遜善於用兵，士衆習戰，若輕軍卒至，出吾慮表，大敵外逼，徙户内攻，危之道也。”衛尉伊力延曰：[3]“我軍勢方盛，將士勇氣自倍，彼徒我騎，勢不相及，若倍道旋師，[4]必捐棄資財，示人以弱，非計也。”屈右出而告其諸弟曰：“吾言不用，天命也。此吾兄弟死地。”俄而昏霧風雨，蒙遜軍大至，傉檀敗績而還。蒙遜進圍樂都，傉檀嬰城固守，以子染干爲質，蒙遜乃歸。久之，遣安西紇勃耀兵西境。[5]蒙遜侵西平，徙户掠牛馬而還。

[1]邯川護軍：官名，鎮守邯川要鎮的長官，管理轄區軍事民政，職掌與郡守相類。五品。

[2]苕藋：苕藋城，位於今甘肅省張掖市東。

[3]衛尉：官名，掌宫廷禁衛，兼管武庫、冶鑄，領江北冶令三十九員、南北東西諸督冶掾。三品。

[4]若倍道旋師：原本無“倍”字，宋本、殿本有，據宋本、殿本補。

[5]安西：官名，即安西將軍。東漢建安年間置，與安東、安南、安北將軍合稱四安將軍，爲出鎮某一地區的軍事長官，或作爲刺史等兼理軍務的加官，權任頗重。晋三品，加持節都督者二品。

邯川護軍孟愷表鎮南、湟河太守文支荒酒愎諫，[1]不恤政事。傉檀謂伊力延曰：“今州土傾覆，所杖者文支而已，將若之何？”延曰：“宜召而訓之，使改往修來。”傉檀乃召文支，既到，讓之曰：“二兄英姿早世，吾以不才嗣統，不能負荷大業，顛狽如是，胡顔視世，雖存若隕。庶憑子鮮存衛，[2]藉文種復吴，[3]卿之謂也。聞卿唯酒是耽，荒廢庶事。[4]吾年已老，卿復若斯，祖宗之業將誰寄也？”文支頓首陳謝。

［1］鎮南：官名，即鎮南將軍。與鎮東、鎮西、鎮北將軍合稱四鎮將軍。多爲持節都督，出鎮方面。曹魏二品。晋改三品，加持節都督者二品。

［2］子鮮存衛：子鮮，春秋衛國人，衛獻公流亡到齊國，子鮮、子展在夷儀結盟然後使國君回國。

［3］文種復吴：春秋時楚國郢城（今湖北省荆州市紀南城）人，字少禽，一作子禽。與范蠡入越，共事越王勾踐，任大夫。越國被吴國擊破，退守會稽，文種獻計向吴國請和，得免亡國。越國復仇後，范蠡勸文種功成身退，文種不聽。後勾踐聽信讒言，令文種自殺。

［4］荒廢庶事：庶，殿本作“署”。

邯川人衛章等謀殺孟愷，南啓乞伏熾磐。郭越止之曰：“孟君寬以惠下，何罪而殺之！吾寧違衆而死，不負君以生。”乃密告之愷，誘章等飲酒，殺四十餘人。愷懼熾磐軍之至，馳告文支，文支遣將軍匹珍赴之。熾磐軍到城，聞珍將至，引歸。

蒙遜又攻樂都，二旬不克而還。鎮南文支以湟河降蒙遜，徙五千餘户于姑臧。蒙遜又來伐，傉檀以太尉俱延爲質，蒙遜乃引還。

傉檀議欲西征乙弗，孟愷諫曰：“連年不收，上下飢弊，南逼熾磐，北迫蒙遜，百姓騷動，下不安業。今遠征雖克，後患必深，不如結盟熾磐，通糴濟難，慰喻雜部，以廣軍資，畜力繕兵，相時而動。《易》曰：‘其亡其亡，繫於苞桑。’［1］惟陛下圖之。”傉檀曰：“孤將略地，卿無沮衆。”謂其太子武臺曰：“今不種多年，内外俱窘，事宜西行，以拯此弊。蒙遜近去，不能卒來，旦夕所慮，唯在熾磐。彼名微衆寡，易以討禦，吾不過一月，自足周旋。汝謹守樂都，無使失墜。”傉檀乃率騎七千襲乙弗，大破之，獲牛馬羊四十餘萬。

[1]其亡其亡，繫於苞桑：語出《易・否卦》。意爲若能居安思危，以滅亡作戒慎，則有繫於苞桑之固，没有傾覆之危。苞桑，桑樹之本，比喻牢固根基。

熾磐乘虚來襲，撫軍從事中郎尉肅言於武臺曰：[1]“今外城廣大，難以固守，宜聚國人於内城，肅等率諸晋人距戰於外，[2]如或不捷，猶有萬全。”武臺曰：“小賊蕞爾，[3]旦夕當走，卿何慮之過也。”武臺懼晋人有二心也，乃召豪望有勇謀者閉之於内。孟愷泣曰：“熾磐不道，人神同憤。愷等進則荷恩重遷，退顧妻子之累，豈有二乎！今事已急矣，人思自效，有何猜邪？”武臺曰：“吾豈不知子忠，實懼餘人脱生慮表，[4]以君等安之耳。”一旬而城潰。

[1]從事中郎：官名，東漢時爲大將軍屬官，地位較高。魏晋時爲將軍府或公府屬官。晋六品。

[2]率諸晋人：諸，殿本作“衆。”

[3]蕞爾：形容小。

[4]脱：如果。

安西樊尼自西平奔告傉檀，傉檀謂衆曰：“今樂都爲熾磐所陷，男夫盡殺，婦女賞軍，雖欲歸還，無所赴也。卿等能與吾藉乙弗之資，取契汗以贖妻子者，[1]是所望也。不爾，歸熾磐便爲奴僕矣，豈忍見妻子在他懷抱中！"[2]遂引師而西，衆多逃返，遣鎮北段苟追之，苟亦不還。於是將士皆散，唯中軍紇勃、後軍洛肱、安西樊尼、散騎侍郎陰利鹿在焉。[3]傉檀曰："蒙遜、熾磐昔皆委質於吾，今而歸之，不亦鄙哉！四海之廣，匹夫無所容其身，[4]何其痛也！蒙遜與吾名齊年比，[5]熾磐姻好少年，俱其所忌，勢皆不濟。與其聚而同死，不如分而或全。樊尼長兄之子，宗部所寄，吾衆在北者户垂一萬，[6]蒙遜方招懷遐邇，存亡繼絶，汝其西也。紇勃、洛肱亦與尼俱。吾年老矣，所適不容，寧見妻子而死！"遂歸熾磐，唯陰利鹿隨之。傉檀謂利鹿曰："去危就安，人之常也。吾親屬皆散，卿何獨留？"利鹿曰："臣老母在家，方寸實亂。但忠孝之義，勢不俱全。雖不能西哭沮渠，申包胥之誠；[7]東感秦援，展毛遂之操，[8]負羈靮而侍陛下者，[9]臣之分也。惟願開弘遠猷，審進止之算。"傉檀嘆曰："知人固未易，人亦未易知。大臣親戚皆棄我去，終始不虧者，唯卿一人。歲寒不凋，見之於卿。"傉檀至西平，熾磐遣使郊迎，待以上賓之禮。

[1]妻子者：殿本無"者"字。

[2]在他懷抱中：殿本無"懷"字。中華本校勘記："殿本作'在他人抱中'。"

[3]唯：殿本作"惟"，本段下文此字同。　中軍：官名，即中軍將軍，西晋時統左右衛、前後左右驍騎等宿衛七營禁軍，主管京師及朝廷警衛。泰始四年（268）罷，置北軍中候代其職。後爲

將軍名號，與鎮軍將軍、撫軍將軍並爲三名號將軍，不統禁兵。晋三品。　後軍：官名，即後軍將軍。西晋武帝泰始八年（272）置，與前軍、左軍、右軍將軍合稱四軍將軍。各領兵千人，是護衛皇帝宫禁的主要禁軍將領之一。晋四品。　散騎侍郎：官名，三國魏置。隸屬散騎省，侍從皇帝左右，顧問應對，諫諍拾遺，與散騎常侍、侍中等共平尚書奏事。晋五品。

[4]容其身：宋本無“容”字。

[5]名齊年比：比，原本作“此”，宋本、殿本作“比”，據宋本、殿本改。

[6]一萬：一，殿本作“二”。

[7]申包胥：春秋時楚國人，與伍員是好朋友。伍員受迫害逃離楚國，臨行對申包胥説：“我一定顛覆楚國。”申包胥説：“您能顛覆楚國，我一定能復興楚國。”後伍員率吴軍在柏舉大敗楚軍，攻入郢都。申包胥入秦告急，求救於秦。秦不許。包胥立於秦廷，晝夜哭，七日七夜不絶其聲。秦哀公憐之，乃發兵救楚擊吴。敗吴兵於稷。

[8]毛遂：戰國時趙國人，平原君門下食客。趙孝成王八年（前258），秦圍趙國邯鄲，趙使平原君到楚國求救。毛遂自薦隨從。到楚國後，楚王一直猶豫不定。毛遂乃按劍歷階而上，至楚王前，曉以利害，使楚王答應與趙國聯合。

[9]負羈靮：此指效犬馬之勞。羈靮，馬络头和缰绳。

初，樂都之潰也，諸城皆降於熾磐，傉檀將尉賢政固守浩亹不下。熾磐呼之曰：“樂都已潰，卿妻子皆在吾門，[1]孤城獨守，何所爲也！”賢政曰：“受凉王厚恩，爲國家藩屏，雖知樂都已陷，妻子爲擒，先歸獲賞，後順受誅，然不知主上存亡，未敢歸命。妻子小事，豈足動懷！昔羅憲待命，晋文亮之；[2]文聘後來，魏武不責。[3]邀一時之榮，忘委付之重，竊用恥焉，大王亦安用之哉！”熾磐乃遣武臺手書喻政，政曰：“汝爲國儲，不能盡節，面縛於人，棄父負君，虧萬世之業，賢政義士，豈如汝乎！”既而聞傉檀至左南，[4]乃降。

［1］皆在吾門：門，原本、宋本作“聞”，殿本作“門”，中華本作“間”，據殿本改。

［2］昔羅憲待命，晋文亮之：事見本書卷五七《羅憲傳》。

［3］文聘後來，魏武不責：文聘，東漢末南陽宛（今河南省南陽市）人，字仲業。爲劉表大將。劉表死，其子劉琮立。曹操征荆州，劉琮舉州降，要文聘一起投降，文聘拒絶。曹操進入荆州，文聘乃降。曹操問：“來何遲邪？”文聘答：“先日不能輔弼劉荆州以奉國家，荆州雖没，常願據守漢川，保全土境，生不負於孤弱，死無愧於地下，而計不得已，以至於此。實懷悲慚，無顔早見耳。”曹操曰：“仲業，卿眞忠臣也。”事見《三國志》卷一八《魏書·文聘傳》。

［4］左南：縣名，治所在今青海省民和回族土族自治縣西北黄河北岸。

熾磐以傉檀爲驃騎大將軍，封左南公。歲餘，爲熾磐所鴆。左右勸傉檀解藥，傉檀曰：“吾病豈宜療邪！”遂死，時年五十一，在位十三年，僞謚景王。武臺後亦爲熾磐所殺。傉檀少子保周、臘于破羌、俱延子覆龍、鹿孤孫副周、烏孤孫承鉢皆奔沮渠蒙遜。[1]久之，歸魏，魏以保周爲張掖王，覆龍酒泉公，破羌西平公，副周永平公，承鉢昌松公。

[1]傉檀少子保周臘于破羌：中華本校勘記："《通志》一九二'臘'作'獵'。《通鑑》一一六'臘于破羌'四字作'賀'。按：《魏書·源賀傳》，賀，傉檀子，初名'破羌'。'破羌'人名。下稱魏封'破羌西平公'，亦可證。'臘于破羌'不可解，《通志》改'臘'作'獵'，則以爲地名，實誤。疑'保周'下文有譌脱，'于'乃'子'字之訛。"

烏孤以安帝隆安元年僭立，至傉檀三世，凡十九年，[1]以安帝義熙十年滅。

[1]凡十九年：中華本校勘記："《御覽》一二六引《南凉録》云：'自烏孤太初九年歲在丁酉至檀薨之歲甲寅十有八載。'《斠注》：隆安元年丁酉至義熙十年甲寅實十八年也，崔氏不誤，《載記》誤多一年。按：《通志》一九二亦作'十八年'，此處'九'字當是'八'之訛。"

史臣曰：禿髮累葉酋豪，擅强邊服，控弦玉塞，[1]躍馬金山，候滿月而窺兵，[2]乘折膠而縱鏑，[3]禮容弗被，聲教斯阻。烏孤納苻渾之策，治兵以討不賓；鹿孤從史暠之言，建學而延胄子。遂能開疆河右，抗衡强國。道由人弘，抑此之謂！

[1]控弦：彎弓射箭。　玉塞：玉門關的别稱。此泛指邊塞。

[2]候滿月而窺兵：滿月指中秋的月亮。意爲中秋季節起兵。

[3]乘折膠而縱鏑：乘秋氣而興兵。《漢書》卷四九《晁錯傳》："欲立威者，始於折膠。"顔師古注引蘇林曰："秋氣至，膠可折，弓弩可用，匈奴常以爲候而出軍。"

傉檀承累捷之鋭，藉二昆之資，摧吕氏算無遺策，取姑臧兵不血刃，武略雄圖，比踪前烈。既而叨竊重位，盈滿易期，窮兵以逞其心，縱慝自貽其弊，地奪於蒙遜，勢衄於赫連，覆國喪身，猶爲幸也。昔宋殤好戰，致灾於華督；[1]楚靈黷武，取殺於乾谿。[2]異代同亡，其於傉檀見之矣。

[1]宋殤好戰，致灾於華督：華督即太宰華督。宋大司馬孔父妻子漂亮，太宰華督見而喜歡，乃使人宣言國中曰："殤公即位十年耳，而十一戰，民苦不堪，皆孔父爲之，我且殺孔父以寧民。"便攻殺孔父，取其妻。殤公怒，華督又殺殤公，而迎穆公子馮於鄭而立之，是爲莊公。

[2]楚靈黷武，取殺於乾谿：楚靈王，名圍，即位後改名虔，楚共王之子。即位後驕奢暴虐，伐吴國，滅陳、蔡，多興兵役，致使民怨沸騰。後公子比趁其率軍在外，率兵攻入郢都，殺太子自立。又在乾谿殺害楚靈王。事見《左傳·昭公十三年》。

贊曰：禿髮弟兄，擅雄群虜。開疆河外，清氛西土。傉檀傑出，騰駕時英。窮兵黷武，喪國頹聲。

晋書　卷一二七

載記第二十七

慕容德

慕容德

慕容德，字玄明，皝之少子也。母公孫氏夢日入臍中，晝寢而生德。年未弱冠，[1]身長八尺二寸，姿貌雄偉，額有日角偃月重文。博觀群書，性清慎，多才藝。慕容儁之僭立也，[2]封爲梁公，歷幽州刺史、左衛將軍。[3]及暐嗣位，[4]改封范陽王，稍遷魏尹，[5]加散騎常侍。[6]俄而苻堅將苻雙據陝以叛，[7]堅將苻柳起兵枹罕，[8]將應之。德勸暐乘釁討堅，辭旨慷慨，識者言其有遠略。暐竟不能用。德兄垂甚壯之，[9]因共論軍國大謀，言必切至。垂謂之曰："汝器識長進，非復吴下阿蒙也。"[10]枋頭之役，[11]德以征南將軍與垂擊敗晋師。[12]及垂奔苻堅，德坐免職。[13]後遇暐敗，徙於長安，苻堅以爲張掖太守，[14]數歲免歸。

［1］弱冠：指男子二十歲時。《禮記·曲禮上》："二十曰弱，冠。"年少爲弱，待至二十，即爲成年，舉行冠禮。

［2］慕容儁：字宣英，本書卷一一〇有載記。

［3］幽州：治所在薊縣（今北京市西南）。　左衛將軍：官名，三國魏咸熙二年（265），司馬炎即晋王位，分中衛將軍爲左、右衛將軍。掌佽飛虎賁及前驅、由基、强弩三部司馬，屬下還有虎賁、羽林、上騎、異力、命中五部督，負責宫禁侍衛。西晋屬中軍將軍，後屬領軍將軍。爲禁衛軍主要統帥之一，權任很重。晋四品。

［4］暐：慕容暐，字景茂，本書卷一一一有載記。

［5］稍：漸漸。　魏尹：尹，京城所在郡府長官，掌京城行政諸務並詔獄，亦稱"京尹"。十六國後趙石虎定都於鄴，爲魏郡治所。前燕破冉閔後也定都鄴。故稱。

［6］散騎常侍：官名，三國魏文帝黄初年置，侍從皇帝左右，諫諍得失、顧問應對，與侍中等共平尚書奏事。也用作宰相、諸公等加官，入宫議政。晋三品。

［7］苻堅：字永固，本書卷一一三有載記。　陝：今河南省三門峽市陝州區。

［8］枹罕：縣名，治所在今甘肅省臨夏縣西南。

［9］垂：慕容垂，字道明，本書卷一二三有載記。

［10］吴下阿蒙：阿蒙，即三國時孫吴吕蒙。典出《三國志》卷五四《吕蒙傳》注引《江表傳》：孫權讓吕蒙讀書，吕蒙聽了孫權開導後，始就學，篤志不倦，其所覽見，舊儒不勝。後魯肅上代周瑜，過蒙言議，常欲受屈。肅拊蒙背曰："吾謂大弟但有武略耳，至於今者，學識英博，非復吴下阿蒙。"

［11］枋頭：地名，在今河南省浚縣西南淇門渡。

［12］征南將軍：官名，與征東、征西、征北將軍合稱四征將軍。三國魏蜀吴、兩晋皆置，出鎮方面，地位顯要。晋三品，加持節都督者二品。

［13］德坐免職：職，宋本作"失"。

[14]張掖：郡名，西漢置，治所在觻得縣（今甘肅省張掖市西北），晋改觻得縣名永平縣（今甘肅省張掖市西北）。

及堅以兵臨江，拜德爲奮威將軍。[1]堅之敗也，堅與張夫人相失，慕容暐將護致之，德正色謂暐曰："昔楚莊滅陳，[2]納巫臣之諫而棄夏姬。[3]此不祥之人，惑亂人主，戎事不邇女器，秦之敗師當由於此。宜掩目而過，奈何將衛之也！"暐不從，德馳馬而去之。還次滎陽，[4]言於暐曰："昔句踐棲於會稽，[5]終獲吴國。聖人相時而動，百舉百全。天將悔禍，故使秦師喪敗，宜乘其弊以復社稷。"暐不納。乃從垂如鄴。[6]

[1]奮威將軍：官名，爲雜號將軍。晋四品。

[2]楚莊：楚莊王，春秋時楚國國君，名旅，楚穆王之子。公元前613至前591年在位。在位期間滅雍國，伐陸渾，觀兵周郊，詢問周鼎。後又滅舒、蓼二國，攻破陳國，圍攻鄭國，魯宋鄭陳等國皆附之，成爲春秋五霸之一。　陳：周初封國，嬀姓。都今河南省周口市淮陽區。魯宣公十一年（前478），楚莊公入陳，以之爲縣，繼而復之。

[3]納巫臣之諫而棄夏姬：《左傳·成公二年》載："楚之討陳夏氏也，莊王欲納夏姬，申公巫臣曰：'不可。君召諸侯，以討罪也。今納夏姬，貪其色也。貪色爲淫，淫爲大罰。《周書》曰："明德慎罰。"文王所以造周也。明德，務崇之之謂也；慎罰，務去之之謂也。若興諸侯，以取大罰，非慎之也。君其圖之！'王乃止。"

[4]滎陽：縣名，治所在今河南省滎陽市東北。

[5]句踐：即勾踐，春秋末越國國君，越王允常之子。勾踐三年（前494）與吴軍戰於夫椒，敗後求和，入吴國爲人質三年。回

國後與文種、范蠡等大臣共謀强國，卧薪嘗膽，奮發圖强，十年生聚，十年教訓，終於轉弱爲强。十五年，乘吴王夫差北上黄池與晋魯兩國相會，率軍攻入吴國國都，逼迫吴國與之媾和。以後又多次攻吴，滅掉吴國。　會稽：會稽邑，越王勾踐建都於此，在今浙江省紹興市。

[6]鄴：縣名，曹魏五都之一。治所在今河北省臨漳縣西南。

及垂稱燕王，以德爲車騎大將軍，[1]復封范陽王，居中鎮衛，參斷政事。久之，遷司徒。[2]于時慕容永據長子，[3]有衆十萬，垂議討之。群臣咸以爲疑，德進曰："昔三祖積德，遺咏在耳，[4]故陛下龍飛，不謀而會，雖由聖武，亦緣舊愛，燕趙之士樂爲燕臣也。今永既建僞號，扇動華戎，致令群豎從横，逐鹿不息，[5]宜先除之，以一衆聽。昔光武馳蘇茂之難，[6]不顧百官之疲，夫豈不仁？機急故也。兵法有不得已而用之，陛下容得已乎！"垂笑謂其黨曰："司徒議與吾同。二人同心，其利斷金，吾計決矣。"遂從之。垂臨終，敕其子寶以鄴城委德。寶既嗣位，[7]以德爲使持節、都督冀兖青徐荆豫六州諸軍事、特進、車騎大將軍、冀州牧，[8]領南蠻校尉，[9]鎮鄴，罷留臺，[10]以都督專總南夏。[11]

[1]車騎大將軍：官名，西晋置，位在車騎將軍之上，多授予元老重臣，以示尊崇。開府置僚屬，一般不領兵。晋二品，開府位從公者一品。

[2]司徒：官名，西漢哀帝元壽二年（前1）改丞相爲大司徒，東漢光武帝時改名爲司徒，東漢末又改爲丞相。三國魏恢復三公制，改丞相爲司徒，管理民政。兩晋沿制，爲八公之一，在太尉之

下、司空之上。與丞相通職，一般不並置，爲名譽宰相。晋一品。

[3]慕容永：字叔明，十六國時西燕國主，被後燕慕容垂攻殺。　長子：縣名，治所在今山西省長子縣西南。

[4]遺咏：咏，殿本作“訓”。

[5]逐鹿：争奪統治權。典出《史記》卷九二《淮陰侯列傳》：韓信謀士蒯通曾勸韓信據齊地背漢。韓信被殺後，劉邦以謀反之罪欲將蒯通烹殺。蒯通喊冤，説：“秦之綱絶而維弛，山東大擾，異姓並起，英俊烏集。秦失其鹿，天下共逐之，於是高材疾足者先得焉。蹠之狗吠堯，堯非不仁，狗因吠非其主。當是時，臣唯獨知韓信，非知陛下也。且天下鋭精持鋒欲爲陛下所爲者甚衆，顧力不能耳。又可盡亨之邪？”劉邦覺得有理，便將其釋放。

[6]光武馳蘇茂之難：東漢初年，劉永自稱天子，與劉秀分庭抗禮。在討伐劉永時，蘇茂、龐萌等反叛，與劉永將董憲連和，龐萌自號東平王，屯桃鄉之北。劉秀大怒，親自將兵討伐龐萌。董憲聞劉秀親自討龐萌，乃派蘇茂、佼彊援助龐萌，合兵三萬，急圍桃城。當時劉秀在蒙城，聞之，乃留輜重，自將輕騎三千，步卒數萬，晨夜馳赴，師次任城，離桃鄉六十里。又調集吴漢等軍，進軍桃城，大破龐萌。

[7]寶既嗣位：宋本無“既”字。

[8]使持節：漢朝官吏奉使外出時，或由皇帝授予節杖，以提高其權力。魏晋以後，凡重要軍事長官出征或出鎮，加使持節，可誅殺二千石以下官員。　都督冀兖青徐荆豫六州諸軍事：上述六州最高軍事行政長官。　特進：官名，三國兩晋時表示有特殊地位，或用作安置閑退大臣。晋二品。　冀州：後燕冀州治所信都（今河北省衡水市冀州區）。

[9]領：以地位較高的官員兼理較低的職務。　南蠻校尉：官名，亦稱護南蠻校尉，府鎮襄陽，東晋改鎮江陵。掌荆州及江州少數民族事務，統兵。晋四品。

[10]留臺：指古代帝王率兵出征或因故離開，奉命留守之官及

其機構。

[11]都督：此爲都督南夏諸軍事，南夏地區最高軍事行政長官。　南夏：指後燕的南部地區。

魏將拓拔章攻鄴，[1]德遣南安王慕容青等夜擊，敗之。魏師退次新城，[2]青等請擊之。[3]别駕韓諱進曰：[4]“古人先決勝廟堂，然後攻戰。今魏不可擊者四，燕不宜動者三。魏懸軍遠入，利在野戰，一不可擊也；深入近畿，頓兵死地，二不可擊也；前鋒既敗，後陣方固，三不可擊也；彼衆我寡，四不可擊也。官軍自戰其地，一不宜動；動而不勝，衆心難固，二不宜動；城隍未修，[5]敵來無備，三不宜動。此皆兵家所忌，不如深溝高壘，以逸待勞。彼千里餽糧，野無所掠，久則三軍靡資，攻則衆旅多斃，師老釁生，詳而圖之，可以捷矣。”德曰：“韓别駕之言，良、平之策也。”[6]於是召青還師。魏又遣遼西公賀賴盧率騎與章圍鄴，德遣其參軍劉藻請救於姚興，[7]且參母兄之問，而興師不至，衆大懼。德於是親饗戰士，厚加撫接，人感其恩，皆樂爲致死。會章、盧内相乖争，各引軍潛遁。章司馬丁建率衆來降，[8]言章師老，可以敗之。德遣將追破章軍，人心始固。

[1]魏將拓拔章攻鄴：中華本校勘記：“《魏書·太祖紀》《昭成子孫傳》攻鄴主將爲東平公儀，《通鑑》一〇八從《魏書》。”

[2]新城：縣名，治所在今河北省保定市徐水區西南。

[3]擊之：擊，宋本作“討”。

[4]别駕：官名，别駕從事、别駕從事史省稱。州部佐官，因從刺史行部，别乘傳車，故稱。位居州吏之右。

[5]城隍未修：隍，宋本作“可”。

[6]良：張良，秦末人，字子房，韓國貴族後裔。隨劉邦起兵反秦，爲重要謀士。屢出奇策，劉邦稱其“運籌帷幄之中，决勝千里之外”。劉邦稱帝後封爲留侯。　平：陳平，秦末陽武（今河南省原陽縣東南）人，少治黄老之術。秦末天下大亂，先後事魏王咎、項羽，後歸劉邦。歷任都尉、亞將、護軍中尉，爲劉邦重要謀士，屢出奇計。漢朝建立後封户牖侯和曲逆侯。惠帝時歷任郎中令、左右丞相。吕后死，又與周勃等人誅除諸吕，迎立文帝。

[7]參軍：官名，亦作參軍事，謂參謀軍事。兩晋公府、軍府皆置。　姚興：字子略，本書卷一一七有載記。

[8]司馬：官名，府署高級幕僚。掌參讚軍務、管理府内武職，位僅次於長史。魏晋南北朝時王府、公府、軍府、邊郡均置。晋八至六品。

時魏師入中山，[1]慕容寶出奔于薊，[2]慕容詳又僭號。會劉藻自姚興而至，興太史令高魯遣其甥王景暉隨藻送玉璽一紐，[3]并圖讖秘文，[4]曰：“有德者昌，無德者亡。德受天命，柔而復剛。”又有謡曰：“大風蓬勃揚塵埃，八井三刀卒起來。四海鼎沸中山頽，惟有德人據三臺。”於是德之群臣議以慕容詳僭號中山，魏師盛于冀州，未審寶之存亡，因勸德即尊號。德不從。會慕容達自龍城奔鄴，[5]稱寶猶存，群議乃止。尋而寶以德爲丞相，領冀州牧，承制南夏。[6]

[1]中山：郡名，治所在盧奴縣（今河北省定州市）。

［2］慕容寶：字道祐，本書卷一二四有載記。　薊：縣名，治所在今北京市西南。

［3］興：宋本作“与”，殿本作“與”。　太史令：官名，屬太常。掌天時、星曆、歲終奏新年曆。記録瑞應、灾異等。晋七品。

［4］圖讖：解説符命應驗的圖書。

［5］龍城：又稱和龍城、黄龍城、龍都。位於今遼寧省朝陽市十二臺營子。

［6］承制：禀承皇帝旨意便宜行事。

德兄子麟自義臺奔鄴，[1]因説德曰："中山既没，魏必乘勝攻鄴，雖糧儲素積，而城大難固，且人情沮動，不可以戰。及魏軍未至，擁衆南渡，就魯陽王和，據滑臺而聚兵積穀，[2]伺隙而動，計之上也。魏雖拔中山，勢不久留，不過驅掠而返。人不樂徙，理自生變，然後振威以援之，[3]魏則内外受敵，使戀舊之士有所依憑，廣開恩信，招集遺黎，可一舉而取之。"先是，慕容和亦勸德南徙，於是許之。隆安二年，乃率户四萬、車二萬七千乘，自鄴將徙於滑臺。遇風，船没，魏軍垂至，衆懼，議欲退保黎陽。[4]其夕流澌凍合，[5]是夜濟師，旦，魏師至而冰泮，若有神焉。遂改黎陽津爲天橋津。及至滑臺，景星見于尾箕。[6]漳水得白玉，狀若璽。於是德依燕元故事，稱元年，大赦境内殊死已下，置百官。以慕容麟爲司空、領尚書令，[7]慕容法爲中軍將軍，[8]慕輿拔爲尚書左僕射，[9]丁通爲尚書右僕射，[10]自餘封授各有差。初，河間有麟見，慕容麟以爲己瑞。及此，潛謀爲亂，事覺，賜死。其夏，魏將賀賴盧率衆附之。

[1]麟：慕容麟，後燕撫軍將軍、衛大將軍。後任南燕慕容德司空。後陰謀叛亂，被賜死。　義臺：地名，在今河北省新樂市東北沙河側。

[2]滑臺：滑臺城，即今河南省滑縣東舊滑縣，北臨古黄河。

[3]以援之：援，宋本作“授”。

[4]黎陽：縣名，治所在今河南省浚縣東北。

[5]流澌：流动的冰块。

[6]景星：大星，瑞星，德星。　尾箕：尾宿和箕宿。尾宿，二十八宿之一，東方苍龍七宿之第六宿，有星九顆。箕宿，二十八宿之一，共四星，二星爲踵，二星爲舌。踵窄舌寬。夏秋之間見於南方，故又稱南箕。

[7]司空：官名，魏晋南北朝爲名譽宰相，多爲大臣加官。晋八公之一，位在三公之末。晋一品。　尚書令：官名，秦漢時爲尚書署長官。秩位雖低，權力甚重。魏晋時沿置，爲尚書省長官，綜理全國政務，參議大政，爲高級政務長官。晋三品。

[8]中軍將軍：官名，西晋時統左右衛、前後左右驍騎等宿衛七營禁軍，主管京師及朝廷警衛。泰始四年（268）罷，置北軍中候代其職。後爲將軍名號，與鎮軍將軍、撫軍將軍並爲三名號將軍，不統禁兵。晋三品。

[9]尚書左僕射：官名，尚書省次官，輔助尚書令執行政務，參議大政，諫諍得失，監察糾彈百官。有時尚書省不置令，祇設左右僕射，此時左僕射居右僕射之上。晋三品。

[10]尚書右僕射：官名，尚書令副手，掌拆閲封緘奏章文書、參議政事、諫諍駁議、監察百官。位在左僕射之下。晋三品。

至是，慕容寶自龍城南奔至黎陽，遣其中黄門令趙思召慕容鍾來迎。[1]鍾本首議勸德稱尊號，聞而惡之，執思付獄，馳使白狀。德謂其下曰：“卿等前以社稷大計，勸吾攝政。吾亦以嗣帝奔亡，人神曠主，故權順群議，以繫衆望。今天方悔禍，嗣帝得還，吾將具駕奉迎，謝罪行闕，然後角巾私第，[2]卿等以爲何如？”其黄門侍郎張華進曰：[3]“夫争奪之世，非雄才不振；從横之時，豈懦夫能濟！陛下若蹈匹婦之仁，捨天授之業，威權一去，則身首不保，何退讓之有乎！”德曰：“吾以古人逆取順守，其道未足，所以中路徘徊，悵然未决耳。”慕輿護請馳問寶虚實，德流涕而遣之。乃率壯士數百，隨思而北，因謀殺寶。初，寶遣思之後，知德攝位，懼而北奔。護至無所見，執思而還。德以思閑習典故，將任之。思曰：“昔關羽見重曹公，猶不忘先主之恩。[4]思雖刑餘賤隸，荷國寵靈，犬馬有心，而況人乎！乞還就上，以明微節。”德固留之，思怒曰：“周室衰微，晋鄭夾輔；[5]漢有七國之難，[6]實賴梁王。[7]殿下親則叔父，位則上臺，不能率先群后以匡王室，而幸根本之傾，[8]爲趙倫之事。思雖無申胥哭秦之效，[9]猶慕君賓不生莽世。”[10]德怒，斬之。

[1]中黄門令：官名，十六國後燕置，領中黄門等宦者。　慕容鍾：字道明，本書卷一二八有載記。

[2]角巾私第：穿常服居私宅，意爲功成隱退。

[3]黄門侍郎：官名，魏晋時爲侍中省或門下省次官。侍從皇帝，顧問應對，多以重臣或外戚子弟擔任，位頗重要。晋五品。

[4]關羽見重曹公，猶不忘先主之恩：《三國志》卷三六《蜀

書·關羽傳》：東漢建安五年（200），曹操東征劉備，劉備敗逃奔袁紹，關羽被擒。曹公擒羽以歸，拜爲偏將軍，禮之甚厚。曹操愛惜關羽爲人，而察其無久留之意，便讓張遼試探關羽。關羽對張遼説："吾極知曹公待我厚，然吾受劉將軍厚恩，誓以共死，不可背之。吾終不留，吾要當立效以報曹公乃去。"曹操聞此言，認爲關羽有情有義。關羽殺顔良之後，曹操知關羽必去，重加賞賜。羽盡封其所賜，拜書告辭，而奔劉備於袁紹駐地。

［5］周室衰微，晉鄭夾輔：《左傳·隱公六年》載，鄭伯到周朝去，周桓王不以禮待之。周桓公向桓王進言説："我周之東遷，晉、鄭焉依。"杜預注："幽王爲犬戎所殺，平王東徙，晉文侯、鄭武公左右王室，故曰晉、鄭焉依。"

［6］七國之難：漢高祖劉邦死後，同姓諸侯王的勢力膨脹，漢景帝即位後，采納晁錯的削藩建議，逐步削奪楚、趙、吴、膠西等國封邑，引起諸國不滿。景帝三年（前154），吴王劉濞聯合楚王戊、膠西王卬、膠東王雄渠、濟南王辟光、淄川王賢、趙王遂發動叛亂，後被平定。

［7］梁王：梁孝王劉武，漢文帝次子，母竇太后。吴楚七國之亂起，梁王城守睢陽，使叛軍不能越過睢陽，爲平定叛亂立下大功，受到朝廷重賞。

［8］而幸根本之傾：中華本"傾"後無標點符號。汪維輝認爲，"而幸根本之傾"下宜用逗號。"趙倫"指西晋趙王司馬倫，他趁晋皇室内亂之際，廢掉侄孫惠帝司馬衷，自立爲皇帝。這裏趙思把慕容德比作乘亂篡位的趙王倫，無怪乎"德怒，斬之"了。（參見汪維輝《〈晋書〉點校商兑》，《古籍整理研究學刊》1997年第1期）

［9］申胥哭秦：申包胥，春秋時楚國人，與伍員是好朋友。伍員受迫害逃離楚國，臨行對申包胥説其一定顛覆楚國。申包胥説伍員能顛覆楚國，他就一定能復興楚國。後伍員率吴軍在柏舉大敗楚軍，攻入郢都。申包胥入秦告急，求救於秦。秦不許。包胥立於秦

廷，晝夜哭，七日七夜不絶其聲。秦哀公憐之，乃發兵救楚擊吴。敗吴兵於稷。

[10]猶慕君賓不生莽世：君賓，即龔勝，西漢楚國彭城（今江蘇省徐州市）人，字君賓。少好學明經，爲郡吏。哀帝時歷任諫大夫、丞相司直、光禄大夫、給事中等職。由於上言忤旨，出爲渤海太守。王莽時拒絶徵召，絶食而死。

晉南陽太守閭丘羨、寧朔將軍鄧啓方率衆二萬來伐，[1]師次管城。[2]德遣其中軍慕容法、撫軍慕容和等距之，[3]王師敗績。德怒法不窮追晉師，斬其撫軍司馬斬瓌。[4]

[1]南陽：郡名，治所在宛縣（今河南省南陽市）。　寧朔將軍：官名，西晉時多駐幽州，爲幽州地區軍政長官，兼管烏丸事務。晉四品。

[2]管城：縣名，治所在今河南省鄭州市。

[3]撫軍：官名，即撫軍將軍。三國蜀漢、孫吴皆置，爲加官，以示權重。晉沿置，與中軍將軍、鎮軍將軍並爲三名號將軍。晉三品。　距之：距，殿本作“拒”。

[4]撫軍司馬：官名，撫軍將軍府高級幕僚。掌參讚軍務、管理府内武職，位僅次於長史。晉七品。

初，苻登既爲姚興所滅，[1]登弟廣率部落降於德，拜冠軍將軍，[2]處之乞活堡。會熒惑守東井，[3]或言秦當復興者，廣乃自稱秦王，敗德將慕容鍾。時德始都滑臺，介于晉魏之間，地無十城，[4]衆不過數萬。及鍾喪師，反側之徒多歸於廣。德乃留慕容和守滑臺，親率衆討廣，斬之。

［1］苻登：字文高，本書卷一一五有載記。

［2］冠軍將軍：官名，曹魏、孫吴、西晋皆置。西晋時領營兵。十六國一些少數民族政權亦置。晋三品。

［3］熒惑：火星。　守：進入，留在。　東井：星宿名。即井宿，二十八宿之一。因在玉井之東，故稱。

［4］十城：城，宋本作“成”。

初，寶之至黎陽也，和長史李辯勸和納之，[1]和不從。辯懼謀洩，乃引晋軍至管城，冀德親率師，於後作亂。會德不出，愈不自安。及德此行也，辯又勸和反，和不從。辯怒，殺和，以滑臺降于魏。時將士家悉在城内，德將攻之，韓範言於德曰：“魏師已入城，據國成資，客主之勢，翻然復異，人情既危，不可以戰。宜先據一方，爲關中之基，然後畜力而圖之，計之上也。”德乃止。德右衛將軍慕容雲斬李辯，[2]率將士家累二萬餘人而出，[3]三軍慶悦。德謀於衆曰：“苻廣雖平，而撫軍失據，進有强敵，退無所託，計將安出？”張華進曰：“彭城阻帶山川，[4]楚之舊都，地嶮人殷，可攻而據之，以爲基本。”慕容鍾、慕輿護、封逞、韓諱等固勸攻滑臺，潘聰曰：“滑臺四通八達，非帝王之居。且北通大魏，西接强秦，此二國者，未可以高枕而待之。彭城土曠人稀，地平無嶮，晋之舊鎮，必距王師。又密邇江淮，水路通浚，秋夏霖潦，千里爲湖。且水戰國之所短，吴之所長，今雖克之，非久安之計也。青齊沃壤，號曰‘東秦’，土方二千，户餘十萬，四塞之固，負海之饒，可謂用武之國。三齊英傑，蓄志以待，孰不思得明主以立尺寸之功！廣固者，[5]曹嶷之所營，[6]山川阻峻，足爲帝王之都。宜遣辯士馳説於前，大兵繼進於後。辟閭渾昔負國恩，必翻然向化。如其守迷不順，大軍臨之，自然瓦解。既據之後，閉關養鋭，伺隙而動，此亦二漢之有關中、河内也。”[7]德猶豫未决。沙門朗公素知占候，[8]德因訪其所適。朗曰：“敬覽三策，潘尚書之議可謂興邦之術矣。今歲初，長星起於奎婁，[9]遂掃虚危，[10]而虚危，齊之分野，除舊布新之象。宜先定舊魯，巡撫琅邪，[11]待秋風戒節，然後北轉臨齊，天之道也。”德大悦，引師而南，兖州北鄙諸縣悉降，[12]置守宰以撫之。存問高年，軍無私掠，百姓安之，牛酒屬路。

[1]長史：官名，掌顧問參謀，爲所在官署掾屬之長。魏晋南北朝時王府、公府、軍府、邊郡均置。晋八至六品。

[2]右衛將軍：官名，三國魏咸熙二年（265），司馬炎即晋王位，分中衛將軍爲左、右衛將軍。掌攸飛虎賁及前驅、由基、强弩三部司馬，屬下還有虎賁、羽林、上騎、異力、命中五部督，負責宫禁侍衛。西晋屬中軍將軍，後屬領軍將軍。爲禁衛軍主要統帥之一，權任很重。晋四品。　慕容雲：即高雲，字子雨，本書卷一二四有載記。

[3]二萬：二，原本作“一”，宋本、殿本作“二”，據宋本、殿本改。

[4]彭城：縣名，治所在今江蘇省徐州市。

[5]廣固：廣固城，位於今山東省青州市西北。

[6]曹嶷：西晉人，王彌左長史、鎮東將軍，領青州刺史，與石勒通和，被授以東州大將軍、青州牧，封琅邪公，後爲石勒所殺。

[7]關中：地區名，函谷關以西秦國故地，包括今河南靈寶市以西及陝西省、甘肅省東部和四川省部分地區。　河内：地區名，泛指今河南省黄河以北及河北省一帶。

[8]沙門：僧人。　占候：古代方術，根據天氣變化預測吉凶。

[9]長星：類似彗星，有長形光芒。　奎：星宿名。二十八宿之一，爲西方白虎七宿的第一宿，有星十六顆。　婁：星宿名。二十八宿之一。西方白虎七宿的第二宿。

[10]虚危：兩個星宿名。虚，北方玄武七宿之一，居中间。古人據其运行的情況，以考正仲秋的節气。危，北方玄武七宿的第五宿，有星三颗。

[11]琅邪：封國名，治所在今山東省臨沂市。

[12]兖州：三國魏治所在廩丘縣（今山東省鄆城縣西北），晋惠帝末，兖州闔境淪没於石勒。東晋元帝僑置兖州，治京口（今江蘇省鎮江市），南燕時兖州在太山郡（今山東省泰安市東北）。　北鄙：北部邊境。

德遣使喻齊郡太守辟閭渾，[1]渾不從，遣慕容鍾率步騎二萬擊之。德進據琅邪，徐兖之士附者十餘萬，自琅邪而北，迎者四萬餘人。德進寇莒城，[2]守將任安委城而遁，以潘聰鎮莒城。鍾傳檄青州諸郡曰：[3]“隆替有時，義列昔經；困難啓聖，事彰中籙。是以宣王龍飛於危周，[4]光武鳳起於絶漢，斯蓋曆數大期，帝王之興廢也。自我永康多難，長鯨逸網，[5]華夏四分，黎元五裂。逆賊辟閭渾父蔚，[6]昔同段龕阻亂淄川，[7]太宰東征，勦絶凶命。渾於覆巢之下，蒙全卵之施，曾微犬馬識養之心，復襲凶父樂禍之志，盜據東秦，遠附吴越，割剥黎元，委輸南海。皇上應期，大命再集，矜彼營丘，[8]暫阻王略，故以七州之衆二十餘萬，巡省岱宗，問罪齊魯。昔韓信以裨將伐齊，[9]有征無戰；耿弇以偏軍討步，[10]克不移朔。況以萬乘之師，掃一隅之寇，傾山碎卵，方之非易。孤以不才，忝荷先驅，都督元戎一十二萬，皆烏丸突騎，[11]三河猛士，[12]奮劍與夕火爭光，揮戈與秋月競色。以此攻城，何城不克；以此衆戰，何敵不平！昔竇融以河西歸漢，[13]榮被於後裔；彭寵盜逆漁陽，[14]身死於奴僕。近則曹嶷跋扈，見擒於後趙；段龕干紀，取滅於前朝。此非古今之吉凶，已然之成敗乎？渾若先迷後悟，榮寵有加。如其敢抗王師，敗滅必無遺燼。稷下之雄，[15]岱北之士，有能斬送渾者，賞同佐命。脱履機不發，[16]必玉石俱摧。”渾聞德軍將至，徙八千餘家入廣固。諸郡皆承檄降于德。渾懼，將妻子奔于魏。德遣射聲校尉劉綱追斬於莒城。[17]渾參軍張瑛常與渾作檄，辭多不遜。及此，德擒而讓之。瑛神色自若，徐對曰："渾之有臣，猶韓信之有蒯通。[18]通遇漢祖而蒙恕，臣遭陛下而嬰戮，比之古人，竊爲不幸。防風之誅，[19]臣實甘之，但恐堯舜之化未弘於四海耳。"德初善其言，後竟殺之。德遂入廣固。

[1]齊郡：治所在臨淄縣（今山東省淄博市臨淄區北）。

[2]莒城：莒縣城，位於今山東省莒縣。

[3]青州：治所在臨淄縣（今山東省淄博市東北）。

［4］宣王：周宣王，西周王，姬姓，名静。厲王之子，公元前827至前782年在位。早年勵精圖治，有宣王中興之譽，晚年窮兵黷武，國勢漸衰。

［5］長鯨逸網：罪魁漏網。

［6］逆賊：賊，宋本作“戰”。

［7］段龕：東部鮮卑人，段遼侄子，西晋末自號齊王，後被東晋任命爲鎮北將軍。後降前燕，爲伏順將軍。終被害。　阻：殿本作“沮”。　淄川：郡名，西漢置，治所在淄川縣（今山東省淄博市西南淄川鎮）。

［8］營丘：地名，在今山東省淄博市臨淄區北（一説在今山東省昌樂縣東南，漢爲營陵縣治），周武王封吕尚於齊，建都於此。

［9］韓信：秦末淮陰（今江蘇省淮安市淮陰區南）人，早年家貧，常從人寄食。後隨項羽起兵，因不受重用，轉投劉邦。受蕭何舉薦，拜大將軍。功勛卓著，爲漢初三傑之一。漢立封楚王，後貶爲淮陰侯。終爲吕后設計所殺。

［10］耿弇以偏軍討步：耿弇，東漢初扶風茂陵（今陝西省興平市東北）人，字伯昭，耿況之子。新莽敗亡後，勸父歸順劉秀。在劉秀手下任偏將軍、大將軍。東漢建立後，任建威大將軍。受詔討伐張布。張布率二十萬大軍至臨淄大城東，攻耿弇城。雙方激戰至日暮。第二天一早，耿弇又帶兵出戰。當時劉秀在魯，聞弇爲步所攻，自往救之，未至。陳俊對耿弇説：“可且閉營休士，等待君上到來。”耿弇説：“乘輿且到，臣子當擊牛釃酒以待百官，反欲以賊虜遺君父邪？”乃出兵大戰，自旦及昏，復大破之，殺傷無數，城中溝塹皆滿。

［11］烏丸：一作烏桓，古族名，東胡的一支。

［12］三河：河南、河内、河東三郡的合稱，相當今河南省伊河、洛河流域與黄河以北及山西省南部一帶。

［13］竇融：東漢初扶風平陵（今陝西省咸陽市西北）人，字周公。世代仕宦河西。新莽末任波水將軍。後歸降更始，任張掖屬

國都尉。更始敗，又聯合酒泉、金城、張掖、敦煌、武威五郡，割據河西。稱行河西五郡大將軍事。東漢建武五年（29）歸附光武帝，歷任涼州牧、冀州牧、大司空、行衛尉事，並兼領將作大匠。　河西：地區名，今甘肅、青海二省之間黄河南段以西地區，即河西走廊、湟水流域一帶。

［14］彭寵：新莽末年南陽宛（今河南省南陽市）人，字伯通。新莽末任更始政權偏將軍，行漁陽太守事。後歸附劉秀，封建忠侯，賜號大將軍。後以功高賞薄，又與幽州牧朱浮不和，乃起兵反叛。後爲部下所殺。　漁陽：郡名，治所在漁陽縣（今北京市密雲區西南）。

［15］稷下：指戰國齊都城臨淄西門稷門附近地區。

［16］脱：如果。

［17］射聲校尉：官名，統宿衛兵，魏晋時隸屬中領軍。晋四品。

［18］蒯通：即蒯徹。秦末范陽（今河北省定興縣南固城鎮）人。秦末陳勝吴廣起義，武臣奉命率兵攻略趙地，蒯通説服范陽令投降武臣。此舉令趙地三十餘城不戰而降。楚漢戰争中，又勸説韓信攻取齊地，據齊叛漢自立。漢惠帝時爲丞相曹參賓客。

［19］防風之誅：禹誅殺防風之事。《史記》卷四七《孔子世家》："仲尼曰：'禹致群神於會稽山，防風氏後至，禹殺而戮之，其節專車，此爲大矣。'"

四年，儁即皇帝位於南郊，[1]大赦，改元爲建平。設行廟於宫南，遣使奉策告成焉。進慕容鍾爲司徒，慕輿拔爲司空，封孚爲左僕射，[2]慕輿護爲右僕射。遣其度支尚書封愷、中書侍郎封逞觀省風俗，[3]所在大饗將士。[4]以其妻段氏爲皇后。建立學官，簡公卿已下子弟及二品士門二百人爲太學生。

[1]四年，僭即皇帝位於南郊：中華本校勘記："《校文》：《安帝紀》，德即帝位在隆安三年，《御覽》一二六引《南燕録》言德建平元年歲在己亥，蓋即隆安三年也。下《超傳》云'二世，凡十一年，以義熙六年滅'，上推至隆安三年，正合十一年之數。此'四年'蓋'三年'之誤。"

[2]封孚：字處道，本書卷一二八有載記。

[3]度支尚書：官名，尚書省度支曹長官，掌全國財富的收支會計及事役、漕運、物價、屯田之政令。晋三品。　中書侍郎：官名，三國魏文帝黄初初年設中書省，在長官中書監、中書令以下有通事郎，後增設中書郎，亦稱中書侍郎。掌草擬詔書，外出執行重要使命等。晋五品。

[4]大饗將士：饗，宋本作"享"。

後因讌其群臣，酒酣，笑而言曰："朕雖寡薄，恭己南面而朝諸侯，在上不驕，夕惕於位，可方自古何等主也？"其青州刺史鞠仲曰："陛下中興之聖后，少康、光武之儔也。"[1]德顧命左右賜仲帛千匹。仲以賜多爲讓，德曰："卿知調朕，朕不知調卿乎！卿飾對非實，故亦以虚言相賞。賞不謬加，何足謝也！"韓範進曰："臣聞天子無戲言，忠臣無妄對。今日之論，上下相欺，可謂君臣俱失。"德大悦，賜範絹五十匹。自是昌言競進，朝多直士矣。[2]

[1]少康：夏王，相之子。夏太康失位，后羿取代夏政，寒浞又殺后羿。夏相之后緡逃回母家，生少康。後夏臣伯靡聚衆殺寒浞，迎少康復位。史稱"少康中興"。

[2]朝多直士：多，宋本作"夕"。

德母兄先在長安，遣平原人杜弘如長安問存否。[1]弘曰："臣至長安，若不奉太后動止，便即西如張掖，[2]以死爲效。臣父雄年逾六十，[3]未沾榮貴，乞本縣之禄，以申烏鳥之情。"張華進曰："杜弘未行而求禄，要利情深，不可使也。"德曰："吾方散所輕之財，招所重之死，况爲親尊而可吝乎！且弘爲君迎親，爲父求禄，[4]雖外如要利，内實忠孝。"乃以雄爲平原令。弘至張掖，爲盜所殺，德聞而悲之，厚撫其妻子。

［1］平原：郡國名，治所在平原縣（今山東省平原縣西南）。

［2］如：到，往。

［3］年逾六十：年，原本作"生"，宋本、殿本作"十"，據宋本、殿本改。

［4］爲父求禄：父，殿本作"親"。

明年，德如齊城，[1]登營丘，望晏嬰冢，[2]顧謂左右曰："禮，大夫不逼城葬。平仲古之賢人，達禮者也，而生居近市，死葬近城，豈有意乎？"青州秀才晏謨對曰："孔子稱臣先人平仲賢，則賢矣。豈不知高其梁，豐其禮？蓋政在家門，故儉以矯世。存居湫隘，[3]卒豈擇地而葬乎！所以不遠門者，猶冀悟平生意也。"遂以謨從至漢城陽景王廟，[4]讌庶老于申池，[5]北登社首山，[6]東望鼎足，[7]因目牛山而嘆曰："古無不死！"愴然有終焉之志。遂問謨以齊之山川丘陵，賢哲舊事。謨歷對詳辯，畫地成圖。德深嘉之，拜尚書郎，[8]立冶於商山，[9]置鹽官於烏常澤，[10]以廣軍國之用。

[1]齊城：地名，即古臨淄，在今山東省淄博市東北。

[2]晏嬰：即晏子。春秋時夷濰（今山東省高密市）人，字平仲。齊國大夫，機智善辯，敢於諫諍，生活節儉。歷事齊靈公、莊公、景公三朝。

[3]存居湫隘：活着的時候居室狹小。湫隘，狹小。《左傳·昭公三年》："初，景公欲更晏子之宅，曰：'子之宅近市，湫隘囂塵，不可以居，請更諸爽塏者。'" 杜預注："湫，下；隘，小。"

[4]漢城陽景王：劉章，漢高祖劉邦之孫，齊悼惠王劉肥之子。娶吕禄女爲妻。吕后死，諸吕謀爲亂，劉章與周勃等共平諸吕，迎立文帝。被封城陽王，卒謚景王。

[5]申池：位於今山東省淄博市臨淄區西。

[6]社首山：位於今山東省泰安市西南。

[7]鼎足：鼎足山，位於今山東省淄博市東北。又名菟頭山、駝頭山、牛首堌。

[8]尚書郎：官名。東漢之制，取孝廉中之有才能者入尚書臺，在皇帝左右處理政務，初入臺稱守尚書郎中，滿一年稱尚書郎，滿三年稱侍郎。魏晋以後尚書各曹有侍郎、郎中等官，綜理政務，通稱爲尚書郎。晋六品。

[9]商山：一名鐵山，位於今山東省桓臺縣東南。

[10]烏常澤：《水經注》卷五《河水》伏琛曰："千乘城在齊城西北一百五十里，隔會水，即漯水之别名也。又東北爲馬常坑。" 郭守敬按："《晋書·載記》，慕容德置鹽官於烏常澤。《寰宇記》引《續述征記》，烏常泛，齊人謂湖爲泛。《齊乘》引《述征記》亦作烏常泛。烏與馬形近，此馬字當烏字之誤。惟坑在漯水下流，尚在濟水之北，而《齊乘》以巨洋水入海之黑冢泊當之，誤。"

德故吏趙融自長安來，始具母兄凶問。德號慟吐血，因而寢疾。其司隸校尉慕容達因此謀反，[1]遣牙門黄瑀率衆攻端門，[2]殿中師侯赤眉開門應之。[3]中黄門孫進扶德逾城，[4]隱於進舍。段宏等聞宫中有變，勒兵屯四門。德入宫，誅赤眉等，達懼而奔魏。慕容法及魏師戰于濟北之摽榆谷，[5]魏師敗績。

［1］司隸校尉：官名，三國魏時先治弘農，後治河南，轄司州所屬河南、河東、河内、弘農、平陽五郡。掌監察京師、糾察京都百官。西晋沿置。晋三品。

［2］牙門：官名，牙門將省稱，三國魏晋南北朝皆置，統兵武職，位在裨將軍下、郡守上。晋五品。

［3］殿中師：中華本校勘記："周校：'師'當作'帥'。按：《通鑑》一一三正作'帥'。周説是。"殿中帥，官名，十六國前燕置，統殿中兵，侍衛宫殿。

［4］中黄門：官名，宦官中地位較低者。晋七品。

［5］濟北：郡國名，治所在盧子城（今山東省平陰縣舊東阿東北）。

其尚書韓諄上疏曰："二寇逋誅，國耻未雪，關西爲豺狼之藪，揚越爲鴟鴞之林，三京社稷，鞠爲丘墟，四祖園陵，蕪而不守，豈非義夫憤嘆之日，烈士忘身之秋。而皇室多難，威略未振，是使長蛇弗翦，[1]封豕假息。[2]人懷憤慨，常謂一日之安不可以永久，終朝之逸無卒歲之憂。陛下中興大業，務在遵養，矜遷萌之失土，假長復而不役，愍黎庶之息肩，貴因循而不擾。斯可以保寧于營丘，難以經措于秦越。今群凶僭逆，實繁有徒，據我三方，伺國瑕釁。深宜審量虚實，大校成敗，養兵厲甲，廣農積糧，進爲雪耻討寇之資，退爲山河萬全之固。而百姓因秦晋之弊，迭相蔭冒，或百室合户，或千丁共籍，依託城社，不懼燻燒，公避課役，擅爲奸宄，損風毁憲，法所不容。但檢令未宣，弗可加戮。今宜隱實黎萌，正其編貫，庶上增皇朝理物之明，下益軍國兵資之用。若蒙采納，冀裨山海，雖遇商鞅之刑，[3]悦綰之害，[4]所不辭也。”德納之，遣其車騎將軍慕容鎮率騎三千，[5]緣邊嚴防，備百姓逃竄。以諱爲使持節、散騎常侍、行臺尚書，[6]巡郡縣隱實，得蔭户五萬八千。諱公廉正直，所在野次，人不擾焉。

[1]長蛇弗翦：貪殘凶暴没有得到剪除。

[2]封豕假息：貪殘凶暴之徒藉以生息。

[3]商鞅：戰國時衛國人，公孫氏，名鞅，亦稱衛鞅、公孫鞅、商君鞅、商君。助秦孝公變法强國。孝公死後被殺。

[4]悦綰：十六國前燕人，慕容儁時任將軍、尚書右僕射、安西將軍、護匈奴中郎將等職。慕容暐時任尚書左僕射，建議罷諸蔭户，盡還郡縣。

[5]車騎將軍：官名，魏晋南北朝時位次於驃騎將軍，在諸名號將軍之上，多作爲軍府名號，以加授大臣及重要州郡長官。晋二品，開府位從公者一品。

[6]行臺尚書：官名，十六國前燕置，代表尚書臺巡行郡縣，不常駐固定地區。

德大集諸生，親臨策試。既而饗宴，乘高遠矚，顧謂其尚書魯邃曰：“齊魯固多君子，當昔全盛之時，接、慎、巴生、淳于、鄒、田之徒，[1]蔭修檐，臨清沼，馳朱輪，佩長劍，恣非馬之雄辭，[2]奮談天之逸辯，指麾則紅紫成章，俯仰則丘陵生韵。至於今日，荒草頹墳，氣消烟滅，永言千載，能不依然！”邃答曰：“武王封比干之墓，[3]漢祖祭信陵之墳，[4]皆留心賢哲，每懷往事。陛下慈深二主，澤被九泉，若使彼而有知，寧不銜荷矣。”

[1]接：接予，戰國時齊國人。《史記》卷四六《田敬仲完世家》張守節正義：齊人。《藝文志》云《接予》二篇，在道家流。　慎：慎到，戰國時趙國人，曾在稷下講學。主張以勢治國，即執行法令必須靠權勢。著有《慎子》四十二篇，今存七篇。　巴生：中華本校勘記：“《史記·魯仲連傳》正義引《魯仲連子》有齊辯士田巴，疑‘巴生’指田巴，故此以名冠生。”　淳于：淳于髡，戰國時齊人，稷下學士。博聞强記，學無所主，滑稽多辯。後與鄒衍、孟軻等應召至魏。魏惠王欲以卿相之位待之，贈以安車駕駟、黄金百鎰。他受財寶而辭卿相之位。　鄒：鄒衍，戰國時齊國人，稍晚於孟子，陰陽家代表人物。好談天文，時人稱之“談天衍”。提出五德終始説，認爲歷史按照土木金火水五行相克的順序而循環。　田：田駢，戰國時齊國人，名廣，亦稱陳駢，又號知駢。曾爲孟嘗君門客，游稷下，與慎到同學於彭蒙。其思想道家色彩濃重。

[2]非馬：原本、宋本作“飛馬”，殿本作“非馬”，據殿本、中華本校勘記改。“白馬非馬”是名家代表人物公孫龍提出的命題。

[3]武王封比干之墓：比干，商紂之叔父，又稱王子比干、干叔。因直言勸諫商紂被殺，并被剖心。《史記》卷三《殷本紀》：“釋箕子之囚，封比干之墓，表商容之閭。”

[4]漢祖祭信陵之墳：漢高祖十二年十二月下詔：“秦始皇帝、楚隱王陳涉、魏安釐王、齊緡王、趙悼襄王皆絶無後，予守冢各十家，秦皇帝二十家，魏公子無忌五家。”語見《史記》卷八《高祖

本紀》。

先是，妖賊王始聚衆於太山，[1]自稱太平皇帝，號其父爲太上皇，兄爲征東將軍，[2]弟征西將軍。[3]慕容鎮討擒之，斬於都市。臨刑，或問其父及兄弟所在，始答曰："太上皇帝蒙塵於外，征東、征西亂兵所害。惟朕一身，獨無聊賴。"其妻怒之曰："止坐此口，以至於此，奈何復爾！"始曰："皇后！自古豈有不破之家、不亡之國邪！"行刑者以刀鐶築之，仰視曰："崩即崩矣，終不改帝號。"德聞而哂之。

[1]太山：郡名，治所在奉高縣（今山東省泰安市東）。

[2]征東將軍：官名，東漢末置，與征西、征南、征北將軍合稱四征將軍。魏晋時多爲持節都督，出鎮方面。晋三品，加持節都督者二品。

[3]征西將軍：官名，東漢永元年間置，地位與雜號將軍、偏將軍、裨將軍等同。建安年間與征東、征南、征北將軍合稱四征將軍，地位提高。晋三品，加持節都督者二品。

時桓玄將行篡逆，[1]誅不附己者。冀州刺史劉軌、襄城太守司馬休之、征虜將軍劉敬宣、廣陵相高雅之、江都長張誕並内不自安，[2]皆奔於德。於是德中書侍郎韓範上疏曰："夫帝王之道，必崇經略。有其時無其人，則弘濟之功闕；有其人無其時，則英武之志不申。至於能成王業者，惟人時合也。自晋國内難，七載于兹。桓玄逆篡，虐逾董卓，[3]神怒人怨，其殃積矣。可乘之機，莫過此也。以陛下之神武，經而緯之，驅樂奮之卒，接厭亂之機，譬猶聲發響應，形動影隨，未足比其易也。且江淮南北户口未幾，公私戎馬不過數百，守備之事蓋亦微矣。若以步騎一萬，建雷霆之舉，卷甲長驅，指臨江會，必望旗草偃，壺漿屬路。跨地數千，衆逾十萬，可以西并强秦，北抗大魏。夫欲拓境開疆，[4]保寧社稷，無過今也。如使後機失會，豪桀復起，梟除桓玄，布惟新之化，遐邇既寧，物無異望，非但建鄴難屠，江北亦不可冀。機過患生，憂必至矣。天與不取，悔將及焉。惟陛下覽之。”德曰：“自頃數纏百六，[5]宏綱暫弛，遂令奸逆亂華，舊京墟穢，每尋否運，憤慨兼懷。昔少康以一旅之衆，復夏配天，况朕據三齊之地，藉五州之衆，教之以軍旅，訓之以禮讓，上下知義，人思自奮，繕甲待釁，爲日久矣。但欲先定中原，掃除逋孽，然後宣布淳風，經理九服，飲馬長江，懸旌隴坂。此志未遂，且韜戈耳。今者之事，王公其詳議之。”咸以桓玄新得志，未可圖，乃止。於是講武於城西，步兵三十七萬，車一萬七千乘，鐵騎五萬三千，周亘山澤，旌旗彌漫，鉦鼓之聲，振動天地。德登高望之，顧謂劉軌、高雅之曰：“昔郤克忿齊，[6]子胥怨楚，[7]終能暢其剛烈，名流千載。卿等既知投身有道，當使無慚昔人也。”雅之等頓首答曰：“幸蒙陛下天覆之恩，大造之澤，存亡繼絶，實在聖時，雖則萬隕，何以上報！”俄聞桓玄敗，德以慕容鎮爲前鋒，慕容鍾爲大都督，配以步卒二萬，騎五千，剋期將發，而德寢疾，於是罷兵。

[1]桓玄：字敬道，本書卷九九有傳。

[2]襄城：縣名，治所在今河南省許昌市襄城縣。　司馬休之：晋宗室，字季豫，譙王司馬恬子。任襄城太守，鎮歷陽。受桓玄圍攻，投奔南燕。桓玄敗後南歸，又與劉裕交惡，投奔後秦。劉裕滅後秦，又投奔北魏。　征虜將軍：既是武官名，也作爲高級文職官員的加官。晋三品。　劉敬宣：劉牢之長子，本書卷八四有傳。　廣陵：郡名，治所在廣陵縣（今江蘇省揚州市西北蜀岡上）。　相：官名，郡國相，也稱内史。晋五品。　江都：江都縣，治所在今江蘇省揚州市西南。

[3]董卓：東漢末隴西臨洮（今甘肅省岷縣）人，字仲穎。本爲凉州豪强，靈帝時歷任中郎將、前將軍、并州牧等職。應何進之招進京殺宦官，進京後專權，廢少帝立獻帝。因受關東諸侯討伐，焚燒洛陽宫室，遷獻帝於長安。後爲部將吕布所殺。

[4]疆：原本、殿本作"彊"，宋本作"疆"，據宋本改。

[5]百六：古代道家稱天厄爲"陽九"，地厄爲"百六"。《文選·袁宏〈三國名臣序贊〉》："百六道喪，干戈迭用。"吕延濟注："四千六百一十七歲爲一元，一百六歲曰陽九之厄。"因以"陽九百六"指灾難或厄運。

[6]郤克忿齊：《左傳·宣公十七年》載：晋景公派郤克到齊國召請齊頃公參加諸侯盟會。齊頃公用帳帷圍著他母親，讓她偷看郤克。郤克是個跛子，上臺階時，齊頃公的母親在厢房裏笑出聲來。郤克很氣憤，出宫後發誓假如不報此恨，決不再渡過黄河。

[7]子胥怨楚：子胥，即伍子胥，春秋時人，名員。楚國大夫伍奢之次子，伍尚之弟。楚平王七年（前522）費無忌誣蔑伍奢與太子建叛亂，結果伍尚和伍奢被殺，伍子胥逃入吴國。助公子闔閭刺殺吴王僚，奪取王位。後被闔閭任爲行人，率兵攻楚，大敗越國。後因多次勸諫闔閭子夫差而被疏遠，最終自殺。

初，德迎其兄子超于長安，及是而至。德夜夢其父曰：“汝既無子，何不早立超爲太子。不爾，惡人生心。”寤而告其妻曰：“先帝神明所敕，觀此夢意，吾將死矣。”乃下書以超爲皇太子，大赦境内，子爲父後者人爵二級。其月死，即義熙元年也，時年七十。乃夜爲十餘棺，分出四門，潛葬山谷，竟不知其尸之所在。在位五年，[1]僞謚獻武皇帝。

[1]在位五年：中華本校勘記：“德即帝位在隆安三年，至義熙元年死，凡七年，即如上文以德即位在隆安四年，亦應作‘六年’。”

晋書　卷一二八

載記第二十八

慕容超 慕容鍾[1] 封孚

慕容超

慕容超，字祖明，德兄北海王納之子。苻堅破鄴，[2]以納爲廣武太守，[3]數歲去官，家於張掖。[4]德之南征，留金刀而去。及垂起兵山東，[5]苻昌收納及德諸子，皆誅之，納母公孫氏以耄獲免，納妻段氏方娠，未決，囚之于郡獄。獄掾呼延平，德之故吏也，嘗有死罪，德免之。至是，將公孫及段氏逃於羌中，而生超焉。年十歲而公孫氏卒，臨終授超以金刀，曰："若天下太平，汝得東歸，可以此刀還汝叔也。"平又將超母子奔於吕光。[6]及吕隆降於姚興，[7]超又隨凉州人徙於長安。[8]超母謂超曰："吾母子全濟，呼延氏之力。平今雖死，吾欲爲汝納其女以答厚惠。"[9]於是娶之。超自以諸父在東，恐爲姚氏所録，乃陽狂行乞。秦人賤之，惟姚紹見而異焉，勸興拘以爵位。召見與語，超深自晦匿，興大鄙之，謂紹曰："諺云'妍皮不裹癡骨'，妄語耳。"由是得去來無禁。德遣使迎之，超不告母妻乃歸。及至廣固，[10]呈以金刀，具宣祖母臨終之言，德撫之號慟。

[1]原本總目録及卷首目録均將"慕容鍾"列爲主傳人名，今據正文及中華本目録改爲附傳。

[2]苻堅：字永固，本書卷一一三有載記。　鄴：縣名，曹魏五都之一。治所在今河北省臨漳縣西南。

[3]廣武：郡名，治所在廣武縣（今甘肅省永登縣東南）。

[4]張掖：郡名，西漢置，治所在觻得縣（今甘肅省張掖市西北），晋改觻得縣名永平縣（今甘肅省張掖市西北）。

[5]垂：慕容垂，字道明，本書卷一二三有載記。　山東：地區名，指太行山以東地區。

[6]吕光：字世明，本書卷一二二有載記。

[7]吕隆：字永基，本書卷一二二有載記。　姚興：字子略，本書卷一一七有載記。

[8]凉州：治所在姑臧縣（今甘肅省武威市）。

[9]厚惠：惠，殿本作"恩"。

[10]廣固：廣固城，位於今山東省青州市西北。

超身長八尺，腰帶九圍，精彩秀發，容止可觀。德甚加禮遇，始名之曰超，封北海王，拜侍中、驃騎大將軍、司隸校尉，[1]開府，[2]置佐吏。德無子，欲以超爲嗣，故爲超起第於萬春門内，朝夕觀之。超亦深達德旨，入則盡歡承奉，出則傾身下士，於是内外稱美焉。頃之，立爲太子。

［1］侍中：官名，東漢建安中與給事黄門侍郎出入禁中，省尚書事。曹魏時爲門下之侍中省長官，常侍衛皇帝左右，掌顧問應對、諫諍糾察、平議奏事、駁奏異議等，權力甚重。晋三品。　驃騎大將軍：官名，魏晋制度，驃騎將軍爲重號將軍，僅次於大將軍，高於諸名號將軍，本不需加“大”字。然兩晋時將軍名號越授越濫，遂又增置此號，居諸名號將軍之首。多加於權臣元老，以示尊崇。開府置僚屬，不領兵。晋二品，開府位從公者一品。　司隸校尉：官名，三國魏時先治弘農，後治河南，轄司州所屬河南、河東、河内、弘農、平陽五郡。掌監察京師，糾察京都百官。西晋沿置。晋三品。

［2］開府：開設府署，辟置僚屬。魏晋時常以此作爲對高級官員的寵待。

及德死，以義熙元年僭嗣僞位，大赦境内，改元曰太上。尊德妻段氏爲皇太后。以慕容鍾都督中外諸軍、録尚書事，[1]慕容法爲征南、都督徐兖揚南兖四州諸軍事，[2]慕容鎮加開府儀同三司、尚書令，[3]封孚爲太尉，[4]鞠仲爲司空，[5]潘聰爲左光禄大夫，[6]封嵩爲尚書左僕射，[7]自餘封拜各有差。後又以鍾爲青州牧，[8]段宏爲徐州刺史，[9]公孫五樓爲武衛將軍、領屯騎校尉，[10]内參政事。封孚言於超曰：“臣聞五大不在邊，五細不在庭。[11]鍾，國之宗臣，社稷所賴；宏，外戚懿望，親賢具瞻。正應參翼百揆，不宜遠鎮方外。今鍾等出藩，五樓内輔，臣竊未安。”超新即位，害鍾等權逼，以問五樓。五樓欲專斷朝政，不欲鍾等在内，屢有間言，孚説竟不行。鍾、宏俱有不平之色，相謂曰：“黄犬之皮恐當終補狐裘也。”五樓聞之，嫌隙漸遘。

[1]都督中外諸軍：官名，亦稱都督中外諸軍事。全國最高軍事統帥，總統中央地方的内外諸軍，權力極大。　録尚書事：官名，初爲職銜名，重臣加此名義始得總知國事，綜理政務，成爲真宰相。魏晋多以公卿權重者居之，總領尚書省政務，凡重號將軍、刺史皆得命曹授用，位在三公之上。

[2]征南：官名，即征南將軍。與征東、征西、征北將軍合稱四征將軍。三國魏蜀吴兩晋皆置，出鎮方面，地位顯要。晋三品，加持節都督者二品。　都督徐兖揚南兖四州諸軍事：徐、兖、揚、南兖四州最高軍事行政長官。

[3]開府儀同三司：官名，三國魏始置。爲大臣加號，意謂與太尉、司徒、司空三司待遇相同，許開設府署，任命僚屬。　尚書令：官名，秦漢時爲尚書署長官。秩位雖低，權力甚重。魏晋時沿置，爲尚書省長官，綜理全國政務，參議大政，爲高級政務長官。晋三品。

[4]太尉：官名，曹操爲丞相後，太尉府屬官歸相府，晋時太尉雖爲八公之一、三公之首，實爲名譽宰相，多爲大臣加官。晋一品。

[5]鞠仲：鞠，原本、宋本、殿本作“麴”，據中華本校勘記改。

[6]左光禄大夫：官名，齊王曹芳正始元年（240）在光禄大夫上增置左、右，位在光禄大夫上。在朝顯職的加官，或授予年老有病致仕者，或授予死者。西晋時禄賜與特進同。晋二品，開府位從公者一品。

[7]尚書左僕射：官名，尚書省次官，輔助尚書令執行政務、參議大政、諫諍得失、監察糾彈百官。有時尚書省不置令，祇設左右僕射，此時左僕射居右僕射之上。晋三品。

[8]青州：治所在臨淄縣（今山東省淄博市東北）。

[9]徐州：治所在彭城縣（今江蘇省徐州市）。

[10]武衛將軍：官名，三國魏置，權任很重。晋四品。　領：

以地位較高的官員兼理較低的職務。晋四品。　屯騎校尉：官名，北軍五校尉之一，隸屬中領軍，掌本營騎士，戍衛京師。晋四品。

[11]五大不在邊，五細不在庭：《左傳·昭公十一年》："臣聞五大不在邊，五細不在庭。"孔穎達疏引賈逵云："五大，謂太子、母弟、貴寵公子、公孫、累世正卿也。"五細指出身賤、年輩小、關係遠、資歷淺、地位低的五類人。

初，超自長安行至梁父，[1]慕容法時爲兖州，[2]鎮南長史悦壽還謂法曰：[3]"向見北海王子，天資弘雅，神爽高邁，始知天族多奇，玉林皆寶。"法曰："昔成方遂詐稱衛太子，[4]人莫辯之，此復天族乎？"超聞而恚恨，形于言色。法亦怒，處之外館，由是結憾。及德死，法又不奔喪，超遣使讓焉。法常懼禍至，因此遂與慕容鍾、段宏等謀反。超知而徵之，鍾稱疾不赴，於是收其黨侍中慕容統、右衛慕容根、散騎常侍段封誅之，[5]車裂僕射封嵩於東門之外。[6]西中郎將封融奔于魏。[7]

[1]梁父：縣名，治所在今山東省新泰市西。

[2]兖州：三國魏治所在廩丘縣（今山東省鄆城縣西北），晋惠帝末，兖州闔境淪没於石勒。東晋元帝僑置兖州，治京口（今江蘇省鎮江市）。

[3]鎮南長史：官名，鎮南將軍府長史。掌顧問參謀，爲所在官署掾屬之長。晋七品。

[4]成方遂詐稱衛太子：《後漢書》卷七九《儒林列傳下》李賢注："《前書》昭帝時，有男子成方遂詣北闕，自稱衛太子。丞相、御史、二千石至者，並莫敢發言，京兆尹雋不疑後到，叱從吏收縛。或曰：'是非未可知？'不疑曰：'諸君何患於衛太子？昔蒯

聵違命出奔，輒距而不納，《春秋》是之。衛太子得罪先帝，亡不即死，今來自詣，此罪人也。’遂送詔獄。天子與大將軍霍光聞而嘉之，曰‘公卿大臣當用經術，明於大義’也。”

[5]右衛：官名，即右衛將軍。三國魏咸熙二年（265），司馬炎即晋王位，分中衛將軍爲左、右衛將軍。掌佽飛虎賁及前驅、由基、强弩三部司馬，屬下還有虎賁、羽林、上騎、異力、命中五部督，負責宫禁侍衛。西晋屬中軍將軍，後屬領軍將軍。爲禁衛軍主要統帥之一，權任很重。晋四品。　散騎常侍：官名，三國魏文帝黄初年置，侍從皇帝左右，諫諍得失，顧問應對，與侍中等共平尚書奏事。也用作宰相、諸公等加官，入宫議政。晋三品。

[6]僕射：官名，即尚書僕射。秦漢爲尚書令副貳，東漢建安四年（199）分置左、右，爲尚書省次官。晋三品。

[7]西中郎將：官名，東漢末所置四中郎將之一。帥師征伐或鎮守。曹魏、西晋多兼凉州刺史，東晋多兼豫州刺史。晋四品。　魏：拓跋族所建北魏。

超尋遣慕容鎮等攻青州，慕容昱等攻徐州，慕容凝、韓範攻梁父。昱等攻莒城，[1]拔之，徐州刺史段宏奔于魏。封融又集群盗襲石塞城，[2]殺鎮西大將軍餘鬱，[3]青土振恐，人懷異議。慕容凝謀殺韓範，將襲廣固。範知而攻之，凝奔梁父。範并其衆，攻梁父克之，凝奔姚興，慕容法出奔于魏。慕容鎮克青州，鍾殺其妻子，爲地道而出，單馬奔姚興。

[1]莒城：莒縣城，位於今山東省莒縣。

[2]石塞城：位於今山東省濟南市長清區東南。

[3]鎮西大將軍：官名，三國魏置，職掌與鎮西將軍同，唯資歷深者得任此職，不常置。晋二品，開府位從公者一品。　餘鬱：

鬱，原本、宋本作“欝”，殿本作“鬱”，據殿本改。

于時超不恤政事，畋游是好，百姓苦之。其僕射韓諱切諫，不納。超議復肉刑、九等之選，乃下書於境内曰：“陽九數纏，[1]永康多難。自北都傾陷，典章淪滅，律令法憲，靡有存者。綱理天下，此焉爲本，既不能導之以德，必須齊之以刑。且虞舜大聖，猶命咎繇作士，[2]刑之不可已已也如是！先帝季興，大業草創，兵革尚繁，未遑修制。朕猥以不德，嗣承大統，撫馭寡方，[3]致蕭墻釁發，遂戎馬生郊，典儀寢廢。今四境無虞，所宜修定，尚書可召集公卿。至如不忠不孝若封嵩之輩，梟斬不足以痛之，宜致烹轘之法，[4]亦可附之律條，納以大辟之科。肉刑者，乃經之先聖，[5]不刊之典，漢文易之，輕重乖度。今犯罪彌多，死者稍衆。[6]肉刑之於化也，濟育既廣，懲慘尤深，光壽、建興中二祖已議復之，[7]未及而晏駕。[8]其令博士已上參考舊事，[9]依吕刑及漢、魏、晋律令，消息增損，議成燕律。五刑之屬三千，而罪莫大於不孝。孔子曰：‘非聖人者無法，非孝者無親，此大亂之道也。’[10]轘裂之刑，烹煮之戮，雖不在五品之例，然亦行之自古。渠彌之轘，[11]著之《春秋》；哀公之烹，[12]爰自中代。世宗都齊，亦愍刑罰失中，咨嗟寢食。王者之有刑糾，猶人之左右手焉。故孔子曰：‘刑罰不中，則人無所措手足。’[13]是以蕭何定法令而受封，[14]叔孫通以制儀爲奉常。[15]立功立事，古之所重。其明議損益，以成一代準式。周漢有貢士之條，[16]魏立九品之選，[17]二者孰愈，亦可詳聞。”群下議多不同，乃止。

［1］陽九數纏：指灾難或厄運多次糾纏。

［2］咎繇作士：咎繇即皋陶，相傳爲堯舜時人，生於曲阜，偃姓。被舜命爲管理刑獄之官。作士，任士師。士師，亦作士史。古代職掌禁令刑狱的官。

［3］撫馭：馭，宋本、殿本作“御”。

［4］烹轘：古代酷刑，即烹煮和車裂。

［5］經之先聖：殿本作“先聖之經”。

［6］死者稍衆：宋本、殿本“死”下有“之”字。

［7］建興中二祖：興中，宋本乙作“中興”。

［8］晏駕：指皇帝死亡。

［9］博士：官名，此指太常博士。魏晋時由於國子博士、太學博士專掌經學傳授，參議禮儀制度，遂别置太常博士，掌引導乘輿，擬議王公以下謚號，參議朝廷禮儀典章。晋六品。

［10］“非聖人者無法”句：語出《孝經·五刑》。非，誹謗。

［11］渠彌之轘：渠彌，即高渠彌，春秋時鄭國人。鄭莊公打算用高渠彌爲卿，公子忽討厭他，堅决阻止，但莊公没有聽從。公子忽即位，是爲昭公，高渠彌害怕被殺，就在十月二十二日殺死昭公，另立公子亹爲君。後來高渠彌陪公子亹會見齊國君主，齊人殺死子亹，車裂高渠彌。事見《左傳·桓公十八年》。

［12］哀公之烹：哀公即齊哀公。紀侯譖之周王，周王烹哀公而立其弟静，是爲胡公。事見《史記》卷三二《齊太公世家》。

［13］“刑罰不中”句：語出《論語·子路》。

［14］蕭何：秦末泗水沛縣豐邑（今江蘇省豐縣）人。隨劉邦起兵反秦。楚漢戰争中，留守關中，爲前綫籌集糧草。劉邦稱帝後，因功高封酇侯。助吕后誅除韓信，封相國。劉邦死後復事惠帝，死前推薦曹參繼任。

[15]叔孫通：秦末薛（今山東省滕州市南）人，初爲秦博士。從項梁項羽反秦，後投劉邦。西漢建立後，與弟子采古禮與秦儀共建朝禮。後陸續制定一系列禮儀制度。　奉常：官名，即太常。漢代稱奉常，本掌禮樂宗廟、社稷祭祀，魏晋時此職掌歸尚書裁定，太常成爲閑職。晋三品。

[16]周漢有貢士之條：《禮記·射義》："諸侯歲獻，貢士於天子。"孔穎達疏："諸侯三年一貢士於天子也。"

[17]九品之選：即九品官人法，亦稱九品中正制，即魏晋時期選官任人的制度。州郡中正將人才分爲上上、上中、上下、中上、中中、中下、下上、下中、下下九品，朝廷據此授官。

超母妻既先在長安，爲姚興所拘，責超稱藩，求太樂諸伎，若不可，使送吴口千人。超下書遣群臣詳議。左僕射段暉議曰："太上囚楚，高祖不回。[1]今陛下嗣守社稷，不宜以私親之故而降統天之尊。又太樂諸伎皆是前世伶人，不可與彼，使移風易俗，宜掠吴口與之。"尚書張華曰：[2]"若彼侵掠吴邊，必成鄰怨。此既能往，彼亦能來，兵連禍結，非國之福也。昔孫權重黎庶之命，屈己以臣魏；惠施惜愛子之頭，[3]捨志以尊齊。況陛下慈德在秦，[4]方寸崩亂，宜暫降大號，以申至孝之情。權變之道，典謨所許。韓範智能迴物，辯足傾人，昔與姚興俱爲秦太子中舍人，[5]可遣將命，降號修和。所謂屈於一人之下，申於萬人之上也。"超大悦，曰："張尚書得吾心矣。"使範聘於興。及至長安，興謂範曰："封愷前來，燕王與朕抗禮。及卿至也，款然而附。爲依《春秋》以小事大之義？爲當專以孝敬爲母屈也？"範曰："周爵五等，公侯異品，小大之禮，因而生焉。今陛下命世龍興，光宅西秦，本朝主上承祖宗遺烈，定鼎東齊，中分天曜，[6]南面並帝。通聘結好，義尚謙冲，便至矜誕，苟折行人，殊似吴晋争盟，[7]滕薛競長，[8]恐傷大秦堂堂之盛，有損皇燕巍巍之美，彼我俱失，竊未安之。”興怒曰：“若如卿言，便是非爲大小而來。”範曰：“雖由大小之義，亦緣寡君純孝過於重華，[9]願陛下體敬親之道，霈然垂愍。”興曰：“吾久不見賈生，[10]自謂過之，今不及矣。”於是爲範設舊交之禮，申叙平生，謂範曰：“燕王在此，朕亦見之，風表乃可，於機辯未也。”範曰：“大辯若訥，聖人美之，况爾日龍潜鳳戢，和光同塵，[11]若使負日月而行，則無繼天之業矣。”興笑曰：“可謂使乎延譽者也。”範承間逞説，姚興大悦，賜範千金，許以超母妻還之。慕容凝自梁父奔于姚興，言於興曰：“燕王稱藩，本非推德，權爲母屈耳。古之帝王尚興師徵質，豈可虚還其母乎！母若一還，必不復臣也。宜先制其送伎，然後歸之。”興意乃變，遣使聘於超。超遣其僕射張華、給事中宗正元入長安，[12]送太樂伎一百二十人於姚興。興大悦，延華入讌。酒酣，樂作，興黄門侍郎尹雅謂華曰：[13]“昔殷之將亡，樂師歸周；[14]今皇秦道盛，燕樂來庭。廢興之兆，見于此矣。”華曰：“自古帝王，爲道不同，權譎之理，會於功成。故老子曰：‘將欲取之，必先與之。’今總章西人，[15]必由余東歸，[16]禍福之驗，此其兆乎！”興怒曰：“昔齊楚競辯，二國連師。卿小國之臣，何敢抗衡朝士！”華遜辭曰：“奉使之始，實願交歡上國，上國既遺小國之臣，辱及寡君社稷，臣亦何心，而不仰酬！”興善之，于是還超母妻。

［1］太上囚楚，高祖不迴：《漢書》卷三一《陳勝項籍傳》載，楚漢相争，項羽軍守廣武，乃爲高俎，置劉邦之父於俎上，對劉邦説：“今不急下，吾亨太公。”劉邦答：“吾與若俱北面受命懷王，約爲兄弟，吾翁即汝翁。必欲亨乃翁，幸分我一盃羹。”

［2］尚書：官名，東漢尚書臺六曹各置尚書，秩六百石。魏晋出爲朝官，分掌尚書省諸曹，品秩提高。晋三品。

［3］惠施惜愛子之頭：惠施，戰國時宋人，亦稱惠子。魏惠王相，名家代表人物。《吕氏春秋》卷二一《開春論》：匡章謂惠子曰：“公之學去尊，今又王齊王，何其到也？”惠子曰：“今有人於此，欲必擊其愛子之頭，石可以代之。”匡章曰：“公取之代乎？其不與？”惠施説：“施取代之。子頭所重也，石所輕也，擊其所輕，以免其所重，豈不可哉！”

［4］慈德：指慕容超的母親和妻子。

［5］太子中舍人：官名，簡稱太子中舍、中舍人、中舍。東宫屬官，其中有才學者與中庶子共掌東宫文翰及奏事文書，侍從規諫太子。位在太子中庶子下、太子洗馬上。晋六品。

［6］中分天曜：中分天下。天曜，天上的星星，古人認爲天空星區對應地上的政區。

［7］吴晋争盟：指春秋末期吴國和晋國争霸。

［8］滕薛競長：《左傳·隱公十一年》：滕侯和薛侯朝見周天子，争執行禮的先後。薛侯想先受封。滕侯説自己是周朝的卜正官，薛國是外姓，所以不能落後於薛侯。

［9］重華：指虞舜。《史記》卷一《五帝本紀》：“舜父瞽叟盲，而舜母死，瞽叟更娶妻而生象，象傲。瞽叟愛後妻子，常欲殺舜，舜避逃；及有小過，則受罪。順事父及後母與弟，日以篤謹，匪

有解。"

［10］賈生：賈誼，西漢洛陽（今河南省洛陽市）人。文帝時爲博士，後遷至太中大夫。建議改正朔、定官名、興禮樂、削藩王。因大臣周勃、灌嬰等譖毁，被貶爲長沙王太傅。

［11］和光同塵：韬光隐晦，不露锋芒。《道德真经注》："和其光，同其塵。"吴澄注："和，猶平也，掩抑之意；同，謂齊等而與之不異也。鏡受塵者不光，凡光者終必暗，故先自掩其光以同乎彼之塵，不欲其光也，則亦終無暗之時矣。"

［12］給事中：官名，爲加官，所加爲三公、將軍、中書監令、博士、郎等。常侍從皇帝左右，諫諍糾彈，爲中朝要職。晋五品。

［13］黄門侍郎：官名，魏晋時爲侍中省或門下省次官。侍從皇帝，顧問應對，多以重臣或外戚子弟擔任，位頗重要。晋五品。

［14］殷之將亡，樂師歸周：《史記》卷三《殷本紀》："殷紂王荒淫暴虐，微子數諫不聽，乃與大師、少師謀，遂去。比干曰：'爲人臣者，不得不以死争。'乃强諫紂。紂怒曰：'吾聞聖人心有七竅。'剖比干，觀其心。箕子懼，乃詳狂爲奴，紂又囚之。殷之大師、少師乃持其祭樂器奔周。"

［15］總章：樂官名。

［16］由余：又作繇余，春秋時戎人。其祖先本晋人，因能言晋語，戎王遣其入秦。秦穆公愛其才，乃離間由余與戎王的關係，使人召之入秦，待以客禮。後由余爲秦國謀劃滅戎，開地千里，稱霸西戎。

義熙三年，[1]追尊其父爲穆皇帝，立其母段氏爲皇太后，妻呼延氏爲皇后。祀南郊，將登壇，有獸大如馬，狀類鼠而赤，[2]集於圓丘之側，[3]俄而不知所在。須庾大風暴起，天地晝昏，其行宫羽儀皆振裂。超懼，密問其太史令成公綏，[4]對曰："陛下信用奸臣，誅戮賢良，賦斂繁多，事役殷苦所致也。”超懼而大赦，譴責公孫五樓等。俄而復之。是歲廣固地震，天齊水涌，井水溢，女水竭，[5]河濟凍合，而澠水不冰。[6]

[1]義熙三年：中華本校勘記：“《御覽》一二六引《南燕録》系追封事在太上四年。超以義熙元年改元太上，則此當在義熙四年。《通鑑》一一四系於四年，是。”

[2]類鼠而赤：宋本、殿本“赤”上有“色”字。

[3]圓丘：圓，殿本作“圜”。

[4]太史令：官名，屬太常。掌天時、星曆、歲終奏新年曆。記録瑞應、灾異等。晋七品。

[5]女水：即今山東省青州市、廣饒縣界女織河。

[6]澠水：源自今山東省淄博市臨淄區東，北流入時水。

超正旦朝群臣於東陽殿，聞樂作，嘆音佾不備，悔送伎於姚興，遂議入寇。其領軍韓諱諫曰：[1]“先帝以舊京傾没，戢翼三齊，苟時運未可，上智輟謀。今陛下嗣守成規，宜閉關養士，以待賊釁，不可結怨南鄰，廣樹仇隙。”超曰：“我計已定，不與卿言。”於是遣其將斛穀提、公孫歸等率騎寇宿豫，[2]陷之，執陽平太守劉千載、濟陰太守徐阮，[3]大掠而去。簡男女二千五百，付太樂教之。

[1]領軍：官名，即領軍將軍。三國魏曹丕置，職掌同於中領軍，但任職者資位重於中領軍，簡稱領軍。爲禁衛軍最高統帥，常由皇帝親信或宗室擔任。兩晋沿置。十六國一些少數民族政權亦置。晋三品。　韓諱：諱，殿本作“謨”。本卷下文此人名同。

[2]宿豫：縣名，治所在今江蘇省宿遷市東南舊黄河東北岸古城。

[3]陽平：郡名，治所在茌眉戍（今安徽省固鎮縣西）。　濟陰：郡名，東晋僑置，治所在睢陽縣（今江蘇省睢寧縣）。（詳見胡阿祥《東晋南朝僑州郡縣與僑流人口研究》，江蘇教育出版社2008年版，第176頁）

時公孫五樓爲侍中、尚書，領左衛將軍，[1]專總朝政，兄歸爲冠軍、常山公，[2]叔父穨爲武衛、興樂公。五樓宗親皆夾輔左右，王公内外無不憚之。

[1]左衛將軍：官名，三國魏咸熙二年（265），司馬炎即晋王位，分中衛將軍爲左、右衛將軍。掌佽飛虎賁及前驅、由基、强弩三部司馬，屬下還有虎賁、羽林、上騎、異力、命中五部督，負責宫禁侍衛。西晋屬中軍將軍，後屬領軍將軍。爲禁衛軍主要統帥之一，權任很重。晋四品。左衛將軍，原本、宋本、殿本闕“軍”字，據中華本補。

[2]冠軍：官名，即冠軍將軍。曹魏、孫吴、西晋皆置。西晋時領營兵。晋三品。

超論宿豫之功，封斛穀提等並爲郡、縣公。慕容鎮諫曰：“臣聞懸賞待勛，非功不侯。今公孫歸結禍延兵，殘賊百姓，陛下封之。得無不可乎！[1]夫忠言逆耳，非親不發。臣雖庸朽，忝國戚藩，輒盡愚款，惟陛下圖之。”超怒，不答，自是百僚杜口，莫敢開言。

[1]得無：恐怕。表示推測。

尚書都令史王儼諂事五樓，[1]遷尚書郎，[2]出爲濟南太守，[3]入爲尚書左丞，[4]時人爲之語曰："欲得侯，事五樓。"

[1]尚書都令史：官名，尚書丞佐官，掌都省事務，監督諸曹尚書、尚書郎。位在令史之上。晋八品。

[2]尚書郎：官名。東漢之制，取孝廉中之有才能者入尚書臺，在皇帝左右處理政務，初入臺稱守尚書郎中，滿一年稱尚書郎，滿三年稱侍郎。魏晋以後尚書各曹有侍郎、郎中等官，綜理政務，通稱爲尚書郎。晋六品。

[3]濟南：郡名，治所在歷城縣（今山東省濟南市）。

[4]尚書左丞：官名，尚書省佐官，位次尚書，居尚書右丞上。與右丞共掌尚書都省庶務，率諸都令史監督稽核諸尚書曹、郎曹政務。左丞又掌督録近道文書章奏，監察糾彈尚書令、僕射、尚書等文武百官，號稱"監司"，權勢甚重。晋六品。

又遣公孫歸等率騎三千入寇濟南，[1]執太守趙元，略男女千餘人而去。劉裕率師將討之，[2]超引見群臣于東陽殿，議距王師。公孫五樓曰："吴兵輕果，所利在戰，初鋒勇鋭，不可争也。宜據大峴，[3]使不得入，曠日延時，沮其鋭氣。可徐簡精騎二千，循海而南，絶其糧運，别敕段暉率兖州之軍，緣山東下。腹背擊之，上策也。各命守宰，依險自固，校其資儲之外，餘悉焚蕩，芟除粟苗，使敵無所資。堅壁清野，以待其釁，中策也。縱賊入峴，出城逆戰，下策也。"超曰："京都殷盛，户口衆多，非可一時入守。青苗布野，非可卒芟。設使芟苗城守，[4]以全性命，朕所不能。今據五州之强，帶山河之固，戰車萬乘，鐵馬萬群，縱令過峴，至於平地，徐以精騎踐之，此成擒也。”賀賴盧苦諫，不從，退謂五樓曰：“上不用吾計，亡無日矣。”慕容鎮曰：“若如聖旨，必須平原用馬爲便，宜出峴逆戰，戰而不勝，猶可退守。不宜縱敵入峴，自貽窘逼。昔成安君不守井陘之關，[5]終屈於韓信；[6]諸葛瞻不據東馬之嶮，[7]卒擒於鄧艾。[8]臣以爲天時不如地利，阻守大峴，策之上也。”超不從。鎮出，謂韓𧺝曰：“主上既不能芟苗守嶮，又不肯徙人逃寇，酷似劉璋矣。[9]今年國滅，吾必死之，卿等中華之士，復爲文身矣。”超聞而大怒，收鎮下獄。乃攝莒、梁父二戍，[10]修城隍，簡士馬，畜鋭以待之。

[1]三千人寇濟南：殿本作“三千人入濟南”。

[2]劉裕：字德輿，小名寄奴，彭城（今江蘇省徐州市）人，南朝宋開國皇帝。世居京口，初爲東晉冠軍司馬，後被劉牢之任爲參軍。歷任鎮軍將軍、都督十六州諸軍事，官至相國，受封宋王。元熙二年（420）代晉稱帝。卒謚武皇帝，廟號高祖。

[3]大峴：大峴山，位於今山東省臨朐縣東北。

[4]城守：宋本、殿本作“守城”。

[5]成安君不守井陘之關：成安君，陳餘，秦末任趙國大將軍。韓信伐趙，陳餘聞漢且襲之也，聚兵井陘口，號稱二十萬。廣武君李左車獻計，勸陳餘扼守井陘關。陳餘不聽，終被韓信打敗。

[6]韓信：秦末淮陰（今江蘇省淮安市淮陰區南）人，早年家貧，常從人寄食。後隨項羽起兵，因不受重用，轉投劉邦。受蕭何舉薦，拜大將軍。功勛卓著，爲漢初三傑之一。漢立封楚王，後貶爲淮陰侯。終爲吕后設計所殺。

[7]諸葛瞻不據東馬之嶮：蜀漢末，黄崇隨衛將軍諸葛瞻拒鄧艾。到涪縣，諸葛瞻盤桓未進，黄崇屢勸他宜速行據險，無令敵得入平地。諸葛瞻不納。鄧艾長驅而前，諸葛瞻和黄崇戰死。嶮，殿本作“險”。

[8]鄧艾：三國時義陽棘陽（今河南省南陽市南）人，字士載。歷任典農綱紀、尚書郎、討寇將軍、汝南太守、兖州刺史。平蜀漢有功，官至太尉。後爲鍾會所誣，以檻車征回京師，中途爲衛瓘所殺。

[9]劉璋：東漢末江夏竟陵（今湖北省潛江市西北）人，字季玉，益州牧劉焉之子，劉焉死後襲位。建安十六年（211）迎劉備入蜀，幾年後被劉備取代。

[10]莒：縣名，治所在今山東省莒縣。

其夏，王師次東莞，[1]超遣其左軍段暉、輔國賀賴盧等六將步騎五萬，[2]進據臨朐。[3]俄而王師度峴，超懼，率卒四萬就暉等於臨朐，謂公孫五樓曰：“宜進據川源，晋軍至而失水，亦不能戰矣。”五樓馳騎據之。劉裕前驅將軍孟龍符已至川源，五樓戰敗而返。裕遣諮議參軍檀韶率鋭卒攻破臨朐，[4]超大懼，單騎奔段暉於城南。暉衆又戰敗，裕軍人斬暉。超又奔還廣固，徙郭内人入保小城，使其尚書郎張綱乞師於姚興。赦慕容鎮，進録尚書、都督中外諸軍事。[5]引見群臣，謝之曰：“朕嗣奉成業，不能委賢任善，而專固自由，覆水不收，悔將何及！智士逞謀，必在事危，忠臣立節，亦在臨難，諸君其勉思六奇，共濟艱運。”鎮進曰：“百姓之心，係於一人。陛下既躬率六軍，身先奔敗，群臣解心，士庶喪氣，内外之情，不可復恃。如聞西秦自有内難，恐不暇分兵救人，正當更決一戰，以争天命。今散卒還者，猶有數萬，可悉出金帛、宫女，餌令一戰。天若相我，足以破賊。如其不濟，死尚爲美，不可閉門坐受圍擊。”司徒慕容惠曰：“不然。今晋軍乘勝，有陵人之氣，敗軍之將，何以禦之！秦雖與勃勃相持，[6]不足爲患。且二國連横，勢成脣齒，今有寇難，秦必救我。但自古乞援，不遣大臣則不致重兵，是以趙隸三請，[7]楚師不出；平原一使，[8]援至從成。尚書令韓範德望具瞻，燕秦所重，宜遣乞援，以濟時艱。”於是遣範與王蒲乞師于姚興。[9]

[1]東莞：郡名，東漢建安初置，治所在今山東省沂水縣東北，西晋元康年間移治莒縣（今山東省莒縣）。

[2]左軍：官名，即左軍將軍。與前軍、後軍、右軍將軍合稱四軍將軍，領營兵千人，掌宿衛。初屬中軍將軍，後屬領軍將軍。晋四品。　輔國：官名，即輔國將軍，屬將軍名號，三國兩晋皆置。晋三品。

[3]臨朐：縣名，治所在今山東省臨朐縣。

[4]諮議參軍：官名，兩晋時大將軍府、丞相府、公府、位從公府、州軍府均有置者，掌顧問、謀議。　檀韶：東晋高平金鄉（今山東省嘉祥縣南）人，字令孫。世居京口。初辟本州從事，西曹主簿，輔國司馬。東晋末從劉裕起兵，兼攝劉裕建武將軍參軍。後任鎮軍參軍、寧遠將軍、東海太守、建武將軍、龍驤將軍、秦郡太守、北陳留内史。從劉裕北伐南燕，南征盧循，因功封宜陽縣侯。

[5]録尚書：官名，即録尚書事。初爲職銜名，重臣加此名義始得總知國事，綜理政務，成爲真宰相。魏晋多以公卿權重者居

之，總領尚書省政務，凡重號將軍、刺史皆得命曹授用，位在三公之上。　都督中外諸軍事：官名，亦稱都督中外諸軍。全國最高軍事統帥，總統中央地方的内外諸軍，權力極大。

[6]勃勃：赫連勃勃，字屈孑，本書卷一三〇有載記。

[7]趙隸三請：《戰國策·趙策四》有"秦攻魏，取寧邑，诸侯皆賀。赵王使往賀，三反，不得通"之事，但與後面所説"楚師不出"不合。未知此事何出。

[8]平原一使：平原即戰國趙平原君趙勝。秦攻打趙國，平原君带着毛遂等二十門客前往楚國求救，使楚國發兵救趙。

[9]與王蒲乞師：殿本作"與王簿往乞師"。

未幾，裕師圍城，四面皆合。人有竊告裕軍曰："若得張綱爲攻具者，城乃可得耳。"是月，綱自長安歸，遂奔於裕。裕令綱周城大呼曰："勃勃大破秦軍，無兵相救。"超怒，伏弩射之，乃退。右僕射張華、中丞封愷並爲裕軍所獲。[1]裕令華、愷與超書，勸令早降。超乃遣裕書，請爲藩臣，以大峴爲界，并獻馬千匹，以通和好，裕弗許。江南繼兵相尋而至。尚書張俊自長安還，又降於裕，説裕曰："今燕人所以固守者，外杖韓範，冀得秦援。範既時望，又與姚興舊昵，若勃勃敗後，秦必救燕，宜密信誘範，啗以重利，範來則燕人絶望，自然降矣。"裕從之，表範爲散騎常侍，遺範書以招之。時姚興乃遣其將姚强率步騎一萬，隨範就其將姚紹于洛陽，并兵來援。會赫連勃勃大破秦軍，興追强還長安。範嘆曰："天其滅燕乎！"會得裕書，遂降於裕。裕謂範曰："卿欲立申包胥之功，[2]何以虚還也？"範曰："自亡祖司空世荷燕寵，故泣血秦庭，冀匡禍難。屬西朝多故，丹誠無效，可謂天喪弊邑而贊明公。智者見機而作，敢不至乎！”翌日，裕將範循城，由是人情離駭，無復固志。裕謂範曰：“卿宜至城下，告以禍福。”範曰：“雖蒙殊寵，猶未忍謀燕。”裕嘉而不强。左右勸超誅範家，以止後叛。超知敗在旦夕，又弟諱盡忠無貳，[3]故不罪焉。是歲東萊雨血，廣固城門鬼夜哭。

[1]右僕射：官名，即尚書右僕射。尚書令副手，掌拆閲封緘奏章文書、參議政事、諫諍駁議、監察百官。位在左僕射之下。晋三品。　中丞：官名，即御史中丞。御史大夫副手，掌監察、執法，爲京師顯官，職權甚重。晋四品。

[2]申包胥之功：申包胥，春秋時楚國人，與伍員是好朋友。伍員受迫害逃離楚國，臨行對申包胥説他一定顛覆楚國。申包胥表示伍員能顛覆楚國，自己一定能復興楚國。後伍員率吴軍在柏舉大敗楚軍，攻入郢都。申包胥入秦告急，求救於秦。秦不許。包胥立於秦廷，晝夜哭，七日七夜不絶其聲。秦哀公憐之，乃發兵救楚擊吴。敗吴兵於稷。

[3]無貳：貳，殿本作“二”。

明年朔旦，超登天門，朝群臣於城上，殺馬以饗將士，文武皆有遷授。超幸姬魏夫人從超登城，見王師之盛，握超手而相對泣。韓諱諫曰：“陛下遭百六之會，正是勉强之秋，[1]而反對女子悲泣，何其鄙也！”超拭目謝之。其尚書令董鋭勸超出降，[2]超大怒，繫之於獄。于是賀賴盧、公孫五樓爲地道出戰，王師不利。[3]河間人玄文説裕曰：[4]“昔趙攻曹嶷，望氣者以爲澠水帶城，非可攻拔，若塞五龍口，[5]城必自陷。石季龍從之，而嶷請降。後慕容恪之圍段龕,[6]亦如之，而龕降。降後無幾，又震開之。今舊基猶在，可塞之。”裕從其言。至是，城中男女患脚弱病者太半。超輦而升城，尚書悦壽言於超曰：“天地不仁，助寇爲虐，戰士尪病,[7]日就凋隕，守困窮城，息望外援，天時人事，亦可知矣。苟曆運有終，堯舜降位，轉禍爲福，聖達以先。宜追許鄭之踪,[8]以存宗廟之重。”超嘆曰：“廢興，命也。吾寧奮劍决死，不能銜璧求生。”於是張綱爲裕造衝車,[9]覆以版屋，蒙之以皮，并設諸奇巧，城上火石弓矢無所施用；又爲飛樓、懸梯、木幔之屬,[10]遥臨城上。超大怒，懸其母而支解之。城中出降者相繼。裕四面進攻，殺傷甚衆，悦壽遂開門以納王師。[11]超與左右數十騎出亡，爲裕軍所執。裕數之以不降之狀，超神色自若，一無所言，惟以母託劉敬宣而已。[12]送建康市斬之,[13]時年二十六，在位六年。

[1]勉强：努力作爲。

[2]董鋭：中華本校勘記：“《通鑑》一一五‘鋭’作‘誂’。”

[3]王師不利：中華本“王師”屬上。李之亮認爲不妥。此句後又河間人玄文勸説劉裕塞五龍口以陷城，不可一味圍攻之語。據文意，逗號當斷在“出戰”之後。《十六國春秋》卷六四《南燕録·慕容超傳》“二月，輔國將軍賀賴盧、征虜將軍公孫五樓爲地道出擊晋師，晋師不利”，可爲的證。（參見李之亮、許華偉《〈晋書〉〈十六國春秋〉對勘劄記》，《鄭州大學學報》1998 年第 3 期）

[4]河間：郡名，西漢高帝置，文帝二年（前 178）改爲國，治所在樂成縣（今河北省獻縣東南）。

[5]五龍口：《水經注·淄水》：“淄水又東北，馬車瀆水注之，

受巨淀，淀即濁水所注也。吕忱曰：濁水一名溷水，出廣縣爲山。世謂之冶嶺山，東北流逕廣固城西，城在廣縣西北四里，四周絶澗，阻水深隍，晋永嘉中，東萊人曹嶷所造也。水側山際有五龍口。”

[6]慕容恪：字玄恭，本書卷一一一有載記。

[7]尫病：羸弱。

[8]許：許國，春秋時國名。公元前11世纪周分封的诸侯國，姜姓。在今河南许昌東，戰國初爲楚所灭。　鄭：鄭國，春秋國名。姬姓。本周西都畿内地，周宣王封弟友於此。許鄭兩國末代國君鄭襄公和許僖公都曾肉坦銜璧投降楚軍。

[9]衝車：攻城戰具。用以撞開城門。

[10]飛樓、懸梯、木幔：皆爲攻城戰具。

[11]悦壽遂開門以納王師：遂，原本作“新”，宋本、殿本作“遂”，據宋本、殿本改。

[12]惟以：惟，殿本作“唯”。　劉敬宣：劉牢之長子，本書卷八四有傳。

[13]建康：東晋國都，今江蘇省南京市。

德以安帝隆安四年僭位，[1]至超二世，凡十一年，以義熙六年滅。

[1]僭位：位，宋本、殿本作“立”。

慕容鍾，字道明，德從弟也。少有識量，喜怒不形於色，機神秀發，言論清辯。至於臨難對敵，智勇兼濟，累進奇策，德用之頗中。由是政無大小，皆以委之，遂爲佐命元勛。後公孫五樓規挾威權，慮鍾抑己，因勸超誅之，鍾遂謀反。事敗，奔於姚興，興拜始平太守、歸義侯。[1]

[1]始平：郡名，治所在槐里縣（今陝西省興平市）。

封孚，字處道，渤海蓨人也。[1]祖悛，振威將軍。[2]父放，慕容暐之世吏部尚書。[3]孚幼而聰敏和裕，有士君子之稱。寶僭位，累遷吏部尚書。及蘭汗之篡，南奔辟閭渾，渾表爲渤海太守。德至莒城，孚出降。德曰："朕平青州，不以爲慶，喜於得卿也。"常外總機事，内參密謀，雖位任崇重，謙虚博納，甚有大臣之體。及超嗣位，政出權嬖，多違舊章，軌憲日頹，殘虐滋甚，孚屢盡匡救，超不能納也。後臨軒謂孚曰："朕於百王可方誰？"孚對曰："桀紂之主。"超大慚怒。孚徐步而出，不爲改容。司空鞠仲失色，[4]謂孚曰："與天子言，何其亢厲，宜應還謝。"孚曰："行年七十，墓木已拱，[5]惟求死所耳。"竟不謝。以超三年死于家，時年七十一。文筆多傳於世。

[1]渤海：郡名，西漢置，治所在浮陽縣（今河北省滄州市東南舊滄州），西晋治所在南皮縣（今河北省南皮縣東北）。　蓨：縣名，治所在今河北省景縣東。

[2]振威將軍：官名，雜號將軍，統兵出征。晋四品。

[3]慕容暐：字景茂，本書卷一一一有載記。　吏部尚書：官名，三國魏時爲尚書省吏部曹長官，位居列曹尚書之上。晋三品。

[4]司空：官名，魏晋南北朝爲名譽宰相，多爲大臣加官。晋

八公之一，位在三公之末。晋一品。

[5]墓木已拱：墳墓上的樹已經兩手合抱那麼粗了。典出《左傳·僖公三十二年》：秦穆公欲伐鄭，蹇叔曰："勞師以襲遠，非所聞也。師勞力竭，遠主備之，無乃不可乎！師之所爲，鄭必知之。勤而無所，必有悖心。且行千里，其誰不知？"公辭焉。召孟明、西乞、白乙，使出師於東門之外。蹇叔哭之，曰："孟子，吾見師之出而不見其入也。"公使謂之曰："爾何知？中壽，爾墓之木拱矣。"

史臣曰：慕容德以季父之親，居鄴中之重，朝危未聞其節，君存遽踐其位，豈人理哉！然稟俶儻之雄姿，[1]韞從横之遠略，屬分崩之運，成角逐之資，跨有全齊，竊弄神器，撫劍而争衡秦魏，[2]練甲而志静荆吴，[3]崇儒術以弘風，延讜言而勵己，觀其爲國，有足稱焉。

[1]俶儻：豪爽灑脱，卓爾不凡。

[2]争衡：争高下勝負。

[3]志静荆吴：平定荆吴之志。"静"同"靖"，平定。

超繼已成之基，居霸者之業，政刑莫恤，畋游是好，杜忠良而讒佞進，暗聽受而勛戚離，先緒俄頹，家聲莫振，陷宿豫而貽禍，啓大峴而延敵，君臣就虜，宗廟爲墟。迹其人謀，非不幸也。

贊曰：德實奸雄，轉敗爲功，奄有青土，淫名域中。超承僞祚，撓其國步。廟失良籌，庭悲霑露。

晋書　卷一二九

載記第二十九

沮渠蒙遜

沮渠蒙遜

沮渠蒙遜，臨松盧水胡人也。[1]其先世爲匈奴左沮渠，[2]遂以官爲氏焉。蒙遜博涉群史，頗曉天文，雄傑有英略，滑稽善權變，梁熙、吕光皆奇而憚之，[3]故常游飲自晦。

[1]臨松：縣名，治所在今甘肅省肅南裕固族自治縣馬蹄鎮。　盧水胡：古族名，因世居盧水（今青海省西寧市西）得名。最初見於《後漢書》卷八七《西羌傳》。魏晋時散居西北各地。唐長孺先生《魏晋雜胡考》對盧水胡有專門考證。

[2]左沮渠：官名，匈奴置。由三貴姓中的須卜氏充任。

[3]梁熙：十六國時略陽（今甘肅省天水市東北）人，氐族。前秦苻堅時任中書令，滅前凉後任凉州刺史，領護西羌校尉，在任頗有政績。前秦滅亡後，欲閉境自守，後爲吕光所殺。　吕光：字世明，本書卷一二二有載記。

會伯父羅仇、麴粥從吕光征河南，[1]光前軍大敗，麴粥言於兄羅仇曰："主上荒耄驕縱，諸子朋黨相傾，讒人側目。今軍敗將死，正是智勇見猜之日，可不懼乎！吾兄弟素爲所憚，與其經死溝瀆，豈若勒衆向西平，[2]出苕藋，[3]奮臂大呼，凉州不足定也。"[4]羅仇曰："理如汝言，但吾家累世忠孝，爲一方所歸，寧人負我，無我負人。"俄而皆爲光所殺。宗姻諸部會葬者萬餘人，蒙遜哭謂衆曰："昔漢祚中微，吾之乃祖翼奬竇融，[5]保寧河右。[6]吕王昏耄，荒虐無道，豈可不上繼先祖安時之志，使二父有恨黄泉！"衆咸稱萬歲。遂斬光中田護軍馬邃、臨松令井祥以盟，[7]一旬之間，衆至萬餘。屯據金山，[8]與從兄男成推光建康太守段業爲使持節、大都督、龍驤大將軍、凉州牧、建康公，[9]改吕光龍飛二年爲神璽元年。業以蒙遜爲張掖太守，[10]男成爲輔國將軍，[11]委以軍國之任。

[1]河南：地區名，即今青海、甘肅兩省黄河以南一帶。

[2]西平：郡名，治所在西都縣（今青海省西寧市）。

[3]苕藋：苕藋城，位於今甘肅省張掖市東。

[4]凉州：東漢時治所在隴縣（今甘肅省張家川回族自治縣），三國魏時移治姑臧縣（今甘肅省武威市）。

[5]竇融：東漢初扶風平陵（今陝西省咸陽市西北）人，字周公。世代仕宦河西。新莽末任波水將軍。後歸降更始，任張掖屬國都尉。更始敗，又聯合酒泉、金城、張掖、敦煌、武威五郡，割據河西。稱行河西五郡大將軍事。東漢建武五年（29）歸附光武帝，歷任凉州牧、冀州牧、大司空、行衛尉事，並兼領將作大匠。

[6]河右：地區名，即河西，今甘肅、青海二省之間黄河南段

以西地區，即河西走廊、湟水流域一帶。

[7]中田護軍：官名，後涼吕光置，鎮臨松（今甘肅省肅南裕固族自治縣馬蹄鎮）。

[8]金山：地名，在今甘肅省民樂縣南。

[9]建康：郡名，治所在建康縣（今甘肅省高臺縣西南）。段業：十六國時京兆（今陝西省西安市西北）人，歷任後涼參事、尚書、建康太守等職。後叛後涼自稱涼州牧，改元神璽，又自稱涼王。後被沮渠蒙遜所殺。　使持節：漢朝官吏奉使外出時，或由皇帝授予節杖，以提高其權力。魏晋以後，凡重要軍事長官出征或出鎮，加使持節，可誅殺二千石以下官員。　大都督：官名，高級軍事長官。三國初作爲加官於戰時臨時設置，後逐漸成爲常設加官官職，地位極高。宋本無“大”字。　龍驤大將軍：官名，西晋置，禄賜與特進同。十六國後趙、後涼亦置。晋二品，開府位從公者一品。

[10]張掖：郡名，西漢置，治所在觻得縣（今甘肅省張掖市西北），晋改觻得縣名永平縣（今甘肅省張掖市西北）。

[11]輔國將軍：官名，屬將軍名號，三國兩晋皆置。晋三品。

業將使蒙遜攻西郡，[1]衆咸疑之。蒙遜曰：“此郡據嶺之要，不可不取。”業曰：“卿言是也。”遂遣之。蒙遜引水灌城，城潰，執太守吕純以歸。於是王德以晋昌，[2]孟敏以敦煌降業。[3]業封蒙遜臨池侯。吕弘去張掖，將東走，業議欲擊之。蒙遜諫曰：“歸師勿遏，窮寇弗追，此兵家之戒也。不如縱之，以爲後圖。”業曰：“一日縱敵，悔將無及。”遂率衆追之，爲弘所敗。業賴蒙遜而免，嘆曰：“孤不能用子房之言，[4]以至於此！”業築西安城，[5]以其將臧莫孩爲太守。蒙遜曰：“莫孩勇而無謀，知進忘退，所謂爲之築冢，[6]非築城也。”業不從。俄而爲吕纂所敗。[7]蒙遜懼業不能容己，每匿智以避之。

[1]西郡：治所在日勒縣（今甘肅省永昌縣西北）。

[2]晋昌：郡名，治所在冥安縣（今甘肅省瓜州縣鎖陽城鎮）。

[3]敦煌：縣名，治所在今甘肅省敦煌市西。

[4]子房：即張良，秦末人，字子房，韓國貴族後裔。隨劉邦起兵反秦，爲重要謀士。屢出奇策，被劉邦譽爲“運籌帷幄之中，决勝千里之外”。劉邦稱帝後封爲留侯。

[5]西安城：地名，西安郡治，在今甘肅省張掖市東南。

[6]築冢：冢，宋本作“家”。

[7]吕纂：字永緒，本書卷一二二有載記。

業僭稱凉王，以蒙遜爲尚書左丞，[1]梁中庸爲右丞。[2]

[1]尚書左丞：官名，尚書省佐官，位次尚書，居尚書右丞上。與右丞共掌尚書都省庶務，率諸都令史監督稽核諸尚書曹、郎曹政務。左丞又掌督録近道文書章奏，監察糾彈尚書令、僕射、尚書等文武百官，號稱“監司”，權勢甚重。晋六品。

[2]右丞：官名，即尚書右丞，尚書省佐官，位次尚書，居尚書左丞下。與左丞共掌尚書都省庶務，率諸都令史監督稽核諸尚書曹、郎曹政務，糾舉彈劾百官。右丞又掌本省庫藏廬舍，督録遠道州郡文書章奏，凡兵士百官名籍、内外庫藏穀帛、刑獄訴訟、軍械、田地、州郡租布、行政區劃、州郡縣長官免贈收捕等文書奏事皆屬之。晋六品。

吕光遣其二子紹、纂伐業，[1]業請救於秃髮烏孤，[2]烏孤遣其弟鹿孤及楊軌救業。[3]紹以業等軍盛，欲從三門關挾山而東。纂曰："挾山示弱，取敗之道，不如結陣衝之，彼必憚我而不戰也。"紹乃引軍而南。業將擊之，蒙遜諫曰："楊軌恃虜騎之强，有窺覦之志。紹、纂兵在死地，必決戰求生。不戰則有太山之安，戰則有累卵之危。"業曰："卿言是也。"乃按兵不戰。紹亦難之，各引兵歸。

[1]紹：吕紹，字永業，吕光子，吕光死後即位後凉主。後被其兄吕纂所逼自殺。

[2]秃髮烏孤：十六國南凉主，本書卷一二六有載記。

[3]鹿孤：秃髮利鹿孤，十六國南凉主，本書卷一二六有載記。

業憚蒙遜雄武，微欲遠之，乃以蒙遜從叔益生爲酒泉太守，[1]蒙遜爲臨池太守。[2]業門下侍郎馬權雋爽有逸氣，[3]武略過人。業以權代蒙遜爲張掖太守，甚見親重，每輕陵蒙遜。蒙遜亦憚而怨之，乃譖之於業曰："天下不足慮，惟當憂馬權耳。"業遂殺之。蒙遜謂男成曰："段業愚闇，非濟亂之才，信讒愛佞，無鑒斷之明。[4]所憚惟索嗣、馬權，今皆死矣，蒙遜欲除業以奉兄何如？"男成曰："業羈旅孤飄，我所建立，有吾兄弟，猶魚之有水。人既親我，背之不祥。"乃止。蒙遜既爲業所憚，内不自安，請爲西安太守。業亦以蒙遜有大志，懼爲朝夕之變，乃許焉。

[1]酒泉：郡名，治所在福禄縣（今甘肅省酒泉市）。

[2]臨池：郡名，十六國北凉置。治所不詳。

[3]門下侍郎：門下省次官。　雋爽：雋，殿本作“儁”。

[4]鑒斷：斷，宋本作“計”。

蒙遜期與男成同祭蘭門山，[1]密遣司馬許咸告業曰：[2]“男成欲謀叛，許以取假日作逆。若求祭蘭門山，臣言驗矣。”至期日，果然。業收男成，令自殺。男成曰：“蒙遜欲謀叛，先已告臣，臣以兄弟之故，隱忍不言。以臣今在，恐部人不從，與臣剋期祭山，返相誣告。[3]臣若朝死，蒙遜必夕發。乞詐言臣死，説臣罪惡，蒙遜必作逆，臣投袂討之，事無不捷。”業不從。蒙遜聞男成死，泣告衆曰：“男成忠於段公，枉見屠害，諸君能爲報仇乎？且州土兵亂，似非業所能濟。吾所以初奉之者，以之爲陳、吴耳，[4]而信讒多忌，枉害忠良，豈可安枕卧觀，使百姓離於塗炭。”男成素有恩信，衆皆憤泣而從之。比至氐池，[5]衆逾一萬。鎮軍臧莫孩率部衆附之，[6]羌胡多起兵響應。蒙遜壁于侯塢。

[1]蘭門山：一名窮石山，即今甘肅省山丹縣南泠龍嶺。

[2]司馬：官名，府署高級幕僚。掌参讚軍務、管理府内武職，位僅次於長史。魏晋南北朝時王府、公府、軍府、邊郡均置。晋八至六品。

[3]誣告：殿本乙作“告誣”。

[4]陳：陳勝，秦末陽城（今河南省登封市告成鎮）人，字涉。少時爲人傭耕，有“苟富貴，無相忘”之許。同耕者笑，陳勝説：“燕雀安知鴻鵠之志！”後成爲農民起義領袖，稱王，政權號

"張楚"。　吴：吴廣，秦末陽夏（今河南省太康縣）人，隨陳勝起義，"張楚"政權假王。後爲部將田臧所殺。

[5]氐池：縣名，治所在今甘肅省民樂縣。

[6]鎮軍：官名，即鎮軍將軍。三國時始置，西晋罷又復置。位在鎮軍大將軍下，與中軍將軍、撫軍將軍並爲三名號將軍，位比四鎮將軍。晋三品。

業先疑其右將軍田昂，[1]幽之于内，至是，謝而赦之，使與武衛梁中庸等攻蒙遜。[2]業將王豐孫言於業曰："西平諸田，世有反者，昂貌恭而心很，志大而情險，不可信也。"業曰："吾疑之久矣，但非昂無可以討蒙遜。"[3]豐孫言既不從，昂至侯塢，率騎五百歸于蒙遜。蒙遜至張掖，昂兄子承愛斬關内之，業左右皆散。蒙遜大呼曰："鎮西何在？"[4]軍人曰："在此。"業曰："孤單飄一己，爲貴門所推，可見匄餘命，[5]投身嶺南，庶得東還，與妻子相見。"蒙遜遂斬之。

[1]右將軍：官名，漢代爲重號將軍之一，與前、左、後將軍並爲上卿。魏晋時常設，權位漸低，僅爲武官名號，略高於一般雜號將軍，不典禁兵，不與朝政。晋三品。

[2]武衛：官名，即武衛將軍。三國魏置，權任很重。晋四品。

[3]蒙遜：宋本無"蒙"字。

[4]鎮西：官名，即鎮西將軍。與鎮東、鎮南、鎮北將軍合稱四鎮將軍。多爲持節都督，出鎮方面。曹魏二品。晋改三品，加持節都督者二品。

[5]匄（gài）餘命：給予活命。

業，京兆人也。[1]博涉史傳，有尺牘之才，[2]爲杜進記室，[3]從征塞表。儒素長者，無他權略，威禁不行，群下擅命，尤信卜筮、讖記、巫覡、徵祥，故爲奸佞所誤。

［1］京兆：郡名，治所在長安縣（今陝西省西安市西北）。

［2］尺牘：信札。

［3］記室：官名，記室令史、記室督、記室參軍、中記室參軍等官職的省稱。

隆安五年，梁中庸、房晷、田昂等推蒙遜爲使持節、大都督、大將軍、凉州牧、張掖公，[1]赦其境内，改元永安。署從兄伏奴爲鎮軍將軍、張掖太守、和平侯，弟挐爲建忠將軍、都谷侯，[2]田昂爲鎮南將軍、西郡太守，[3]臧莫孩爲輔國將軍，房晷、梁中庸爲左右長史，[4]張騭、謝正禮爲左右司馬。[5]擢任賢才，文武咸悦。

［1］大將軍：官名，高級軍事統帥。曹魏時多以之屯駐長安，對付蜀漢，蜀漢以其爲最高軍事長官，孫吴則别置上大將軍居其上。西晋時爲八公之一，位居上公、大司馬下，三公之上。東晋時常專擅軍政事務。晋一品。

［2］建忠將軍：官名，東漢末置，十六國後秦、後凉、西秦、北凉均置。

［3］鎮南將軍：官名，與鎮東、鎮西、鎮北將軍合稱四鎮將軍。多爲持節都督，出鎮方面。曹魏二品。晋改三品，加持節都督者二品。

[4]左右長史：官名，大將軍府置長史，分左、右，領府中各曹。晋六品。

[5]左右司馬：官名，府署高級幕僚。魏晋南北朝時王府、公府、軍府、邊郡均置司馬，有時分左、右，掌參讚軍務、管理府内武職，位僅次於長史。晋八至六品。

時姚興遣將姚碩德攻吕隆於姑臧,[1]蒙遜遣從事中郎李典聘於興,[2]以通和好。蒙遜以吕隆既降於興,[3]酒泉、凉寧二郡叛降李玄盛,[4]乃遣建忠挐、牧府長史張潜見碩德於姑臧，請軍迎接，率郡人東遷。碩德大悦，拜潜張掖太守，挐建康太守。潜勸蒙遜東遷。挐私於蒙遜曰："吕氏猶存，姑臧未拔，碩德糧竭將還，不能久也。何故違離桑梓,[5]受制於人！"輔國莫孩曰："建忠之言是也。"蒙遜乃斬張潜，因下書曰："孤以虚薄，猥忝時運，未能弘闡大猷,[6]戡蕩群孽，使桃蟲鼓翼東京,[7]封豕烝涉西裔,[8]戎車屢動，干戈未戢，農失三時之業，百姓户不粒食。可蠲省百徭，專功南畝，明設科條，務盡地利。"

[1]姑臧：縣名，治所在今甘肅省武威市。

[2]從事中郎：官名，東漢時爲大將軍屬官，地位較高。魏晋時爲將軍府或公府屬官。晋六品。

[3]吕隆：字永基，本書卷一二二有載記。

[4]凉寧：郡名，治所在今甘肅省玉門市西北玉門鎮附近。李玄盛：即十六國西凉創始人李暠，字玄盛，本書卷八七有傳。

[5]違離桑梓：背井離鄉。

[6]弘闡大猷：弘揚闡發治國大道。

[7]桃蟲：鳥名。即鷦鷯。《詩·周頌·小毖》："肇允彼桃蟲，拚飛維鳥。"朱熹集傳："桃蟲，鷦鷯，小鳥也。"

[8]封豕：大猪，喻貪暴者。　烝涉：成群涉水。指侵犯。

時梁中庸爲西郡太守，西奔李玄盛。蒙遜聞之，笑曰："吾與中庸義深一體，而不信我，但自負耳，孤豈怪之！"[1]乃盡歸其妻孥。

[1]怪之：怪，宋本、殿本作"尤"。

蒙遜下令曰："養老乞言，晋文納輿人之誦，[1]所以能招禮英奇，致時邕之美。况孤寡德，智不經遠，而可不思聞讜言以自鏡哉！内外群僚，其各搜揚賢俊[2]，廣進芻蕘，以匡孤不逮。"[3]

[1]晋文納輿人之誦：晋文公，名重耳，晋獻公之子，因受迫害而流亡在外十九年，歷盡艱難險阻。回國即位後改革朝政，加强軍備，國力漸强，終成春秋五霸之一。據《左傳·僖公二十八年》載，城濮之戰前夕，晋軍次於城濮，楚師背酅而舍，晋侯患之，聽輿人之誦，曰："原田每每，舍其舊而新是謀。"意爲謀耕新田捨棄舊田。

[2]搜揚：揚，宋本作"楊"。

[3]以匡孤不逮：以匡正我的不足。

遣輔國臧莫孩襲山北虜，大破之。姚興遣將齊難率衆四萬迎吕隆，隆勸難伐蒙遜，難從之。莫孩敗其前軍，難乃結盟而還。

蒙遜伯父中田護軍親信、臨松太守孔篤並驕奢侵害，百姓苦之。蒙遜曰："亂吾國者，二伯父也，何以綱紀百姓乎！"皆令自殺。

蒙遜襲狄洛磐于番禾，[1]不克，遷其五百餘户而還。

[1]番禾：治所在番禾縣（今甘肅省永昌縣）。

姚興遣使人梁斐、張構等拜蒙遜鎮西大將軍、沙州刺史、西海侯。[1]時興亦拜秃髮傉檀爲車騎將軍，[2]封廣武公。蒙遜聞之，不悦，謂斐等曰："傉檀上公之位，而身爲侯者何也？"構對曰："傉檀輕狡不仁，款誠未著，聖朝所以加其重爵者，褒其歸善即叙之義耳。將軍忠貫白日，勛高一時，當入諧鼎味，[3]匡贊帝室，安可以不信待也。聖朝爵必稱功，官不越德，如尹緯、姚晃佐命初基，[4]齊難、徐洛元勛驍將，並位纔二品，爵止侯伯。將軍何以先之乎？竇融殷勤固讓，[5]不欲居舊臣之右，未解將軍忽有此問！"蒙遜曰："朝廷何不即以張掖見封，乃更遠封西海邪？"[6]構曰："張掖，規畫之内，將軍已自有之。所以遠授西海者，蓋欲廣大將軍之國耳。"蒙遜大悦，乃受拜。

[1]鎮西大將軍：官名，三國魏置，職掌與鎮西將軍同，唯資歷深者得任此職，不常置。晋二品，開府位從公者一品。　沙州：治所在敦煌縣（今甘肅省敦煌市西）。

[2]秃髮傉檀：十六國南凉主，本書卷一二六有載記。　車騎將軍：官名，魏晋南北朝時位次於驃騎將軍，在諸名號將軍之上，

多作爲軍府名號，以加授大臣及重要州郡長官。晋二品，開府位從公者一品。

［3］入諧鼎味：幫助治理國家。鼎味，喻國政。典出《尚書·説命下》：武丁曾對傅説説："來汝説，台小子舊學于甘盤，既乃遁于荒野，入宅於河。自河徂亳，暨厥終罔顯。爾惟訓於朕志。若作酒醴，爾惟麴糵，若作和羹，爾惟鹽梅。"意思是：你當輔佐我實現夙志。如果我作美酒，你就是麴糵；我要作羹湯，你就是鹽梅。武丁把治國比作羹湯，把用人比成鹽與梅。

［4］尹緯：字景亮，本書卷一一八有載記。

［5］竇融殷勤固讓：新莽末，竇融割據河西，後歸順劉秀。及隴、蜀平，劉秀詔竇融與五郡太守奏事京師。竇融到京城，上交涼州牧、張掖屬國都尉、安豐侯印綬，劉秀詔遣使者還其安豐侯印綬。竇融自以身非舊臣，入朝後却在功臣之右，更加謹慎。每朝會進見，容貌辭氣卑恭已甚。久不自安，數辭讓爵位，又上疏曰："臣融年五十三。有子年十五，質性頑鈍。臣融朝夕教導以經藝，不得令觀天文，見讖記。誠欲令恭肅畏事，恂恂循道，不願其有才能，何况乃當傳以連城廣土，享故諸侯王國哉？"因復請閑求見，劉秀不許。後朝罷，逡巡席後，劉秀知其欲有讓，遂使左右傳出。它日會見，迎詔融曰："日者知公欲讓職還土，故命公暑熱且自便。今相見，宜論它事，勿得復言。"竇融不敢重陳請。事見《後漢書》卷二三《竇融列傳》。

［6］西海：郡名，治所在居延縣（今内蒙古自治區額濟納旗東南）。

時地震，山崩折木。太史令劉梁言於蒙遜曰："辛酉，金也。地動於金，金動刻木，大軍東行無前之徵。"時張掖城每有光色，蒙遜曰："王氣將成，百戰百勝之象也。"遂攻禿髮西郡太守楊統於日勒。統降，拜爲右長史，寵逾功舊。

張掖太守句呼勒出奔西凉。以從弟成都爲金山太守，羅仇子也；鄯爲西郡太守，麴粥子也。句呼勒自西凉奔還，待之如初。

蒙遜率騎二萬東征，次於丹嶺，[1]北虜大人思盤率部落三千降之。

[1]丹嶺：位於今甘肅省迭部縣東南。

時木連理，生于永安，[1]永安令張披上書曰："異枝同幹，遐方有齊化之應；殊本共心，上下有莫二之固。蓋至道之嘉祥，大同之美徵。"蒙遜曰："此皆二千石令長匪躬濟時所致，[2]豈吾薄德所能感之！"[3]

[1]永安：中華本校勘記："《斠注》：《十六國疆域志》曰：考平陽郡有永安縣，相去較遠，或疑即'永平'之誤。"永平，縣名，治所在今甘肅省張掖市西北。

[2]匪躬濟時：忠心忘我濟世救時。

[3]薄德所能感之：宋本、殿本作"薄德之所能感也"。

蒙遜率步騎三萬伐秃髮傉檀，次於西郡。大風從西北來，氣有五色，俄而晝昏。至顯美，[1]徙數千户而還。傉檀追及蒙遜於窮泉，[2]蒙遜將擊之。諸將皆曰："賊已安營，弗可犯也。"蒙遜曰："傉檀謂吾遠來疲弊，必輕而無備，及其壘壁未成，可以一鼓而滅。"進擊，敗之，乘勝至于姑臧，夷夏降者萬數千户。傉檀懼，請和，許之而歸。及傉檀南奔樂都，[3]魏安人焦朗據姑臧自立，[4]蒙遜率步騎三萬攻朗，克而宥之。饗文武將士於謙光殿，班賜金馬有差。以敦煌張穆博通經史，才藻清贍，擢拜中書侍郎，[5]委以機密之任。以其弟挐爲護羌校尉、秦州刺史，[6]封安平侯，鎮姑臧。旬餘而挐死，又以從祖益子爲鎮京將軍、護羌校尉、秦州刺史，[7]鎮姑臧。

[1]顯美：縣名，治所在今甘肅省永昌縣東南。

[2]窮泉：疑位於今甘肅省山丹縣南窮石山下。

[3]樂都：郡名，治所在今青海省海東市樂都區。

[4]魏安：郡名，治所在今甘肅省古浪縣東。

[5]中書侍郎：官名，三國魏文帝黄初初年設中書省，在長官中書監、中書令以下有通事郎，後增設中書郎，亦稱中書侍郎。掌草擬詔書，外出執行重要使命等。晋五品。

[6]護羌校尉：官名，監護内附羌人，戍衛邊塞，領羌人軍隊作戰。晋四品。　秦州：治所在冀縣（今甘肅省甘谷縣東）。

[7]鎮京將軍：統兵武職，十六國北凉置。

俄而蒙遜遷於姑臧，以義熙八年僭即河西王位，大赦境内，改元玄始。置官僚，如吕光爲三河王故事。繕宫殿，起城門諸觀。立其子政德爲世子，加鎮衛大將軍、録尚書事。[1]

[1]鎮衛大將軍：官名，在武職中地位僅次於大將軍，握有實際兵權。十六國、南朝一些政權均置。　録尚書事：官名，初爲職銜名，重臣加此名義始得總知國事，綜理政務，成爲真宰相。魏晋多以公卿權重者居之，總領尚書省政務，凡重號將軍、刺史皆得命

曹授用，位在三公之上。

傉檀來伐，蒙遜敗之於若厚塢。[1]傉檀湟河太守文支據湟川，[2]護軍成宜侯率衆降之。[3]署文支鎮東大將軍、廣武太守、振武侯，[4]成宜侯爲振威將軍、湟川太守，[5]以殿中將軍王建爲湟河太守。[6]蒙遜下書曰："古先王應期撥亂者，[7]莫不經略八表，然後光闡純風。孤雖智非靖難，職在濟時，而狡虜傉檀鴟峙舊京，[8]毒加夷夏。東苑之戮，[9]酷甚長平，[10]邊城之禍，害深獫狁。[11]每念蒼生之無辜，是以不遑啓處，身疲甲冑，體倦風塵。雖傾其巢穴，傉檀猶未授首。傉檀弟文支追項伯歸漢之義，[12]據彼重藩，請爲臣妾。自西平已南，連城繼順。惟傉檀窮獸，守死樂都。四支既落，命豈久全！五緯之會已應，[13]清一之期無賒，方散馬金山，黎元永逸。可露布遠近，咸使聞知。"

[1]若厚塢：確址待考。疑位於今甘肅省武威市南。

[2]湟河：郡名，治所在湟河城（今青海省化隆回族自治縣黄河北岸）。

[3]護軍：官名，此爲護軍將軍省稱。東漢建安十二年（207）曹操改丞相府護軍爲中護軍，資重者可遷護軍將軍，典武官選舉，與中領軍同掌禁軍。曹魏時四品，西晋時三品。

[4]鎮東大將軍：官名，三國魏置，職掌與鎮東將軍同，唯資歷深者得任此職。晋二品，開府位從公者一品。　廣武：郡名，治所在廣武縣（今甘肅省永登縣東南）。

[5]振威將軍：官名，雜號將軍，統兵出征。晋四品。

[6]殿中將軍：官名，三國魏置，掌典禁兵督守殿廷。西晋分

隸屬左右衛將軍，朝會宴饗及皇帝出入護衛左右。晋六品。

［7］古先王：宋本、殿本“王”上有“哲”字。

［8］鴟峙：像鴟鴞一樣相持對立。

［9］東苑之戮：十六國後凉太常郭麐叛，西安太守石元良率步騎五千，與吕纂共擊郭麐，破之，遂入于姑臧。郭麐起兵時，曾得吕光孫八人于東苑。及軍敗，恚甚，悉投之于鋒刃之上，枝分節解，飲血盟衆，衆皆掩目不忍視之，麐悠然自若。東苑之戮即指此事。

［10］酷甚長平：比長平之戰的殺戮還殘酷。長平之戰，戰國時秦國與趙國之間的戰爭。秦昭王四十五年（前262），韓國上黨郡守馮亭以上黨獻給趙國，以與趙國連横抗秦。趙國使廉頗守長平，與秦軍相持三年之久。後趙國中秦國反間計，使趙括代替廉頗守長平。趙括衹知紙上談兵，無實戰經驗。結果導致長平失陷，四十萬趙軍投降後被秦將白起坑殺。

［11］獫狁：古代北方少數民族名，即後來的匈奴。

［12］項伯歸漢：項伯，秦末下相（今江蘇省宿遷市西南）人，名纏，字伯。戰國時楚國貴族後裔，項羽叔父。與張良至好，因此保護劉邦脱險於項羽所設鴻門宴。劉邦稱帝後，賜姓劉氏，封射陽侯。

［13］五緯：金、木、水、火、土五星。《周禮·春官·大宗伯》“以實柴祀日月星辰”鄭玄注：“星謂五緯，辰謂日月。”賈公彦疏：“五緯，即五星：東方歲星，南方熒惑，西方太白，北方辰星，中央鎮星。言緯者，二十八宿隨天左轉爲經，五星右旋爲緯。”

已應：應，宋本作“印”。

蒙遜西如苕藋，遣冠軍伏恩率騎一萬襲卑和、烏啼二虜，[1]大破之，俘二千餘落而還。

[1]一萬：一，殿本作“三”。

蒙遜寢於新臺，閹人王懷祖擊蒙遜，[1]傷足，其妻孟氏擒斬之，夷其三族。

[1]閹人：宦官。

蒙遜母車氏疾篤，蒙遜升南景門，散錢以賜百姓。下書曰：“孤庶憑宗廟之靈，乾坤之祐，濟否剥之運會，[1]拯遺黎之荼蓼，[2]上望掃清氛穢，下冀保寧家福。而太后不豫，[3]涉歲彌增，將刑獄枉濫，衆有怨乎？[4]賦役繁重，時不堪乎？群望不絜，神所譴乎？内省諸身，未知罪之攸在。可大赦殊死已下。”俄而車氏死。

[1]濟否剥之運會：度過不利的時運。否，《易》卦名。坤下乾上。表示天地不交、上下隔閡、閉塞不通之象。剥，《易》卦名。全卦六爻，僅一條陽爻在上，而五條陰爻在下，陰氣盛，陽氣衰，象徵小人得勢，君子不利。否、剥均謂時運不利。

[2]荼蓼：荼和蓼，均爲草名。荼味苦，蓼味辛，比喻艱難困苦。

[3]不豫：帝王有病的諱稱。

[4]有怨乎：乎，殿本作“也”。

蒙遜遣其將運糧於湟河，自率衆攻克乞伏熾磐廣武郡。[1]以運糧不繼，自廣武如湟河，度浩亹。[2]熾磐遣將乞伏魋尼寅距蒙遜，蒙遜擊斬之。熾磐又遣將王衡、折斐、麴景等率騎一萬據勒姐嶺，[3]蒙遜且戰且前，大破之，擒折斐等七百餘人，麴景奔還。蒙遜以弟漢平爲折衝將軍、湟河太守，[4]乃引還。

[1]乞伏熾磐：乞伏乾歸長子，十六國西秦國主，本書卷一二五有載記。

[2]浩亹：縣名，治所在今甘肅省永登縣西南大通河東岸。

[3]勒姐嶺：一作勒且嶺，位於今青海省海東市樂都區西南。

[4]折衝將軍：官名，屬將軍名號，爲雜號將軍中地位較高者。晋五品。

晋益州刺史朱齡石遣使來聘。[1]蒙遜遣舍人黄迅報聘益州，[2]因表曰："上天降禍，四海分崩，靈耀擁于南裔，蒼生没于醜虜。陛下累聖重光，道邁周漢，純風所被，八表宅心。臣雖被髮邊徼，才非時俊，謬爲河右遺黎推爲盟主。臣之先人，世荷恩寵，雖歷夷嶮，執義不回，傾首朝陽，乃心王室。去冬益州刺史朱齡石遣使詣臣，始具朝廷休問。承車騎將軍劉裕秣馬揮戈，[3]以中原爲事，可謂天贊大晋，篤生英輔。臣聞少康之興大夏，[4]光武之復漢業，皆奮劍而起，衆無一旅，猶能成配天之功，著《車攻》之咏。[5]陛下據全楚之地，擁荆揚之鋭，而可垂拱晏然，棄二京以資戎虜！若六軍北軫，克復有期，臣請率河西戎爲晋右翼前驅。"[6]

[1]益州：治所在成都縣（今四川省成都市）。　朱齡石：東晋沛郡沛縣（今江蘇省沛縣）人，字伯兒。初爲殿中將軍，曾追隨桓脩兄弟，爲脩撫軍參軍，在京口。劉裕克建康，以爲建武參軍。從征南燕，討盧循，率軍征蜀。任太尉諮議參軍，加冠軍將軍、左

將軍。

［2］舍人：官名，魏晋時太子府、王國、公府、將軍府、王妃及公主府皆設舍人，掌文檄之事。

［3］劉裕：字德輿，小名寄奴，彭城（今江蘇省徐州市）人，南朝宋開國皇帝。世居京口，初爲東晋冠軍司馬，後被劉牢之任爲參軍。歷任鎮軍將軍、都督十六州諸軍事，官至相國，受封宋王。元熙二年（420）代晋稱帝。卒謚武皇帝，廟號高祖。

［4］少康：夏王，相之子。夏太康失位，后羿取代夏政，寒浞又殺后羿。夏相之后緡逃回母家，生少康。後夏臣伯靡聚衆殺寒浞，迎少康復位。史稱少康中興。

［5］《車攻》之咏：《詩·小雅·車攻序》：車攻，宣王復古也。宣王能内脩政事，外攘夷狄，復文武之境土，脩車馬，備器械，復會諸侯于東都，因田獵而選車徒焉。

［6］臣請率河西戎爲晋右翼前驅：中華本校勘記："李校：'河西戎'下當脱一'夏'字或'旅'字。"

熾磐率衆三萬襲湟河，漢平力戰固守，遣司馬隗仁夜出擊熾磐，斬級數百。熾磐將引退，先遣老弱。漢平長史焦昶、將軍段景密信招熾磐，熾磐復進攻漢平。[1]漢平納昶、景之説，面縛出降。仁勒壯士百餘據南門樓上，三日不下，衆寡不敵，爲熾磐所擒。熾磐怒，命斬之。段暉諫曰："仁臨難履危，奮不顧命，忠也。宜宥之，以厲事君。"熾磐乃執之而歸。在熾磐所五年，暉又爲之固請，乃得還姑臧。及至，蒙遜執其手曰："卿，孤之蘇武也！"[2]以爲高昌太守。[3]爲政有威惠之稱，然頗以愛財爲失。

[1]熾磐：宋本無“熾”字。

[2]蘇武：西漢京兆杜陵（今陝西省西安市東南）人，字子卿，蘇建之子。武帝天漢元年（前100）爲中郎將出使匈奴，因副使張勝與匈奴緱王圖謀劫持單于母閼氏歸漢事受牽連，被匈奴扣押，遠徙北海以牧羊爲生。前後十九年，持漢節不投降。昭帝即位後與匈奴和親，使其返回漢朝。

[3]高昌：郡名，治所在高昌城（今新疆維吾爾自治區吐魯番市東南高昌廢址）。

蒙遜西祀金山，遣沮渠廣宗率騎一萬襲烏啼虜，大捷而還。蒙遜西至苕藋，遣前將軍沮渠成都將騎五千襲卑和虜，蒙遜率中軍三萬繼之，卑和虜率衆迎降。遂循海而西，至鹽池，[1]祀西王母寺。寺中有玄石神圖，命其中書侍郎張穆賦焉，銘之於寺前，遂如金山而歸。

[1]鹽池：位於今甘肅省高臺縣西北。

蒙遜下書曰：“頃自春炎旱，害及時苗，碧原青野，倏爲枯壤。將刑政失中，下有冤獄乎？役繁賦重，上天所譴乎？内省多缺，孤之罪也。《書》不云乎：‘百姓有過，罪予一人。’[1]可大赦殊死已下。”翌日而澍雨大降。

[1]百姓有過，罪予一人：今本《尚書》不見此語，《論語·堯曰》有“百姓有過，在予一人”之語。

蒙遜聞劉裕滅姚泓，[1]怒甚。門下校郎劉祥言事於蒙遜，[2]曰：[3]“汝聞劉裕入關，敢研研然也！”遂殺之。

其峻暴如是。顧謂左右曰："古之行師，不犯歲鎮所在。[4]姚氏舜後，軒轅之苗裔也。[5]今鎮星在軒轅，而裕滅之，亦不能久守關中。"[6]

[1]姚泓：字元子，本書卷一一九有載記。

[2]門下校郎劉祥：中華本校勘記："《魏書·沮渠蒙遜傳》'門下校郎'作'校書郎'。《通鑑》一一八胡《注》云：'蒙遜置諸曹校郎，如門下校郎、中興校郎是也。'不知所據。"

[3]曰：宋本、殿本"曰"上有"蒙遜"。

[4]歲鎮所在：歲，木星。鎮，土星。木星和土星所在星區對應的地上分野。

[5]軒轅：傳説中的古代帝王黃帝的名字。傳説姓公孫，居於軒轅之丘，故名曰軒轅。曾戰勝炎帝於阪泉，戰勝蚩尤於涿鹿，諸侯尊爲天子。後人以之爲中華民族的始祖。

[6]關中：地區名，函谷關以西秦國故地，包括今河南省靈寶市以西及陝西省、甘肅省東部和四川省部分地區。

蒙遜爲李士業敗於鮮支澗，[1]復收散卒欲戰。前將軍成都諫曰：[2]"臣聞高祖有彭城之敗，[3]終成大漢，宜旋師以爲後圖。"蒙遜從之，城建康而歸。

[1]鮮支澗：鮮，原本、宋本、殿本作"解"，據中華本校勘記改。

[2]前將軍：官名，漢代爲重號將軍，與左、右、後將軍並爲上卿。魏晋時常設，權位較兩漢時漸低，僅爲武官名號，略高於一般雜號將軍，不典禁兵，不與朝政。晋三品。

[3]彭城之敗：彭城，縣名，治所在今江蘇省徐州市。楚漢相争時，劉邦曾在彭城地區吃了敗仗。

其群下上書曰："設官分職，所以經國濟時；恪勤官次，所以緝熙庶政。當官者以匪躬爲務，受任者以忘身爲效。自皇綱初震，戎馬生郊，公私草創，未遑舊式。而朝士多違憲制，不遵典章；或公文御案，在家卧署；或事無可否，望空而過。至令黜陟絶於皇朝，[1]駁議寢於聖世，清濁共流，能否相雜，人無勸競之心，苟爲度日之事。豈憂公忘私，奉上之道也！今皇化日隆，遐邇寧泰，宜肅振綱維，申修舊則。"蒙遜納之，命征南姚艾、尚書左丞房晷撰朝堂制。[2]行之旬日，百僚振肅。

[1]黜陟：人才的进退，官吏的升降。黜，貶降、罷退。陟，提拔、升遷。

[2]征南：官名，即征南將軍。與征東、征西、征北將軍合稱四征將軍。三國魏蜀吴兩晋皆置，出鎮方面，地位顯要。晋三品，加持節都督者二品。

太史令張衍言於蒙遜曰："今歲臨澤城西當有破兵。"[1]蒙遜乃遣其世子政德屯兵若厚塢。蒙遜西至白岸，[2]謂張衍曰："吾今年當有所定，但太歲在申，[3]月又建申，未可西行。且當南巡，要其歸會，主而勿客，以順天心。計在臨機，慎勿露也。"遂攻浩亹，而蛇盤於帳前。蒙遜笑曰："前一爲騰蛇，今盤在吾帳，天意欲吾迴師先定酒泉。"燒攻具而還，次於川巖。聞李士業徵兵欲攻張掖，蒙遜曰："入吾計矣。但恐聞吾回軍，不敢前也。兵事尚權。"乃露布西境，稱得浩亹，將進軍黄谷。[4]士業聞而大悦，進入都瀆澗。[5]蒙遜潛軍逆之，敗士業于壞城，[6]遂進克酒泉。百姓安堵如故，軍無私焉。以子茂虔爲酒泉太守，[7]士業舊臣皆隨才擢叙。

[1]臨澤城：臨澤縣城，位於今甘肅省臨澤縣西北。

[2]白岸：白岸谷，在今甘肅省武威市東南。《水經注》卷二《河水》：闞駰曰：允吾縣西四十里有小晋興城。湟水又東與閤門河合，即浩亹河也。出西塞外，東入塞，逕敦煌、酒泉、張掖南，東南逕西平之鮮谷塞尉故城南，又東南與湛水合。水有二源，西水出白嶺下，東源發於白岸谷，合爲一川。東南流至霧山，注閤門河。

[3]太歲：歲星。

[4]黄谷：位於今甘肅省永登縣南。

[5]都瀆澗：位於今甘肅省張掖市西北。《讀史方輿紀要》卷六三《陝西》："川巖，在鎮西南三百三十里。宋永初元年北凉沮渠蒙遜欲伐西凉，引兵攻西秦浩亹，潛師還屯川巖。西凉李歆因東襲蒙遜，進入都瀆澗，蒙遜擊之於懷城，大敗之。懷城蓋在川巖之北、都瀆澗之東。"

[6]壞城：中華本校勘記："《斠注》：《士業傳》作'懷城'。按：《御覽》二八六引《十六國春秋》、《通鑑》一一九並作'懷城'。疑作'懷'是。"

[7]茂虔：沮渠茂虔，又作沮渠牧健，盧水胡，沮渠蒙遜第三子，十六國北凉國主。公元433至439年在位。439年北魏拓跋燾率大軍滅北凉，沮渠牧健被徙平城，拜爲征西大將軍。北魏太平真君八年（447），以某犯罪被賜死。

蒙遜以安帝隆安五年自稱州牧，[1]義熙八年僭立，後八年而宋氏受禪，以元嘉十年死，時年六十六，在僞位三十三年。[2]子茂虔立，六年，爲魏所擒，[3]合三十九載而滅。

［1］安帝隆安五年：五，原本、宋本、殿本作“元”，據中華本校勘記改。

［2］在僞：僞，宋本作“爲”。

［3］六年爲魏所擒：中華本校勘記：“《魏書·世祖紀》《沮渠蒙遜傳》，此事在太延五年，即宋元嘉十六年，與《宋書·氐胡傳》合。茂虔以元嘉十年即位，至十六年，應是七年。《御覽》一二四引《北凉録》，茂虔即位，改元永和，永和七年九月‘面縛出降’，與諸書同。此處作‘六年’誤。”

史臣曰：蒙遜出自夷陬，擅雄邊塞。屬吕光之悖德，深懷仇粥之冤；[1]推段業以濟時，假以陳吴之事。稱兵白澗，南凉請和；出師丹嶺，北寇賓服。然而見利忘義，苞禍滅親，雖能制命一隅，抑亦備諸凶德者矣。

［1］仇粥之冤：指沮渠蒙遜伯父羅仇、麴粥被吕光冤殺之事。

贊曰：光猜人傑，業忌時賢。游飲自晦，匿智圖全。凶心既逞，僞績修宣。[1]挺兹奸數，馳競當年。

［1］修宣：修，宋本、殿本作“攸”。

晋書　卷一三〇

載記第三十

赫連勃勃

赫連勃勃

赫連勃勃，字屈孑，[1]匈奴右賢王去卑之後，[2]劉元海之族也。[3]曾祖武，[4]劉聰世以宗室封樓煩公，[5]拜安北將軍、監鮮卑諸軍事、丁零中郎將，[6]雄據肆盧川。[7]爲代王猗盧所敗，[8]遂出塞表。祖豹子招集種落，[9]復爲諸部之雄，石季龍遣使就拜平北將軍、左賢王、丁零單于。[10]父衛辰入居塞内，[11]苻堅以爲西單于，[12]督攝河西諸虜，屯于代來城。[13]及堅國亂，遂有朔方之地，[14]控弦之士三萬八千。[15]後魏師伐之，辰令其子力俟提距戰，[16]爲魏所敗。魏人乘勝濟河，克代來，執辰殺之。勃勃乃奔于叱干部。[17]叱干他斗伏送勃勃於魏。[18]他斗伏兄子阿利先戍大洛川，[19]聞將送勃勃，馳諫曰："鳥雀投人，尚宜濟免，況勃勃國破家亡，歸命於我？縱不能容，猶宜任其所奔。今執而送之，深非仁者之舉。"他斗伏懼爲魏所責，弗從。阿利潛遣勁勇篡勃勃於路，送於姚興高平公没奕于，[20]奕于以女妻之。

[1]赫連勃勃，字屈孑：孑，原本、宋本作“子”，殿本作“孑”，據殿本、中華本校勘記改。

[2]匈奴右賢王：匈奴官名，地位僅次於左賢王。

[3]劉元海：即劉淵，字元海，本書卷一〇一有載記。

[4]曾祖武：中華本校勘記：“《魏書》有《劉虎傳》，《御覽》一二七引《夏録》亦作‘劉虎’。此作‘武’，避唐諱改。”

[5]劉聰：字玄明，一名載，本書卷一〇二有載記。

[6]安北將軍：官名，東漢建安年間置，與安東、安南、安西將軍合稱四安將軍，爲出鎮某一地區的軍事長官，或作爲刺史等兼理軍務的加官，權任頗重。晋三品，加持節都督者二品。　監鮮卑諸軍事：鮮卑聚集地區的軍事行政長官，位低於都督。　丁零中郎將：官名，十六國漢置，管理入居中原地區的敕勒族事務。

[7]肆盧川：指今山西省原平縣、忻州市之間的平川地帶。

[8]代王猗盧：十六國時代國創建者。鮮卑拓拔部。西晋元康五年（195），拓跋力微子禄官分其國爲三部，猗盧主西部，居盛樂。禄官卒，猗盧統攝三部，有控弦騎士四十萬。時值西晋末大亂，并州刺史劉琨欲借拓拔部的力量抗劉淵、石勒，乃與猗盧約爲兄弟。永嘉四年（310）西晋封猗盧爲代公。晋愍帝建興元年(313)，猗盧以盛樂爲北都，築新平城爲南都。三年，被西晋封爲代王。北魏建立後追謚穆帝。

[9]種落：種，殿本作“部”。

[10]石季龍：即石虎，字季龍，本書卷一〇六有載記。　平北將軍：官名，與平東、平西、平南將軍合稱四平將軍。多持節都督或監某一地區的軍事，有時作爲刺史等地方官員監理軍務的加官。晋三品，加持節都督者二品。　左賢王：匈奴官名，即左屠耆王。

屠耆爲匈奴語“賢”，漢人因稱之爲左賢王。單于手下最高官職，常由太子擔任。　丁零單于：官名，十六國後趙置，管理入居中原地區的敕勒族事務。

［11］衛辰：十六國大夏主赫連勃勃之父，赫連勃勃稱帝後，追尊爲桓皇帝，廟號太祖。

［12］苻堅：字永固，本書卷一一三有載記。　西單于：官名，十六國前秦置，統攝河西少數民族。

［13］代來城：又稱悦跋城，位於今内蒙古自治區伊金霍洛旗西北。

［14］朔方：郡名，治所在朔方縣（今内蒙古自治區杭錦旗北），轄境相當於今内蒙古自治區前套西北部及後套地區。

［15］控弦：弦，宋本作“强”。

［16］力俟提：俟，殿本作“候”。本卷下文“次兄力俟提”同。中華本校勘記：“《魏書·劉虎傳》、《通鑑》一〇七作‘直力鞮’。按：‘直’‘俟’音近，‘直力’‘力俟’互倒，必有一誤。”

［17］奔于叱干部：于，殿本作“干”。

［18］叱干他斗：他，殿本作“佗”。本段下文此人名同。

［19］大洛川：位於今内蒙古自治區清水河縣一帶。

［20］姚興：字子略，本書卷一一七有載記。　没奕于：奕，原本、宋本、殿本作“弈”，據中華本改。本卷下文“奕于以女妻之”“使助没奕于鎮高平”同。

勃勃身長八尺五寸，腰帶十圍，性辯慧，美風儀。興見而奇之，深加禮敬，拜驍騎將軍，[1]加奉車都尉，[2]常參軍國大議，寵遇逾於勛舊。興弟邕言於興曰：“勃勃天性不仁，難以親近。陛下寵遇太甚，臣竊惑之。”興曰：“勃勃有濟世之才，吾方收其藝用，與之共平天下，有何不可！”乃以勃勃爲安遠將軍，[3]封陽川侯，使助没奕于鎮高平，[4]以三城、朔方雜夷及衛辰部衆三萬配之，[5]使爲伐魏偵候。姚邕固諫以爲不可。興曰："卿何以知其性氣？"邕曰："勃勃奉上慢，御衆殘，貪暴無親，輕爲去就，寵之踰分，終爲邊害。"興乃止。頃之，以勃勃爲持節、安北將軍、五原公，[6]配以三交五部鮮卑及雜虜二萬餘落，鎮朔方。時河西鮮卑杜崘獻馬八千匹于姚興，[7]濟河，至大城，[8]勃勃留之，召其衆三萬餘人僞獵高平川，襲殺没奕于而并其衆，[9]衆至數萬。

[1]驍騎將軍：官名，三國魏爲内軍將領，統營兵。兩晋與領軍、護軍、左右衛、游擊諸將軍合稱六軍，擔當宿衛之任，是護衛宫廷的主要將領。晋四品。

[2]奉車都尉：官名，魏晋時作加官，與駙馬都尉、騎都尉並號三都尉。晋六品。

[3]安遠將軍：官名，東漢末始置，多用以封降將或邊遠地區地方長官。晋三品

[4]高平：《資治通鑑》卷一一二《晋紀》安帝隆安五年："魏主珪遣常山王遵、定陵公和跋帥衆五萬襲没弈干（于）於高平。"胡三省注："高平，漢屬安定，魏收志屬涇州新平郡。又原州有高平郡；酈道元云：高平川西南去安定三百四十里。"

[5]三城：縣名，治所在今陝西省延安市東南。

[6]持節：官員外出持有皇帝授予的節杖，代表高等權威，常用於軍事長官出征。

[7]河西鮮卑杜崘：中華本校勘記："《通鑑》一一四'河西鮮卑杜崘'作'柔然可汗社崘'。《北史·蠕蠕傳》（即《柔然傳》）不載此事，河西鮮卑亦不得云即柔然，不知《通鑑》何據。但其名當是'社崘'，故《通鑑》以爲與柔然可汗爲一人，疑'杜'

字訛。”

[8]大城：位於今内蒙古自治區伊金霍洛旗西。

[9]没奕于：奕，原本、殿本作“弈”，宋本作“奕”，據宋本改。本卷下文“陛下奕葉載德”同。

義熙三年，[1]僭稱天王、大單于，赦其境内，建元曰龍昇，署置百官。自以匈奴夏后氏之苗裔也，國稱大夏。以其長兄右地代爲丞相、代公，[2]次兄力俟提爲大將軍、魏公，[3]叱于阿利爲御史大夫、梁公，[4]弟阿利羅引爲征南將軍、司隸校尉，[5]若門爲尚書令，[6]叱以鞬爲征西將軍、尚書左僕射，[7]乙斗爲征北將軍、尚書右僕射，[8]自餘以次授任。

[1]義熙三年：三，原本、宋本、殿本作“二”，據中華本校勘記改。

[2]丞相：官名，原爲最高國務長官，魏晋時省置無常，或分置左、右，或稱大丞相，多用來安置權臣。

[3]大將軍：官名，高級軍事統帥。曹魏時多以之屯駐長安，對付蜀漢，蜀漢以其爲最高軍事長官，孫吴則别置上大將軍居其上。西晋時爲八公之一，位居上公、大司馬下，三公之上。東晋時常專擅軍政事務。晋一品。

[4]叱于阿利：于，殿本作“干”。　御史大夫：官名，協助丞相處理天下政務，以監察執法爲主要職掌。東漢稱司空。建安年間曹操罷三公，復置此官。晋三品。

[5]征南將軍：官名，與征東、征西、征北將軍合稱四征將軍。三國魏蜀吴兩晋皆置，出鎮方面，地位顯要。晋三品，加持節都督者二品。　司隸校尉：官名，三國魏時先治弘農，後治河南，轄司州所屬河南、河東、河内、弘農、平陽五郡。掌監察京師，糾察京

都百官。西晋沿置。晋三品。

[6]尚書令：官名，秦漢時爲尚書署長官。秩位雖低，權力甚重。魏晋時沿置，爲尚書省長官，綜理全國政務，參議大政，爲高級政務長官。晋三品。

[7]征西將軍：官名，東漢永元年間置，地位與雜號將軍、偏將軍、裨將軍等同。建安年間與征東、征南、征北將軍合稱四征將軍，地位提高。晋三品，加持節都督者二品。　尚書左僕射：官名，尚書省次官，輔助尚書令執行政務，參議大政，諫諍得失，監察糾彈百官。有時尚書省不置令，衹設左右僕射，此時左僕射居右僕射之上。晋三品。

[8]征北將軍：官名，與征東、征西、征南將軍合稱四征將軍。三國魏蜀吴兩晋皆置，出鎮方面，地位顯要。晋三品，加持節都督者二品。　尚書右僕射：官名，尚書令副手，掌拆閲封緘奏章文書、參議政事、諫諍駁議、監察百官。位在左僕射之下。晋三品。

其年，討鮮卑薛干等三部，[1]破之，降衆萬數千。進討姚興三城已北諸戍，斬其將楊丕、姚石生等。諸將諫固險，不從，又復言於勃勃曰："陛下將欲經營宇内，南取長安，宜先固根本，使人心有所憑係，[2]然後大業可成。高平險固，山川沃饒，可以都也。"勃勃曰："卿徒知其一，未知其二。吾大業草創，衆旅未多，姚興亦一時之雄，關中未可圖也。[3]且其諸鎮用命，我若專固一城，彼必并力於我，衆非其敵，亡可立待。吾以雲騎風馳，出其不意，救前則擊其後，救後則擊其前，使彼疲於奔命，我則游食自若，不及十年，嶺北、河東盡我有也。[4]待姚興死後，徐取長安。姚泓凡弱小兒，[5]擒之方略，已在吾計中矣。昔軒轅氏亦遷居無常二十餘年，豈獨我乎!”於是侵掠嶺北，嶺北諸城門不晝啓。興嘆曰:“吾不用黄兒之言，以至於此!”黄兒，姚邕小字也。

[1]鮮卑薛干：干，原本、宋本、殿本作“于”，據中華本校勘記改。

[2]憑係：係，殿本作“繫”。

[3]關中：地區名，函谷關以西秦國故地，包括今河南省靈寶市以西及陝西省、甘肅省東部和四川省部分地區。

[4]河東：郡名，治所在安邑縣（今山西夏省縣西北禹王城）。

[5]姚泓：字元子，本書卷一一九有載記。

勃勃初僭號，求婚於禿髮傉檀，[1]傉檀弗許。勃勃怒，率騎二萬伐之，自楊非至于支陽三百餘里，[2]殺傷萬餘人，驅掠二萬七千口、牛馬羊數十萬而還。傉檀率衆追之，其將焦朗謂傉檀曰:“勃勃天姿雄鷙，御軍齊肅，未可輕也。今因抄掠之資，率思歸之士，人自爲戰，難與争鋒。不如從温圍北渡，[3]趣萬斛堆，[4]阻水結營，制其咽喉，百戰百勝之術也。”傉檀將賀連怒曰:“勃勃以死亡之餘，率烏合之衆，犯順結禍，幸有大功。今牛羊塞路，財寶若山，窘弊之餘，人懷貪競，不能督厲士衆以抗我也。我以大軍臨之，必土崩魚潰。今引軍避之，示敵以弱。我衆氣鋭，宜在速追。”傉檀曰:“吾追計决矣，敢諫者斬!”勃勃聞而大喜，乃於陽武下陝鑿凌埋車以塞路。[5]傉檀遣善射者射之，中勃勃左臂。勃勃乃勒衆逆擊，大敗之，追奔八十餘里，殺傷萬計，斬其大將十餘人，以爲京觀，號“髑髏臺”，還于嶺北。

［1］禿髮傉檀：十六國南凉主，本書卷一二六有載記。

［2］支陽：中華本校勘記：“《漢書·地理志》下、《後漢書·郡國志》五、《元和郡縣志》‘支’並作‘枝’，《載記》作‘支’，同音通用，但本名當作‘枝陽’。”

［3］温圍：温圍水，即今甘肅省皋蘭縣附近黄河河段。一説即今大沙河，源出景泰縣西南，東流經縣南至索橋入黄河。

［4］萬斛堆：位於今甘肅省皋蘭縣東北黄河北岸。

［5］陽武下陜：陽，宋本作“汤”。《資治通鑑》卷一〇九《晋紀》安帝隆安元年：“光又遣其將梁恭等以甲卒萬餘出陽武下峽。”胡三省注：“陽武下峽在高平西，河水所經也。”高平在今寧夏回族自治區固原市一帶。《資治通鑑》卷一一二《晋紀》安帝隆安五年：“魏主珪遣常山王遵、定陵公和跋帥衆五萬襲没弈干（于）於高平。”胡三省注：“高平，漢屬安定，魏收志屬涇州新平郡。又原州有高平郡；酈道元云：高平川西南去安定三百四十里。”　鑿凌：凌，殿本作“陵”。

勃勃與姚興將張佛生戰于青石原，[1]又敗之，俘斬五千七百人。興遣將齊難率衆二萬來伐，勃勃退如河曲。[2]難以去勃勃既遠，縱兵掠野，勃勃潛軍覆之，俘獲七千餘人，收其戎馬兵杖。難引軍而退，勃勃復追擊于木城，[3]拔之，擒難，俘其將士萬有三千，戎馬萬匹。嶺北夷夏降附者數萬計，勃勃於是拜置守宰以撫之。勃勃又率騎二萬入高岡，[4]及于五井，[5]掠平凉雜胡七千餘户以配後軍，進屯依力川。[6]

［1］青石原：地名，一名青石嶺、青石岸，在今甘肅省涇川縣西北。

［2］河曲：地名，在今内蒙古西南部黄河曲流處。

［3］木城：《讀史方輿紀要》卷六一《陝西》："木城，在故夏州東。晋義熙四年姚興遣將齊難討赫連勃勃於朔方，勃勃聞秦兵且至，退保河曲。齊難以勃勃遠遁，縱兵野掠，勃勃潛師襲敗之。難退走，勃勃追至木城，悉俘其衆是也。"夏州治所在今陝西省靖邊縣東北白城子。

［4］高岡：地名，在今青海省化隆回族自治縣一帶。

［5］五井：地名，在今青海省化隆回族自治縣一帶。

［6］依力川：地名，疑在今甘肅省涇川縣一帶。

姚興來伐，至三城，[1]勃勃候興諸軍未集，率騎擊之。興大懼，遣其將姚文宗距戰，勃勃僞退，設伏以待之。興遣其將姚榆生等追之，[2]伏兵夾擊，皆擒之。興將王奚聚羌胡三千餘户於敕奇堡，[3]勃勃進攻之。奚驍悍有膂力，短兵接戰，勃勃之衆多爲所傷。於是堰斷其水，堡人窘迫，執奚出降。勃勃謂奚曰："卿忠臣也！朕方與卿共平天下。"奚曰："若蒙大恩，速死爲惠。"乃與所親數十人自刎而死。勃勃又攻興將金洛生于黄石固，[4]彌姐豪地于我羅城，[5]皆拔之，徙七千餘家於大城，以其丞相右地代領幽州牧以鎮之。[6]

［1］姚興來伐至三城：中華本校勘記："《姚興載記》下、《通鑑》一一五'三城'作'貳城'。按：上云勃勃掠平凉雜户，下云勃勃攻黄石固，《魏書·地形志》下原州長城郡有黄石縣。黄石、平凉並在今甘肅平凉、華亭附近。《通鑑》一一五胡注：'貳城，貳

縣城也，在杏城西北，平涼東南。’雖不能確指其地，必與今平涼、華亭相近。至三城則《魏書·地形志》下云在東夏州偏城郡廣武，地在今延安東，距戰地甚遠。當是‘貳’寫作‘二’，又訛作‘三’。”

[2]姚榆生：榆，宋本作“褕”。

[3]敕奇堡：位於今甘肅省平涼市西北。

[4]黄石固：戍名，位於今寧夏回族自治區固原市東南。

[5]我羅城：位於今甘肅省平涼市西北。

[6]領：以地位較高的官員兼理較低的職務。　幽州：赫連夏的幽州治所在大城（在今内蒙古自治區伊金霍洛旗西）。

遣其尚書金纂率騎一萬攻平涼，[1]姚興來救，纂爲興所敗，死之。勃勃兄子左將軍羅提率步騎一萬攻興將姚廣都于定陽，[2]克之，坑將士四千餘人，以女弱爲軍資。[3]拜廣都爲太常。[4]勃勃又攻興將姚壽都于清水城，[5]壽都奔上邽，[6]徙其人萬六千家于大城。是歲，齊難、姚廣都謀叛，皆誅之。

[1]尚書：官名，東漢尚書臺六曹各置尚書，秩六百石。魏晋出爲朝官，分掌尚書省諸曹，品秩提高。晋三品。　一萬：一，殿本作“二”。　平涼：縣名，治所在今甘肅省平涼市西北。

[2]左將軍：官名，漢代爲重號將軍，與前、後、右將軍並爲上卿。魏晋時爲常設官職，權位較兩漢漸低，僅爲武官名號，略高於一般雜號將軍，不典禁兵。晋三品。　定陽：縣名，治所在今陝西省延安市固縣鎮。

[3]軍資：資，宋本、殿本作“賞”。

[4]太常：官名，漢代稱奉常，本掌禮樂宗廟、社稷祭祀，魏晋時此職掌歸尚書裁定，太常成爲閑職。晋三品。

[5]清水城：即今寧夏回族自治區靈武市清水營。

[6]上邽：縣名，治所在今甘肅省天水市。

姚興將姚詳棄三城，南奔大蘇。[1]勃勃遣其將平東鹿弈于要擊之，[2]執詳，盡俘其衆。詳至，勃勃數而斬之。

[1]大蘇：大蘇堡，位於今陝西省黄陵縣南。

[2]平東：官名，即平東將軍。與平北、平南、平西將軍合稱四平將軍，權任很重，多持節都督或監某一地區的軍事，有時亦作爲刺史等地方官員兼理軍務的加官。晋三品，加持節都督者二品。

其年，勃勃率騎三萬攻安定，[1]與姚興將楊佛嵩戰于青石北原，[2]敗之，降其衆四萬五千，[3]獲戎馬二萬匹。進攻姚興將党智隆于東鄉，[4]降之，署智隆光禄勛，[5]徙其三千餘户于貳城。[6]姚興鎮北參軍王買德來奔。[7]勃勃謂買德曰："朕大禹之後，世居幽朔。祖宗重暉，[8]常與漢魏爲敵國。中世不競，受制於人。逮朕不肖，不能紹隆先構，國破家亡，流離漂虜。今將應運而興，復大禹之業，卿以爲何如?"買德曰："自皇晋失統，神器南移，群雄岳峙，人懷問鼎，況陛下奕葉載德，重光朔野，神武超於漢皇，[9]聖略邁於魏祖，而不於天啓之機建成大業乎！今秦政雖衰，藩鎮猶固，深願蓄力待時，詳而後舉。"勃勃善之，拜軍師中郎將。[10]

[1]安定：郡名，西漢置，治所在高平縣（今寧夏回族自治區

固原市），東漢移治臨涇縣（今甘肅省鎮原縣東南），東晋移治安定縣（今甘肅省涇川縣北）。

［2］青石北原：地名，在今甘肅省涇川縣西北。

［3］四萬：四，殿本作“三”。

［4］東鄉：地名，在今甘肅省涇川縣。

［5］光禄勛：官名，侍從皇帝左右，掌宫廷宿衛。西晋時兼掌原屬少府的一部分宫廷供御事務。晋三品。

［6］貳城：《讀史方輿紀要》卷五七《陝西》：貳城，在（中部）縣西北。苻秦時貳縣城也。中部縣治所在今陝西省宜君縣東北。

［7］鎮北參軍：官名，鎮北將軍府屬官。參軍，亦作參軍事，謂參謀軍事。兩晋公府、軍府皆置。

［8］重暉：暉，殿本作“輝”。

［9］漢皇：皇，殿本作“王”。

［10］軍師中郎將：官名，東漢獻帝建安十三年（208）劉備置，以諸葛亮擔任，總管軍政。十六國大夏亦置。

乃赦其境内，改元爲鳳翔。以叱干阿利領將作大匠，[1]發嶺北夷夏十萬人，於朔方水北、黑水之南營起都城。[2]勃勃自言：“朕方統一天下，君臨萬邦，可以統萬爲名。”[3]阿利性尤工巧，然殘忍刻暴，[4]乃蒸土築城，錐入一寸，即殺作者而并築之。勃勃以爲忠，故委以營繕之任。又造五兵之器，精鋭尤甚。既成呈之，工匠必有死者：射甲不入即斬弓人；如其入也，便斬鎧匠。又造百鍊剛刀，爲龍雀大環，號曰“大夏龍雀”，銘其背曰：“古之利器，吴楚湛盧。[5]大夏龍雀，名冠神都。可以懷遠，可以柔逋。[6]如風靡草，威服九區。”世甚珍之。復鑄銅爲大鼓，飛廉、翁仲、銅駝、龍獸之屬，皆以黄金飾之，列於宫殿之前。凡殺工匠數千，以是器物莫不精麗。

［1］將作大匠：官名，掌領徒隸修建宫室、宗廟、陵墓及其他土木工程。

［2］朔方水：一名朔水，奢延水，即今陝西省北部黄河支流無定河。　黑水：即今陝西省横山縣西北長城外無定河北岸支流淖泥河。

［3］統萬：位於今内蒙古自治區烏審旗南。

［4］刻暴：暴，殿本作“薄”。

［5］湛盧：古代寶劍名。傳爲春秋時歐冶子所鑄。袁康《越絶書・外傳記寶劍》：“歐冶乃因天之精神，悉其伎巧，造爲大刑三、小刑二：一曰湛盧，二曰純鈞，三曰勝邪，四曰魚腸，五曰巨闕。”

［6］可以柔逋：可以安撫逃亡的人。

於是議討乞伏熾磐。[1]王買德諫曰：“明王之行師也，軌物以德，不以暴。且熾磐我之與國，新遭大喪，今若伐之，豈所謂乘理而動，上感靈和之義乎！苟恃衆力，因人喪難，匹夫猶耻爲之，而况萬乘哉！”勃勃曰：“甚善。微卿，朕安聞此言！”

［1］乞伏熾磐：乞伏乾歸長子，十六國西秦國主，本書卷一二五有載記。

其年，下書曰：“朕之皇祖，自北遷幽朔，姓改姒氏，音殊中國，故從母氏爲劉。子而從母之姓，非禮也。古人氏族無常，或以因生爲氏，或以王父之名。朕將以義易之。帝王者，係天爲子，[1]是爲徽赫實與天連，今改姓曰赫連氏，庶協皇天之意，永享無疆大慶。係天之尊，不可令支庶同之，其非正統，皆以鐵伐爲氏，庶朕宗族子孫剛鋭如鐵，皆堪伐人。”立其妻梁氏爲王后，子璝爲太子，[2]封子延陽平公，昌太原公，[3]倫酒泉公，定平原公，[4]滿河南公，安中山公。

[1]係天爲子：係，殿本作“繫”。

[2]璝：赫連璝，十六國時人，赫連勃勃長子。夏鳳翔元年（413）立爲太子。任都督前鋒諸軍事克長安。赫連勃勃乃以長安爲南臺，赫連璝任録南臺尚書事。後被其弟赫連昌所殺。

[3]昌：赫連昌，十六國時大夏國君。一名折，字還國，赫連勃勃第三子。公元 425 至 428 年在位。承光三年（427）被北魏軍所俘，妻北魏太武帝拓跋燾妹始平公主，封會稽公、秦王。後因反叛被殺。

[4]定：赫連定，十六國時大夏國君。字直獖，赫連勃勃第五子。承光三年北魏攻破統萬城，率部奔平涼，即帝位，改元勝光。後定都長安。勝光三年（430），北魏破長安，克平涼，赫連定西保上邽。後被吐谷渾俘虜，獻給北魏，被殺。

又攻姚興將姚逵于杏城，[1]二旬，克之，執逵及其將姚大用、姚安和、姚利僕、尹敵等，坑戰士二萬人。

[1]杏城：杏城鎮，在今陝西省黄陵縣西南。

遣其御史中丞烏洛孤盟於沮渠蒙遜曰：[1]“自金晋

數終，[2]禍纏九服，[3]趙魏爲長蛇之墟，[4]秦隴爲豺狼之穴，[5]二都神京，[6]鞠爲茂草，蠢爾群生，罔知憑頼。上天悔禍，運屬二家，封疆密邇，道會義親，宜敦和好，弘康世難。爰自終古，有國有家，非盟誓無以昭神祇之心，非斷金無以定終始之好。[7]然晋楚之成，[8]吴蜀之約，[9]咸口血未乾，[10]而尋背之。今我二家，契殊曩日，言未發而有篤愛之心，音一交而懷傾蓋之顧，[11]息風塵之警，同克濟之誠，戮力一心，[12]共濟六合。[13]若天下有事，則雙振義旗；區域既清，則並敦魯衛。[14]夷險相赴，交易有無，爰及子孫，永崇斯好。”蒙遜遣其將沮渠漢平來盟。

[1]御史中丞：官名，御史大夫副手，掌監察、執法，爲京師顯官，職權甚重。晋四品。　沮渠蒙遜：盧水胡人，十六國北凉主，本書卷一二九有載記。

[2]金晋數終：晋朝的曆數終結。按五德終始説，晋朝以金得王，故稱。

[3]九服：指全國各地。

[4]趙魏：指戰國時趙國和魏國故地，今山西省及河北省南部。　長蛇：貪暴酷虐之人。

[5]秦隴：地區名，指今陜西、甘肅二省一帶。

[6]二都：指洛陽和長安。

[7]斷金：同心協力。語出《易·繫辭上》：“二人同心，其利斷金。”孔穎達疏：“金是堅固之物，能斷而截之，盛言利之甚也。”

[8]晋楚之成：指春秋時晋國和楚國所建的和約。成，和約，和解。

[9]吴蜀之約：指三國時孫吴和蜀漢的盟約。

［10］口血未乾：古人歃血爲盟，結盟者以牲血塗口以示誠信。因謂定盟未久爲“口血未乾”。《左傳·襄公九年》：楚共王討伐鄭國，子駟準備和楚國講和。子孔、子蟜説：“與大國盟，口血未乾而背之，可乎？”

［11］音一交而懷傾蓋之顧：剛一説話就成爲知心故交。傾蓋，傾蓋如故。典出《史記》卷八三《魯仲連鄒陽列傳》：“諺曰：‘有白頭如新，傾蓋如故。’何則？知與不知也。”司馬貞索隱引《志林》曰：“傾蓋者，道行相遇，軿車對語，兩蓋相切，小欹之，故曰傾也。”　音，宋本作“昔”。

［12］戮力一心：一，殿本作“矢”。

［13］共濟六合：共同救濟天下。

［14］魯衛：喻血緣兄弟。周武王滅商後分封，魯國周公旦和衛國衛康叔均爲親兄弟。

勃勃聞姚泓將姚嵩與氐王楊盛相持，率騎四萬襲上邽，未至而嵩爲盛所殺。勃勃攻上邽，二旬克之，殺泓秦州刺史姚平都及將士五千人，[1]毁城而去。進攻陰密，[2]又殺興將姚良子及將士萬餘人。以其子昌爲使持節、前將軍、雍州刺史，[3]鎮陰密。泓將姚恢棄安定，奔于長安，安定人胡儼、華韜率户五萬據安定，降于勃勃。以儼爲侍中，[4]韜爲尚書，留鎮東羊苟兒鎮之，[5]配以鮮卑五千。進攻泓將姚諶於雍城，[6]諶奔長安。勃勃進師次郿城，[7]泓遣其將姚紹來距，勃勃退如安定。胡儼等襲殺苟兒，以城降泓。勃勃引歸杏城，笑謂群臣曰：“劉裕伐秦，[8]水陸兼進，且裕有高世之略，姚泓豈能自固！吾驗以天時人事，必當克之。又其兄弟内叛，安可以距人！裕既克長安，利在速返，正可留子弟及諸將守關中。待裕發軫，吾取之若拾芥耳，不足復勞吾士馬。”於是秣馬厲兵，休養士卒。尋進據安定，姚泓嶺北鎮戍郡縣悉降，勃勃於是盡有嶺北之地。

[1]秦州刺史姚平都：中華本校勘記：“周校：《姚泓載記》作‘姚軍都’。按：《通鑑》一一七作‘平涼太守姚軍都’，官稱不同，必别有所據，而名亦作‘軍都’，與《姚泓載記》合。疑作‘軍都’是。”

[2]陰密：縣名，治所在今甘肅省靈臺縣西南。

[3]使持節：漢朝官吏奉使外出時，或由皇帝授予節杖，以提高其權力。魏晋以後，凡重要軍事長官出征或出鎮，加使持節，可誅殺二千石以下官員。　前將軍：官名，漢代爲重號將軍，與左、右、後將軍並爲上卿。魏晋時常設，權位較兩漢時漸低，僅爲武官名號，略高於一般雜號將軍，不典禁兵，不與朝政。晋三品。　雍州：治所在姑臧縣（今甘肅省武威市）。東漢建安十八年（213）移治長安縣（今陝西省西安市西北）。

[4]侍中：官名，東漢建安中與給事黄門侍郎出入禁中，省尚書事。曹魏時爲門下之侍中省長官，常侍衛皇帝左右，掌顧問應對、諫諍糾察、平議奏事、駁奏異議等，權力甚重。晋三品。

[5]鎮東：官名，即鎮東將軍。東漢建安年間置，與鎮西、鎮南、鎮北將軍合稱四鎮將軍，多爲持節都督，出鎮方面。曹魏二品。晋三品，加持節都督者二品。

[6]雍城：雍縣城，在今陝西省鳳翔縣西南。

[7]郿城：郿縣城，位於今陝西省眉縣東渭河北岸。

[8]劉裕：字德輿，小名寄奴，彭城（今江蘇省徐州市）人，南朝宋開國皇帝。世居京口，初爲東晋冠軍司馬，後被劉牢之任爲參軍。歷任鎮軍將軍、都督十六州諸軍事，官至相國，受封宋王。元熙二年（420）代晋稱帝。卒謚武皇帝，廟號高祖。

俄而劉裕滅泓，入於長安，遣使遺勃勃書，請通和好，約爲兄弟。勃勃命其中書侍郎皇甫徽爲文而陰誦之，[1]召裕使前，口授舍人爲書，封以答裕。裕覽其文而奇之，使者又言勃勃容儀瓌偉，英武絶人。裕嘆曰："吾所不如也！"既而勃勃還統萬，裕留子義真鎮長安而還。[2]勃勃聞之，大悦，謂王買德曰："朕將進圖長安，卿試言取之方略。"買德曰："劉裕滅秦，所謂以亂平亂，未有德政以濟蒼生。關中形勝之地，而以弱才小兒守之，非經遠之規也。狼狽而返者，欲速成篡事耳，無暇有意於中原。陛下以順伐逆，義貫幽顯，百姓以君命望陛下義旗之至，[3]以日爲歲矣。[4]青泥、上洛，[5]南師之衝要，宜置游兵斷其去來之路。然後杜潼關，[6]塞崤陝，[7]絶其水陸之道。陛下聲檄長安，申布恩澤，三輔父老皆壺漿以迎王師矣。[8]義真獨坐空城，逃竄無所，一旬之間必面縛麾下，所謂兵不血刃，不戰而自定也。"勃勃善之，以子璝都督前鋒諸軍事，[9]領撫軍大將軍，[10]率騎二萬南伐長安，前將軍赫連昌屯兵潼關，以買德爲撫軍右長史，[11]南斷青泥，勃勃率大軍繼發。璝至渭陽，[12]降者屬路。義真遣龍驤將軍沈田子率衆逆戰，[13]不利而退，屯劉迴堡。[14]田子與義真司馬王鎮惡不平，[15]因鎮惡出城，遂殺之。義真又殺田子。於是悉召外軍入于城中，閉門距守。關中郡縣悉降。璝夜襲長安，不克。勃勃進據咸陽，[16]長安樵采路絶。劉裕聞之，大懼，乃召義真東鎮洛陽，以朱齡石爲雍州刺史，[17]守長安。義真大掠而東，至於灞上，[18]百姓遂逐齡石，而迎勃勃入于長安。瓚率衆三萬追擊義真，王師敗績，義真單馬而遁。買德獲晋寧朔將軍傅弘之、輔國將軍蒯恩、義真司馬毛脩之於青泥，[19]積人頭以爲京觀。[20]於是勃勃大饗將士于長安，舉觴謂王買德曰："卿往日之言，一周而果效，可謂算無遺策矣。雖宗廟社稷之靈，亦卿謀猷之力也。此觴所集，非卿而誰！"於是拜買德都官尚書，[21]加冠軍將軍，[22]封河陽侯。

[1]中書侍郎：官名，三國魏文帝黄初初年設中書省，在長官中書監、中書令以下有通事郎，後增設中書郎，亦稱中書侍郎。掌草擬詔書，外出執行重要使命等。晋五品。

[2]義真：劉義真，劉裕第二子，關中平定後，任雍州刺史。劉宋建立後，封廬陵王。

[3]百姓以君命望陛下義旗之至：中華本校勘記："'以君命'三字不可解，疑有訛脱，或三字衍。"

[4]以日爲歲：日，宋本作一字空白。

[5]青泥：青泥城，位於今陝西省藍田縣南七里。　上洛：縣名，治所在今陝西省商洛市商州區。

[6]潼關：即今陝西省潼關縣東北黄河南岸潼關。

[7]崤陝：崤山和陝縣。崤山，又作殽山、崤陵，位於今河南省洛寧縣西北，東接澠池縣界，西接三門峡市陝州區。

[8]三輔：地區名，以長安爲中心的京畿地區，轄境相當於今陝西省中部地區。　王師：王，宋本作"主"。

[9]都督前鋒諸軍事：前锋部队的最高軍事行政長官。

[10]撫軍大將軍：官名，三國魏文帝始置，皇帝出征，總管留守事。晋二品，開府位從公者一品。

[11]撫軍右長史：官名，撫軍將軍府右長史。長史掌顧問參謀，爲所在官署掾屬之長，有時分左、右，左高於右。晋七品。

［12］渭陽：縣名，治所在今陝西省咸陽市東北。

［13］龍驤將軍：官名，高級軍事將領。晋三品。　沈田子：字敬光，隨劉裕克建康，任參鎮軍軍事，封營道縣五等侯。義熙五年（409），隨劉裕北伐南燕，領偏師爲前鋒，破慕容超大軍。盧循逼京邑，沈田子由海道襲廣州，以功加振武將軍。又從劉裕討劉毅、司馬休之，征後秦。官至振武將軍、扶風太守。後被劉義真所殺。

［14］劉迴堡：位於今陝西省興平市西南。

［15］司馬：官名，府署高級幕僚。掌參讚軍務、管理府内武職，位僅次於長史。魏晋南北朝時王府、公府、軍府、邊郡均置。晋八至六品。　王鎮惡：東晋北海劇縣（今山東省昌樂縣西）人，王猛孫，隨劉裕伐南燕、討劉毅、滅後秦，以征虜將軍領安西司馬、馮翊太守，戍守關中。後被沈田子所殺。

［16］咸陽：縣名，治所在今陝西省咸陽市東北聶家溝一帶。

［17］朱齡石：東晋沛郡沛縣（今江蘇省沛縣）人，字伯兒。初爲殿中將軍，曾追隨桓脩兄弟，爲脩撫軍參軍，在京口。劉裕克建康，以爲建武參軍。從征南燕，討盧循，率軍征蜀。任太尉諮議參軍，加冠軍將軍、左將軍。

［18］灞上：即霸上，又名霸頭，地名，在今陝西省西安市東白鹿原北首。

［19］寧朔將軍：官名，西晋時多駐幽州，爲幽州地區軍政長官，兼管烏丸事務。十六國前秦、西涼亦置。晋四品。　傅弘之：北地泥陽（今甘肅省寧縣東南）人，字仲度。東晋末隨劉裕起兵，任參軍、寧遠將軍、魏興太守。討桓石綏、司馬休之有功，除太尉行參軍、建威將軍、順陽太守等職。劉裕北伐後秦，傅弘之與沈田子等七軍自武關入，因功進爲劉義真雍州治中從事史、西戎司馬、寧朔將軍。及劉義真東歸，傅弘之與前來追趕的赫連勃勃於青泥大戰，兵敗被俘，不屈而死。　輔國將軍：官名，屬將軍名號，三國兩晋皆置，晋三品。　蒯恩：蘭陵承（今山東省棗莊市嶧城區）人，字道恩。隨劉裕孫恩，定京邑，以寧遠將軍領幢。隨振武將軍

道規西討，平江陵。每有危急，輒率先諸將，常陷堅破陣，不避艱嶮。凡百餘戰，身被重創。劉裕録其前後功勞，遷諮議參軍，轉輔國將軍、淮陵太守，封新寧縣男。　毛脩之：東晋末滎陽陽武（今河南省原陽縣東南）人，字敬文，先任殷仲堪寧遠參軍。桓玄克荆州，仍爲桓玄後軍參軍、太尉參軍、相國參軍。桓玄敗亡後，任劉裕鎮軍諮議參軍、寧朔將軍、右衛將軍。從劉裕伐關中，任河南、河内二郡太守，行司州事，戍洛陽。大夏赫連勃勃據關中，入大夏，後入北魏。

[20]積人頭以爲京觀：宋本無“以”字。

[21]買德：宋本無“買”字。　都官尚書：尚書省都官曹長官，十六國大夏始置。官，宋本作“宫”。

[22]冠軍將軍：官名，曹魏、孫吴、西晋皆置。西晋時領營兵。十六國一些少數民族政權亦置。晋三品。

赫連昌攻齡石及龍驤將軍王敬於潼關之曹公故壘，[1]克之，執齡石及敬送于長安。群臣乃勸進，勃勃曰：“朕無撥亂之才，不能弘濟兆庶，自枕戈寢甲，十有二年，而四海未同，遺寇尚熾，不知何以謝責當年，垂之來葉！將明揚仄陋，[2]以王位讓之，然後歸老朔方，琴書卒歲。皇帝之號，豈薄德所膺！”群臣固請，乃許之。於是爲壇于灞上，僭即皇帝位，赦其境内，改元爲昌武。遣其將叱奴侯提率步騎二萬攻晋并州刺史毛德祖于蒲坂，[3]德祖奔于洛陽。以侯提爲并州刺史，鎮蒲坂。

[1]曹公故壘：《元和郡縣圖志》卷六《河南道二》載：曹公故壘在（閺鄉）縣西二十五里。魏武征韓遂、馬超，此地置壘。閺（wén）鄉，即今河南省靈寶市文鄉村。

[2]明揚仄陋：在下層人中選拔人才。

[3]并州：治所在晋陽縣（今山西省太原市西南）。　毛德祖：南朝宋滎陽陽武（今河南省原陽縣東南）人，任東晋建武將軍、始平太守、涪陵太守。從劉裕伐司馬休之、伐後秦，因功任輔國將軍、河東太守。劉宋建立後，任督司雍並三州諸軍事，司州刺史，戍守虎牢。永初三年（422）北魏軍攻陷虎牢，被俘。　蒲坂：縣名，治所在今山西省永濟市西南蒲州鎮。

勃勃歸於長安，徵隱士京兆韋祖思。[1]既至而恭懼過禮，勃勃怒曰："吾以國士徵汝，奈何以非類處吾！汝昔不拜姚興，何獨拜我？我今未死，汝猶不以我爲帝王，吾死之後，汝輩弄筆，當置吾何地！"遂殺之。

[1]京兆：郡名，治所在長安縣（今陝西省西安市西北）。

群臣勸都長安，勃勃曰："朕豈不知長安累帝舊都，有山河四塞之固！但荆吴僻遠，勢不能爲人之患。東魏與我同壤境，[1]去北京裁數百餘里，[2]若都長安，北京恐有不守之憂。朕在統萬，彼終不敢濟河，諸卿適未見此耳！"其下咸曰："非所及也！"乃於長安置南臺，[3]以璝領大將軍、雍州牧、録南臺尚書事。[4]

[1]東魏：指大夏東面的拓跋魏政權。

[2]北京：指大夏京城統萬城。

[3]南臺：設置在長安的中央機構。因在統萬之南，故稱。

[4]録南臺尚書事：南臺最高軍事行政長官。

勃勃還統萬，以宫殿大成，於是赦其境内，又改元曰真興。刻石都南，頌其功德，曰：

夫庸大德盛者，[1]必建不刊之業；道積慶隆者，[2]必享無窮之祚。昔在陶唐，數鍾厄運，[3]我皇祖大禹以至聖之姿，當經綸之會，鑿龍門而闢伊闕，[4]疏三江而決九河，夷一元之窮災，拯六合之沉溺，鴻績侔於天地，神功邁於造化，故二儀降祉，三靈叶贊，揖讓受終，光啓有夏。傳世二十，歷載四百，賢辟相承，哲王繼軌，徽猷冠於玄古，高範焕乎疇昔。而道無常夷，數或屯險，王桀不綱，網漏殷氏，用使金暉絶于中天，神轡輟于促路。然純曜未渝，慶綿萬祀，龍飛漠南，鳳峙朔北。長轡遠馭，則西罩崑山之外；密網遐張，則東絚滄海之表。[5]爰始逮今，二千餘載，雖三統迭制於崤函，[6]五德革運於伊洛，[7]秦雍成篡弑之墟，[8]周豫爲争奪之藪，[9]而幽朔謐爾，主有常尊於上；海代晏然，物無異望於下。故能控弦之衆百有餘萬，躍馬長驅，鼓行秦趙，使中原疲于奔命，諸夏不得高枕，爲日久矣。是以偏師暫擬，涇陽摧隆周之鋒；[10]赫斯一奮，平陽挫漢祖之鋭。[11]雖霸王繼踪，猶朝日之升扶桑；[12]英豪接踵，若夕月之登濛汜。[13]自開闢已來，未始聞也。非夫卜世與乾坤比長，鴻基與山岳齊固，孰能本枝於千葉，重光于萬祀，履寒霜而逾榮，蒙重氛而彌耀者哉！

[1]庸大德盛：功勞大德行高。

[2]道積慶隆：因道德厚重而福澤廣大。慶，福澤。《易·坤》："積善之家，必有餘慶；積不善之家，必有餘殃。"

[3]數鍾厄運：鍾，宋本、殿本作"終"。

[4]龍門：又稱禹門口。位於今山西省河津市西北、陝西韓城市東北。　伊闕：又名闕口、龍門。在今河南省洛陽市南。

[5]東絙滄海之表：東連接大海。絙，連接。

[6]三統迭制於崤函：三代輪流控制崤山和函谷關。

[7]五德革運於伊洛：五德輪流在伊洛間更替。五德，指金木水火土五個王朝的德運。

[8]秦：秦州，治所在上邽縣（今甘肅省天水市）。　雍：雍州，治所在長安縣（今陝西省西安市西北）。

[9]周：指西周初都城鎬京。位於今陝西省西安市南。《尚書·召誥》："王朝步自周，則至於豐。"一説指在陝西省岐山縣南的周原。　豫：指河南省。

[10]涇陽：縣名。治所在今甘肅省平凉市西北。周宣王時，匈奴軍曾攻打涇陽。

[11]平陽挫漢祖之鋭：漢代匈奴軍未至平陽，此處疑爲"平城挫漢祖之鋭"。平陽，郡名，治所在平陽縣（今山西省臨汾市西南）。

[12]扶桑：日出之處。傳説日出於扶桑之下，拂其樹杪而升。《楚辭·九歌·東君》："暾將出兮東方，照吾檻兮扶桑。"王逸注："日出，下浴於湯谷，上拂其扶桑，爰始而登，照曜四方。"

[13]濛汜：古稱日落之處。《文選·張衡〈西京賦〉》："日月於是乎出入，象扶桑與濛汜。"薛綜注引《楚辭》："出自暘谷，入於濛汜。"

於是玄符告徵，大猷有會，[1]我皇誕命世之期，應天縱之運，仰協時休，[2]俯順時望。龍升北京，則義風蓋於九區；鳳翔天域，則威聲格於八表。[3]屬奸雄鼎峙之秋，群凶岳立之際，昧旦臨朝，日旰忘膳，運籌命將，舉無遺策。親御六戎，則有征無戰。故僞秦以三世之資，喪魂于關隴；河源望旗而委質，北虜欽風而納款。德音著於柔服，[4]威刑彰于伐叛，文教與武功並宣，俎豆與干戈俱運。五稔之間，道風弘著，暨乎七載而王猷允洽。[5]乃遠惟周文，[6]啓經始之基；近詳山川，究形勝之地，遂營起都城，開建京邑。背名山而面洪流，左河津而右重塞。高隅隱日，崇墉際雲，石郭天池，周綿千里。其爲獨守之形，險絶之狀，固以遠邁於咸陽，超美於周洛。若乃廣五郊之義，[7]尊七廟之制，[8]崇左社之規，[9]建右稷之禮，[10]御太一以繕明堂，[11]模帝坐而營路寢，[12]閶闔披霄而山亭，象魏排虛而岳峙，華林靈沼，崇臺秘室，通房連閣，馳道苑園，可以蔭映萬邦，光覆四海，莫不鬱然並建，森然畢備，若紫微之帶皇穹，[13]閶風之誇后土。[14]然宰司鼎臣，群黎士庶，僉以爲重威之式，有闕前王。於是延王爾之奇工，[15]命班輸之妙匠，[16]搜文梓於鄧林，[17]采綉石於恒岳，[18]九域貢以金銀，八方獻其瑰寶，親運神奇，參制規矩，營離宮於露寢之南，起别殿於永安之北。高構千尋，崇基萬仞。玄棟鏤榥，若騰虹之揚眉；飛檐舒咢，似翔鵬之矯翼。二序啓矣，而五時之坐開；四隅陳設，而一御之位建。温宫膠葛，[19]凉殿峥嶸，絡以隨珠，[20]綷以金鏡。雖曦望互升於表，[21]而中無晝夜之殊；陰陽迭更於外，而内無寒暑之别。故善目者不能爲其名，博辯者不能究其稱，斯蓋神明之所規模，非人工之所經制。若乃尋名以求類，迹狀以效真，據質以究名，形疑妙出，雖如來須彌之寶塔，[22]帝釋忉利之神宫，[23]尚未足以喻其麗，方其飾矣。

［1］大猷有會：與大道相符。

［2］時休：休，宋本作"來"。

［3］格于八表：達於八方。

［4］德音：音，宋本作"禮"。

［5］王猷允洽：王道協和。

［6］周文：周文王，姓姬，名昌，王季之子，武王之父。

［7］五郊：謂東郊、南郊、西郊、北郊、中郊。古代禮儀，帝王於五郊設祭迎氣。立春之日，迎春於東郊，祭青帝句芒；立夏之日，迎夏於南郊，祭赤帝祝融；立秋前十八日，迎黄靈於中兆，祭黄帝后土；立秋之日，迎秋於西郊，祭白帝蓐收；立冬之日，迎冬於北郊，祭黑帝玄冥。

［8］七廟之制：古代禮制，天子七廟。魏晋南北朝以前，無嚴格意義的皇家七廟制度。三國以後鄭玄王肅又對七廟制度有各自的解釋。鄭玄認爲七廟包括始祖、二祧、兩昭兩穆。王肅認爲是太祖、二祧、兩昭兩穆。實踐中按照王肅的主張踐行者居多。

［9］左社：左邊設社壇，祭祀土神。

［10］右稷：右邊設稷壇，祭祀穀神。

［11］太一：天神名。戰國宋玉《高唐賦》："醮諸神，禮太一。"《史記》卷二八《封禪書》："天神貴者太一。"司馬貞索隱引宋均云："天一、太一，北極神之别名。"　明堂：本爲皇帝舉行朝會、祭祀、養老、教學等大典的建築，魏晋南北朝時期主要爲祭祀場所。

［12］路寢：古代天子、諸侯的正廳。《詩·魯頌·閟宫》："松桷有舄，路寢孔碩。"毛亨傳："路寢，正寢也。"《文選·張衡〈西京賦〉》："正殿路寢，用朝群辟。"薛綜注："周曰路寢，漢曰正殿。"路，宋本作"洛"，殿本作"露"。

［13］紫微：星宫名，三垣之一。有星十五顆，分兩列，以北極爲中枢，成屏藩狀。

［14］閬風：即閬風顛，山名，傳説中神仙居住的地方，在昆侖之巔。《海内十洲記·昆侖》："山三角：其一角正北，干辰星之輝，名曰閬風巔；其一角正西，名曰玄圃堂；其一角正東，名曰崑崙宫。"

［15］王爾：《淮南子·本經訓》："公輸、王爾，無所錯其剞劂削鋸。"高誘注："王爾，古之巧匠也。"

［16］班輸：即公輸班，亦作公輸般、公輸盤、公輸子。戰國時魯國人，故又稱魯班。與墨翟同時，善於製作新器械。曾爲楚王做舟戰指鉤拒，又製造攻城的雲梯。後被奉爲建築與木匠的祖師。

［17］文梓：有文理的梓树，爲良木美材。《墨子·公输》："荆有長松、文梓、楩枏、豫章。"　鄧林：古代神話傳説中的樹林。《山海經·海外北經》："誇父與日逐走，入日。渴，欲得飲，飲於河渭，河渭不足，北飲大澤。未至，道渴而死。棄其杖，化爲鄧林。"

［18］綉石：精美的石頭。　恒岳：北岳恒山，位於今河北省曲陽縣西北與山西接壤處。

［19］膠葛：深遠廣大。

［20］隨珠：隨侯之珠。《搜神記》："隋縣溠水側，有斷蛇丘。隋侯出行，見大蛇被傷，中斷，疑其靈異，使人以藥封之，蛇乃能走，因號其處斷蛇丘。歲余，蛇銜明珠以報之。珠盈徑寸，純白，而夜有光，明如月之照，可以燭室。故謂之'隋侯珠'，亦曰'靈蛇珠'，又曰'明月珠'。"

［21］曦望：日月。曦，太陽。望，月相名。《初學记》卷一引

《释名》："望，月滿之名也，日月遥相望也。"此泛指月亮。

[22]如來：佛的别名。又爲釋迦牟尼的十種法號之一。須彌：梵語 sumeru 的譯音。或譯爲須彌樓、修迷盧、蘇迷盧等。有"妙高""妙光""安明""善積"諸義。原爲古印度神話中的山名，後爲佛教所采用，指一個小世界的中心。山頂爲帝釋天所居，山腰爲四天王所居。四周有七山八海、四大部洲。

[23]帝釋：佛教護法神之一。佛家稱其爲三十三天（忉利天）之主，居須彌山頂善見城。梵文音譯名爲釋迦提桓因陀羅。　忉利：原本、宋本作"刀利"，殿本作"忉利"，據殿本改。

昔周宣考室而咏於詩人，閟宫有侐而頌聲是作。[1]况乃太微肇制，[2]清都啓建，軌一文昌，舊章唯始，咸秩百神，賓享萬國，群生開其耳目，天下咏其來蘇，[3]亦何得不播之管弦，刊之金石哉！乃樹銘都邑，敷讚碩美，俾皇風振於來葉，聖庸垂乎不朽。其辭曰：

[1]閟宫有侐：神廟清静。《詩·魯頌·閟宫》："閟宫有侐，實實枚枚。"毛亨傳："閟，閉也。先妣姜嫄之廟在周，常閉而無事，孟仲子曰：是禖宫也。"鄭玄箋："閟，神也。姜嫄神所依，故廟曰神宫。"

[2]太微肇制：朝廷創建制度。

[3]來蘇：謂因其來而於困苦中獲得蘇息。

於赫靈祚，配乾比隆。巍巍大禹，堂堂聖功。仁被蒼生，德格玄穹。帝錫玄珪，揖讓受終。哲王繼軌，光闡徽風。道無常夷，數或不競。金精南邁，[1]天輝北映。靈祉逾昌，世葉彌盛。惟祖惟父，克廣休命。[2]如彼日月，連光接鏡。玄符瑞德，乾運有歸。誕鍾我后，應圖龍飛。落落神武，恢恢聖姿。名教内敷，群妖外夷。化光四表，威截九圍。[3]封畿之制，王者常經。乃延輸爾，肇建帝京。土苞上壤，地跨勝形。庶人子來，不日而成。崇臺霄峙，秀闕雲亭。千榭連隅，萬閣接屏。晃若晨曦，[4]昭若列星。離宮既作，别宇云施。爰構崇明，仰準乾儀。懸甍風閲，[5]飛軒雲垂。[6]温室嵯峨，[7]層城參差。楹彫虬獸，[8]節鏤龍螭。[9]瑩以寶璞，飾以珍奇。稱因褒著，名由實揚。[10]偉哉皇室，盛矣厥章！義高靈臺，美隆未央。邁軌三五，貽則霸王。永世垂範，億載彌光。

[1]金精：日月。此處代指金德之晋室。

[2]克廣休命：能够弘大美好的運命。

[3]九圍：九州。《詩·商頌·長發》："帝命式於九圍。"孔穎達疏："謂九州爲九圍者，蓋以九分天下，各爲九處，規圍然，故謂之九圍也。"

[4]晃若晨曦：晨，原本作"神"，宋本、殿本作"晨"，據宋本、殿本改。

[5]懸甍風閲：高聳的屋脊經風歷雨。

[6]飛軒：廊宇。

[7]嵯峨：盛多。

[8]楹彫虬獸：厅堂的前柱上雕刻着龍和獸。

[9]節鏤龍螭：端頭鏤刻着龍螭。節，端。

[10]名由實揚：揚，宋本作"楊"。

其秘書監胡義周之辭也。[1]名其南門曰朝宋門，東門曰招魏門，西門曰服涼門，北門曰平朔門。追尊其高祖訓兒曰元皇帝，[2]曾祖武曰景皇帝，祖豹子曰宣皇帝，父衛辰曰桓皇帝，廟號太祖，母苻氏曰桓文皇后。

[1]秘書監：官名，秘書省長官，掌管藝文圖籍、課試署吏，統著作局，掌國史修撰並管理中外三閣圖書。晋三品。

[2]訓兒：中華本校勘記："《斠注》：《魏書·劉虎傳》，虎父誥升爰，一名訓兜，此作'訓兒'，爲'訓兜'之誤。"

勃勃性凶暴好殺，無順守之規。常居城上，置弓劍於側，有所嫌忿，便手自殺之，群臣忤視者毀其目，笑者決其唇，諫者謂之誹謗，先截其舌而後斬之。夷夏囂然，人無生賴。在位十三年而宋受禪，[1]以宋元嘉二年死。子昌嗣僞位，尋爲魏所擒。弟定僭號於平涼，遂爲魏所滅。自勃勃至定凡二十有六載而亡。[2]

[1]在位十三年而宋受禪：中華本校勘記："勃勃於義熙三年稱天王，至元熙二年劉裕代晋稱宋，應爲十四年。"

[2]自勃勃至定凡二十有六載而亡：中華本校勘記："《御覽》一二七引《夏録》：'勃勃初號龍昇元年，歲在丁未，至是歲在辛未，二十五載也。'按：義熙三年丁未至元嘉八年辛未，凡二十五載。此作二十六載誤。"

史臣曰：赫連勃勃獯醜種類，入居邊宇，屬中壤分崩，緣間肆慝，[1]控弦鳴鏑，據有朔方。遂乃法玄象以開宫，擬神京而建社，竊先王之徽號，備中國之禮容，驅駕英賢，闚闞天下。然其氣識高爽，[2] 風骨魁奇，姚興睹之而醉心，宋祖聞之而動色。豈陰山之韞異氣，[3] 不然何以致斯乎！雖雄略過人，而凶殘未革，飾非距諫，酷害朝臣，部内囂然，忠良卷舌，滅亡之禍，宜在厥身，猶及其嗣，非不幸也。

[1] 緣間肆慝：乘隙作惡。

[2] 氣識：氣，宋本、殿本作“器”。

[3] 陰山之韞異氣：陰山所蘊育的異常之氣。陰山，即内蒙古自治區境内的陰山山脉。

贊曰：淳維遠裔，[1] 名王之餘。嘯群龍漠，乘釁侵漁。爰創宫宇，易彼氊廬。雖弄神器，猶曰凶渠。

[1] 淳維：匈奴的始祖。《史記》卷一一〇《匈奴列傳》：“匈奴，其先祖夏后氏之苗裔也，曰淳維。”

後 記

随着今注本《晋書》最後一個注釋的完成，意味着這項文化工程勝利竣工。這個消息本當第一時間告訴關心此項工作的恩師朱大渭先生，然而，先生却已於 2020 年 4 月 8 日去世，令我心中生出不盡的惆悵。

朱先生很早就參與了今注本《晋書》的工作，他是《今注本二十四史》編委會委員，1994 年擔任今注本《晋書》主編，爲此組織成員，擬定編纂細則，確定工作機制，協調各項工作，指導解決工作中遇到的重大問題。同時，又爲全書撰寫了總論性質的《前言》。這個《前言》，論述了《晋書》的編纂過程，評價了《晋書》的長處與不足，綜合了古今對《晋書》的研究成果，體現了朱先生對《晋書》研究的許多真知灼見。但是這項工作没有最後完成便終止了，《前言》便没有了置放的位置。2008 年，朱先生出版了他的論文集《六朝史論續編》，將《前言》題爲《關於〈晋書〉編纂和評價的幾個問題》，作爲一篇論文收録進去，可見朱先生對此文的重視，亦見先生對《前言》失去置放位置的遺憾。

2017 年，《今注本二十四史》工程迎來了重大轉機，今注本《晋書》工作也重新啓動，可惜先生年事已高，不能再擔任主編工作。我不知深淺，獨自承擔起這項任務。我向朱先生提出，完成《晋書》今注後，仍舊用朱先生寫的《前言》。之所以如此做，有兩個考慮：一是我重寫一份前言，其水平不可能超過先生，二是也能彌補先生所作《前言》失去置放位置的遺憾。朱先生非常高興地應允了。需要説明的是，《前言》最後一部分是針對朱先生未完成的今注《晋書》的，放在我所作的今注《晋書》前顯然不合適，本應煩請朱先生加以修改，但由於先生去世，衹能由我續貂了。

本次注釋《晋書》工作，除《天文》《律曆》二志由陳久金先生負責、王榮彬先生修訂外，其他部分由我獨自承擔（許微微對部分注釋作了補充、修改工作；黄梓桐負責《輿服志》插圖部分）。三年中，除了吃飯、睡覺，我幾乎將全部時間投入這項工作，飽嘗了其中的艱辛、困苦。多虧有許微微、王思桐、趙凱、翟金明等同志的協助，他們給了我許多技術性的支持。夫人承擔起全部家務，使我得以專心致志。在此特表謝忱。

梁滿倉

2020 年 12 月 21 日冬至